Nicholas J. Conard/Claus-Joachim Kind

Als der Mensch die Kunst erfand

Als der
die

Nicholas J. Conard/Claus-Joachim Kind

Mensch
Kunst erfand

Eiszeithöhlen der Schwäbischen Alb

THEISS

Baden-Württemberg

LANDESAMT FÜR DENKMALPFLEGE
IM REGIERUNGSPRÄSIDIUM STUTTGART

Die Deutsche Nationalbibliothek verzeichnet diese Publikation in der Deutschen Nationalbibliographie; detaillierte bibliographische Daten sind im Internet über http://www.dnb.de abrufbar.

Der Theiss Verlag ist ein Imprint der WBG.

Die Herausgabe des Werkes wurde durch die Vereinsmitglieder der WBG ermöglicht.

Alle Texte von Nicholas Conard wurden von Michael Bolus, Tübingen, aus dem Englischen übersetzt.
Lektorat: Melanie Ippach, Ludwigsburg
Gestaltung: Tanja Krichel, Verlagsbüro Wais & Partner, Stuttgart
Einbandabbildungen: oben: Vogelherd, Foto Günther Bayerl © Archäopark Vogelherd; unten: Pferd aus dem Vogelherd, Foto © Universität Tübingen/J. Lipták
Einbandgestaltung: Stefan Schmid Design, Stuttgart

Gedruckt auf säurefreiem und alterungsbeständigem Papier
Printed in Germany

Besuchen Sie uns im Internet: www.wbg-wissenverbindet.de

ISBN 978-3-8062-3563-0

INHALT

Grußwort

„Höhlen und Eiszeitkunst der Schwäbischen Alb" sind UNESCO-Weltkulturerbe. Damit würdigt die Organisation die weltweit einzigartigen Fundplätze auf der Schwäbischen Alb und die Arbeit der Wissenschaftler, die deren Bedeutung als zentrale Siedlungsareale der frühesten modernen Menschen in Europa deutlich gemacht haben. Als Ministerpräsident von Baden-Württemberg freue ich mich sehr über diese Auszeichnung.

Bereits seit Mitte des 19. Jahrhunderts wird in den Höhlen von Lone- und Achtal gegraben und geforscht. Seit über 100 Jahren werden die Albhöhlen systematisch von Wissenschaftlern der Universität Tübingen untersucht. Vieles, was wir heute über den Menschen im eiszeitlichen Mitteleuropa wissen, verdanken wir den dort geborgenen Funden. Sowohl die ältesten figürlichen Kunstwerke als auch die ältesten Musikinstrumente der Menschheitsgeschichte, beide etwa 40000 Jahre alt, stammen aus den Höhlenfundstellen der Schwäbischen Alb. Soweit bekannt, gibt es weltweit keine vergleichbaren Artefakte, die ein so hohes Alter aufweisen. Die Elfenbeinfiguren sind sehr detailreich und mit großem Sinn für Ästhetik gestaltet. Sie geben uns auf beeindruckende Art und Weise Einblick in das spirituelle Leben der pleistozänen Europäer. Zwar erschließt sich uns der symbolische Gehalt dieser Kunstwerke nicht immer sofort, ihr ästhetisch-gestalterischer Wert jedoch ist auch für den heutigen Betrachter auf den ersten Blick zu erkennen. Unglaublich fein und präzise gearbeitet, sind sie ein eindrucksvolles Zeugnis der technischen und handwerklichen Fertigkeiten des jungpaläolithischen Menschen.

Neben diesen bedeutenden Funden eiszeitlicher Symbolik spielt auf der Schwäbischen Alb auch der Umfang an Funden, die unmittelbar mit der Alltagsbewältigung zusammenhängen, eine Rolle. Sie liefern uns wichtige Hinweise, über welche Technologien die Jäger und Sammler während der Eiszeit verfügten und was alles benötigt wurde, um den Alltag erfolgreich zu meistern. Darüber hinaus sind die Albhöhlen ein einmaliges Archiv für eiszeitliche Klima- und Umweltverhältnisse, die die Menschheitsgeschichte und folglich auch die paläolithischen Kulturen nachhaltig geprägt haben. Eine Rekonstruktion der eiszeitlichen Vergangenheit im Europa nördlich der Alpen wäre ohne die Schlüsselregion Schwäbische Alb nicht denkbar.

Aufgrund der herausragenden Funde wurde dem Antrag auf Einschreibung von sechs Höhlenfundstellen im Lone- und Achtal in die UNESCO-Welterbeliste stattgegeben. Voraussetzung dafür war sicher auch, dass die Höhlen als außergewöhnliche Kulturdenkmale bereits einen besonderen Schutz nach dem baden-württembergischen Denkmalschutzgesetz genießen. Mein Glückwunsch gilt insbesondere dem Landesamt für Denkmalpflege im Regierungspräsidium Stuttgart und dem Institut für Ur- und Frühgeschichte an der Universität Tübingen, die sich in herausragender Weise für die Fundstellen, ihren Schutz und die Anerkennung als Weltkulturerbe stark gemacht haben.

Allen Leserinnen und Lesern dieses Buches wünsche ich viel Freude beim Erforschen und Eintauchen in die eiszeitliche Welt der Schwäbischen Alb vor 40000 Jahren.

Winfried Kretschmann
Ministerpräsident des Landes Baden-Württemberg

Vorworte

Die weltweit ältesten Belege für figürliche Kunst und Musik kommen von der Schwäbischen Alb – und diese beeindruckenden Funde verdanken wir Wissenschaftlerinnen und Wissenschaftlern der Universität Tübingen. Gerade in der Region um das Ach- und Lonetal, deren Höhlenfundstellen in diesem Band vorgestellt werden, blickt die Universität auf eine lange erfolgreiche Forschungstradition in der Urgeschichte zurück. Bereits 1896 fand in Tübingen eine erste urgeschichtliche Lehrveranstaltung statt; ab dem beginnenden 20. Jahrhundert haben Tübinger Forscher Grabungen auf der Schwäbischen Alb durchgeführt – mit teils spektakulären Ergebnissen. Unter der Leitung von Gustav Riek wurde 1931 die Vogelherd-Höhle ausgegraben. Die dabei entdeckten Figuren aus Mammutelfenbein, etwa das Wildpferd, sind international bekannt.

Ende der 1930er-Jahre grub der Tübinger Anatom Robert Wetzel die Hohlenstein-Stadel-Höhle aus; der Urgeschichtler Joachim Hahn setzte den dort gefundenen Löwenmenschen erstmalig zusammen. Die Figur gilt als frühester Nachweis der figürlichen Darstellung eines Mischwesens. Hahn leitete ab den 1970er-Jahren die Grabungen im Hohle Fels und im Geißenklösterle. Dabei wurde neben weiteren geschnitzten Figuren auch die erste Flöte aus der Eiszeit entdeckt. Seit 1997 finden jährliche Ausgrabungen des Tübinger Archäologen Nicholas Conard im Hohle Fels statt. Unter seiner Leitung wurden dort die bisher älteste figürliche Menschendarstellung und das älteste Musikinstrument weltweit ausgegraben. Im Zuge von Nachgrabungen am Vogelherd unter Conards Leitung zwischen 2005 und 2012 wurden weitere herausragende Kleinkunstwerke entdeckt. Claus-Joachim Kind vom Landesamt für Denkmalpflege Baden-Württemberg grub zwischen 2008 und 2013 im Hohlenstein-Stadel aus. Alle Grabungen lieferten Schmuckstücke und Artefakte mit symbolischen Markierungen, die belegen, dass es vor 40 000 Jahren auf der Schwäbischen Alb eine gemeinsame Kultur gegeben hat.

Der fassbare Beginn von Kunst und moderner Kultur nach unserem heutigen Verständnis hat seinen Ursprung in den Albhöhlen. Die dort entdeckten Objekte erfüllen in ihrer Einzigartigkeit und ihrer enormen Bedeutung für die Menschheitsgeschichte alle Voraussetzungen, dass ihre Fundstellen als Weltkulturerbe anerkannt wurden. Auf den Beitrag der Tübinger Forscherinnen und Forscher zu diesem Erfolg können wir zu Recht stolz sein – und wir bleiben gespannt, welche bahnbrechenden Erkenntnisse zu den Anfängen der Menschheit die Tübinger Urgeschichte auch in Zukunft noch bringen wird.

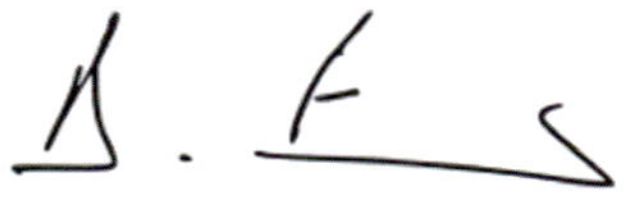

Bernd Engler
Rektor der Universität Tübingen

Baden-Württemberg besitzt ein überaus reiches kulturelles Erbe. Als weltweit außergewöhnlich universell, wie es die Statuten der Welterbekomission verlangen, wurden bisher sechs Stätten im Bundesland ausgezeichnet. Die jüngste ist die Welterbestätte „Höhlen und Eiszeitkunst der Schwäbischen Alb". Sichtbare Hauptmerkmale dieser seriellen UNESCO-Welterbestätte im Ach- und Lonetal sind die Höhlen und die sie umgebende Landschaft. Ihre weltweit außergewöhnliche Bedeutung beziehen die Täler jedoch aus den einzigartigen Zeugnissen einer kulturellen Tradition, die ihren Anfang vor ca. 40 000 Jahren nahm. Es handelt sich um die ältesten bislang bekannten figürlichen Kunstobjekte, Musikinstrumente und Schmuck, die die Menschheit hervorbrachte. Diese wurden in den archäologischen Schichten der verschiedenen Fundstellen entdeckt. Die Funde und die reichhaltigen Erkenntnisse darüber sind einer über 150-jährigen Forschungstradition zu verdanken. Nur durch das beharrliche Streben von Wissenschaftlern wie Oscar Fraas, Robert Rudolf Schmidt, Gustav Riek, Robert Wetzel, Eberhard Wagner, Joachim Hahn und nicht zuletzt auch Claus-Joachim Kind und Nicholas Conard, die überwiegend mit der Universität Tübingen und dem Landesamt für Denkmalpflege verbunden waren, ließen sich die oft komplexen kulturellen Zusammenhänge zwischen den verschiedenen Funden, Schichten und Fundstellen verstehen. Die Erkenntnisse zur Erforschung der Kulturgeschichte, über die menschliche Evolution und im Besonderen zur Epoche der Altsteinzeit sind nicht nur innerhalb Baden-Württembergs, sondern weltweit bedeutsam. Dies findet seinen Ausdruck in der Einschreibung als Weltkulturerbe durch die UNESCO.

Der Welterbetitel bringt auch eine Verpflichtung mit sich, welche die Bundesrepublik Deutschland im Jahr 1976 mit der Unterzeichnung der Welterbekonvention eingegangen ist. Grundgedanke des Welterbes ist, dieses zu schützen, zu pflegen sowie für alle erlebbar zu machen. Die gegenseitige Anerkennung des kulturellen und natürlichen Erbes ist Ausdruck der Solidarität innerhalb der Staatengemeinschaft, in der Welterbestätten zum Lernort der interkulturellen Verständigung werden. Dabei soll die eigene Kultur als Teil eines vielfältigen Erbes verstanden werden. Die Welterbestätten sollen ein friedliches Miteinander fördern, wobei Bildung, Wissenschaft und Kultur als Eckpfeiler zu verstehen sind. Von besonderer Bedeutung ist deshalb ein respektvoller und verantwortungsvoller Umgang mit den Stätten, der sich in Schutz, Konservierung und im Besonderen in der Vermittlung widerspiegelt. Dieser Grundgedanke des Wissens über und der Erlebbarkeit von Welterbe für alle wird mit diesem Buch durch die beiden Autoren und Forscher sowie die von ihnen repräsentierten Institutionen beispielhaft reflektiert.

Claus Wolf
Präsident des Landesamtes für Denkmalpflege

Die 2006 in der Vogelherdhöhle gefundene, nur 3,7 Zentimeter hohe Figur eines Mammuts haben Menschen im Aurignacien aus Mammutelfenbein geschnitzt.

Einleitung

Vor etwa 43000 Jahren, mitten während der letzten Eiszeit, erreichten Gruppen von bis dahin in Europa nicht nachweisbaren Menschen Südwestdeutschland. Diese „neuen" oder modernen Menschen werden dem *Homo sapiens* zugerechnet, derselben biologischen Art, zu der auch wir gehören. Wahrscheinlich breiteten sich diese Menschen in kleinen Gruppen, dem Lauf der Donau flussaufwärts folgend, immer weiter nach Mitteleuropa aus. Sie waren Träger einer Kulturstufe der Altsteinzeit, die nach einer Fundstelle in Südfrankreich als Aurignacien bezeichnet wird. Möglicherweise trafen die neuen Menschen in einigen Teilen Europas noch auf ihre Vorgänger als Bewohner der eiszeitlichen Steppen, auf die Neandertaler.

Nur kurze Zeit nachdem die modernen Menschen Europa erreicht hatten, entwickelte sich das, was wir heute Kunst nennen. In Südwestfrankreich und in Nordspanien entstanden Höhlenmalereien, deren vielleicht eindrucksvollste Beispiele sich in der berühmten Grotte Chauvet-Pont d'Arc in der Ardèche in Südfrankreich finden. Solche Höhlenmalereien und Gravierungen haben die Menschen des Aurignacien in den von ihnen aufgesuchten Höhlen in Südwestdeutschland nicht hinterlassen, dafür schnitzten sie hier aus Mammutelfenbein kleine Figuren, die Tiere der eiszeitlichen Umwelt darstellen, aber auch eigenartige Mischwesen aus einem Menschen und einem Löwen. Diese Mischwesen wie auch die anderen Figuren eröffnen erste Einblicke in die Spiritualität und vielleicht sogar die Religion unserer eiszeitlichen Vorfahren. Die Funde stammen aus vier Höhlen auf der Schwäbischen Alb: aus Geißenklösterle und Hohle Fels im Tal der Ach zwischen Schelklingen und Blaubeuren im Alb-Donau-Kreis, im Tal der Lone hat man in der Stadel-Höhle im Hohlenstein bei Asselfingen im Alb-Donau-Kreis und dem Vogelherd bei Niederstotzingen im Landkreis Heidenheim derartige Funde gemacht.

Neben den kleinen Figuren verblüffen weitere Funde aus diesen Höhlen. Es wurden nämlich Fragmente von Flöten gefunden. Die Flöten wurden entweder aus Vogelknochen hergestellt oder aus Mammutelfenbein geschnitzt. Experimente, bei denen man solche Flöten nachgebaut hat, zeigen, dass mit ihnen tatsächlich Musik gemacht werden konnte. Die ältesten Höhlenmalereien der Tierfiguren in der Grotte Chauvet-Pont d'Arc in der Ardèche gehören zeitlich in einen Bereich vor ungefähr 34000 bis 36000 Jahren. Die Altersmessungen der Funde aus den Aurignacien-Schichten der Eiszeithöhlen der Schwäbischen Alb zeigen, dass die betreffenden Fundschichten in einem Zeitbereich vor etwa 35000 bis 43000 Jahren gebildet wurden. Die in diesen Schichten enthaltenen Figuren sind also etwas älter als die Malereien aus der Grotte Chauvet-Pont d'Arc, ja mehr noch: Sie können zu der frühesten figürlichen Kunst überhaupt gezählt werden und sind als solche weltberühmt. Ebenso sind die Flöten die bis heute ältesten bekannten Musikinstrumente weltweit.

Die Figuren aus dem Aurignacien der Schwäbischen Höhlen sind kunstgeschichtlich von großer Bedeutung. Sie zeigen, dass bereits vor ungefähr 40000 Jahren Menschen Werke geschaffen haben, die jenseits des täglichen Lebens standen. Es ist erstaunlich, wie perfekt diese frühe Kunst ist. Die Tiere sind realistisch dargestellt und lassen sich leicht identifizieren. Ihre Proportionen stimmen, und die Körper sind oft mit Zeichen verziert: Teil einer Kommunikation, die wir heute nicht

Karte der Schwäbischen Alb mit Ach- und Lonetal. Die Alb ist reich an Höhlen – geschätzte 2300 gibt es, darunter die für Besucher zugänglichen Schauhöhlen und als große Attraktion die sechs Welterbe-Höhlen.

Ω Welterbe-Höhlen

Ω Schauhöhlen

mehr verstehen. Gleichwohl lassen sie sich als Hinweis deuten, dass die dargestellten Tiere und Mischwesen eine gesellschaftliche oder religiöse Bedeutung hatten und nicht als einfache Kunstgegenstände oder gar Spielzeuge aufzufassen sind.

In diesem Buch geht es um diese einmaligen Kunstwerke. Sie werden nicht nur von allen Seiten gezeigt und buchstäblich beleuchtet, sondern dazu in einen thematisch übergreifenden Kontext gestellt. Auch das Klima, die Umwelt, in der die Erschaffer dieser Figuren lebten, die menschliche Evolution und die allgemeinen Lebensumstände der eiszeitlichen Menschen nehmen wir in den Blick. Nicht zuletzt geht es um die Orte, an denen die Objekte gefunden wurden: die Höhlen der Schwäbischen Alb.

Zum Schluss möchten wir uns bedanken: bei den unzähligen Mitgliedern der Grabungs- und Forschungsmannschaften, die seit den 1990er-Jahren die Ausgrabungen im Ach- und Lonetal begleitet, ja eigentlich erst möglich gemacht haben. Wir danken auch den Geldgebern von Bund, Land, Kreisen, Gemeinden und der Privatwirtschaft, dem Landesamt für Denkmalpflege, der Universität Tübingen und den vielen Ehrenamtlichen. Ohne die beispielhafte Zusammenarbeit auf vielen Ebenen wären die wissenschaftlichen Ergebnisse der letzten Jahrzehnte nicht denkbar. Ein Dankeschön geht schließlich an alle, die uns bei der Arbeit an diesem Buch unterstützt haben: an Michael Bolus für seine Übersetzung der Texte von Nicholas Conard, Recha Seitz für ihre Hilfe bei der Bildrecherche und Regine Gamm, die unser Buch im Lektorat der WBG betreut hat.

Nicholas Conard
Claus-Joachim Kind

Stauferland
Schwäbisch Gmünd
Rems
Aalen
Essingen
Heubach
Baltmannsweiler
Wäschenbeuren
Waldstetten
Oberkochen
Ebersbach an der Fils
Fils
Rechberghausen
Uhingen
Göppingen
Albuch
Härtsfeld
Hochdorf
Eislingen
Königsbronn
Notzingen
Salach
Hattenhofen
Süßen
Donzdorf
Brenz
Heiningen
Böhmenkirch
Steinheim am Albuch
Nattheim
Heidenheim an der Brenz
Heidenheimer Alb
Weilheim an der Teck
Kuchen
Bissingen an der Teck
Geislingen an der Steige
Deggingen
Gerstetten
Herbrechtingen
Bad Ditzenbach
Giengen an der Brenz
Wiesensteig
Gutenberg
Schertelshöhle
Charlottenhöhle
Urspring
Vogelherd
Westerheim
Lonsee
Neenstetten
Bocksteinhöhle
Stadel-Höhle
Radelstetten
Lonetal
Sontheim
Laichingen
Breitingen
Lone
Niederstotzingen
Öllingen
Asselfingen
Laichinger Tiefenhöhle
Bernstadt
Langenau
Blaubeurer Alb
Dornstadt
Donau
Ulmer Alb
Blaubeuren
Herrlingen
Leipheim
Günzburg
Justingen
Blau
Nersingen
Sirgenstein
Geißenklösterle
Achtal
Ulm
Neu-Ulm
Schelklingen
Hohle Fels
Tiefenhülen
Ennahofen
Allmendingen
Biber
Ichenhausen
Hochsträß
Erbach
Pfaffenhofen an der Roth
Ehingen
Senden
Große Lauter
Günz
Weißenhorn
Iller
Vöhringen
Riss
Neuburg
Achstetten
Munderkingen
Roggenburg
Laupheim
Krumbach
Illertissen
Dietenheim
Buch
Mietingen
Rot
Uttenweiler
Schwendi
Altenstadt
Warthausen
Maselheim
Babenhausen
Biberach an der Riss
0
5
10
15 km

Eisige Zeiten

Klima im Wandel

Vorangehende Doppelseite: der Gornergletscher südöstlich von Zermatt. Während der letzten Eiszeit zogen sich solche Gletscher von Norden aus Skandinavien und von Süden aus den Alpen weit nach Deutschland hinein.

Eiszeitalter sind in der Erdgeschichte immer wieder auftretende Phänomene, deren Ursachen wir noch nicht vollständig verstehen. Als Eiszeit wird eine Klimaperiode bezeichnet, in der mindestens einer der beiden Pole der Erde von Eis bedeckt ist. So gab es vor 635 bis 850 Millionen Jahren eine Phase, die so kalt war, dass die Erde möglicherweise von den Polen bis zum Äquator vereist war. Vor etwa 450, 350 und 290 Millionen Jahren folgten weitere Eiszeitalter. Dann blieb es lange Zeit, insgesamt mehr als 280 Millionen Jahre, auf der gesamten Erde warm. Die Eiskappen an den Polen schmolzen ab. Vor rund 10 Millionen Jahren setzte eine erneute Abkühlung ein.

Vor etwa 2,6 Millionen Jahren begann dann eine sehr kalte Epoche, die Pleistozän genannt wird und bis heute anhält. Wir befinden uns also derzeit in einem Eiszeitalter. Allerdings war dieses Eiszeitalter nicht durchgehend arktisch kalt, sondern es gliedert sich in sogenannte Glaziale, die eigentlichen Kalt- bzw. Eiszeiten, und dazwischen liegende Warmzeiten, die auch Interglaziale heißen. Nach allgemeiner Ansicht leben wir heute, obwohl unsere jetzige Periode optimistisch oft Nacheiszeit genannt wird, in einer solchen Warmzeit. Es ist anzunehmen, dass sich in einigen Tausend Jahren wieder eiszeitliche Verhältnisse auf der Erde einstellen werden.

Wie kommt es zu einer Eiszeit?

Verschiedene Faktoren können dafür verantwortlich sein. Auf der einen Seite gibt es irdische Ursachen. Diese liegen z. B. in der Plattentektonik oder Kontinentaldrift begründet. So bildete sich vor etwa 2,7 Millionen Jahren die Landbrücke zwischen Nord- und Südamerika. Das hatte zur Folge, dass seit damals warmes Wasser aus den Tropen im Atlantik nach Norden transportiert wird. Der Golfstrom hatte sich gebildet, eine der größten und schnellsten Meeresströmungen unseres Planeten, sozusagen eine Wärmepumpe. Durch den Golfstrom wurde es zwar in Teilen Europas wie Irland oder Skandinavien wärmer, gleichzeitig aber insgesamt in Europa auch feuchter. Während des fortschreitenden Rückgangs der Temperaturen führte diese Zunahme der Feuchtigkeit zu mehr Schneefall und einem verstärkten Wachstum von Gletschern. Schnee und Eis reflektieren die Sonnenfeinstrahlung, was eine weitere deutliche Abkühlung bewirkte. Meeresströmungen sind also wichtige Faktoren für das Klima auf unserem blauen Planeten. Daneben können auch heftige Vulkanausbrüche zu einer kurzfristigen Abkühlung des Klimas führen

Neben den irdischen gibt es aber auch noch astronomische Ursachen für die Entstehung von Eiszeiten. Sie hängen alle mit der Umlaufbahn der Erde um die Sonne zusammen. Die Umlaufbahn der Erde um die Sonne ist nicht kreisförmig, sondern hat die Form einer Ellipse. Der Radius dieser Ellipse ändert sich fortwährend. Diese Änderung hat eine Periode von rund 100 000 Jahren und wird als Exzentrizität bezeichnet. Außerdem ändert sich die Neigung der Erd-Rotationsachse zwischen etwa 22° und 25°. Dieser Zyklus, die sogenannte Obliquität, besitzt eine Periode von rund 41 000 Jahren. Und schließlich kreiselt die Erdachse in der dritten Dimension mit einer Periode von etwa 26 000 Jahren. Dies wird Präzession genannt.

Durch diese drei Zyklen verändert sich immer wieder die Verteilung der Sonnenenergie auf der Erde. Und das führt zu einem Wechsel zwischen Kalt- und Warmzeiten. In den letzten 800 000 Jahren stellte sich etwa alle 100 000 Jahre erneut eine Kaltzeit ein. Das passt sehr gut zum zyklischen Wechsel der Erdumlaufbahn.

EXTRA | Eine Katastrophe mit Folgen

Die Gründe für klimatische Veränderungen sind oft nicht leicht auszumachen. Ereignisse haben manchmal andere Auswirkungen, als gemeinhin angenommen wird. So bewirkte beispielsweise der stete Anstieg der Temperatur um 6200 v. Chr., also mehr als 3000 Jahre nach dem Ende des Eiszeitalters, einen einschneidenden Klimawandel, allerdings in anderer Richtung, als man vermuten würde. Im Bereich des St.-Lorenz-Stroms in Kanada schmolzen damals durch die hohen Temperaturen große Mengen Gletschereis ab. Das Schmelzwasser wurde durch eine Eisbarriere am Ausgang der heutigen Hudson-Bay am Abfluss gehindert. Um etwa 6200 v. Chr. brach nun diese Eisbarriere. 160 Billionen Kubikmeter eiskaltes Süßwasser ergossen sich in den Nordatlantik. Das Salzwasser des Atlantiks wurde durch das einströmende Süßwasser verdünnt. Schon die geringste Verdünnung des Salzgehalts bewirkt aber weiter südlich ein Abtauchen des Golfstroms. Was bedeutete, dass der Golfstrom in der nördlichen Hemisphäre abriss. Die Folge davon war, dass – letztendlich durch die starke Erwärmung auf der Erdoberfläche ausgelöst – eine wichtige Wärmequelle versiegte und für mehrere Jahrzehnte eine durchgreifende Abkühlung der Atmosphäre einsetzte. Diese kleine Eiszeit scheint für manche kulturelle Entwicklung des frühen Menschen verantwortlich zu sein. So gibt es Forscher, die die Ausbreitung des Neolithikums mit Ackerbau und Viehzucht, verbunden mit Sesshaftigkeit in Teilen Südosteuropas, auf das Konto dieser massiven Abkühlung schreiben. Die damaligen Menschen nutzten jetzt verlässliche Nahrungsquellen wie Getreide, das sie selbst anbauten, und Haustiere, die sie selbst züchteten. Zudem bauten sie feste Häuser, die vor den Witterungsbedingungen schützten.

Der Golfstrom transportiert warmes Meerwasser bis nach Nordeuropa und kaltes Meerwasser zurück in den Südatlantik.

Rekonstruktionszeichnung.
Blick nach Süden auf das eiszeitliche Blaubeurener Urdonautal und das vergletscherte Alpenvorland.

Die Würm- oder Weichsel-Eiszeit

Das aktuelle Eiszeitalter, das Pleistozän, wird wie gesagt in Kalt- und Warmzeiten unterteilt. Über die letzte Kaltzeit haben wir die meisten Informationen. Sie wird in Süddeutschland als Würm-Eiszeit und in Norddeutschland als Weichsel-Eiszeit bezeichnet. Durch die Abkühlung der Atmosphäre während der Würm- oder Weichsel-Eiszeit stellten sich massive Veränderungen nicht nur des Klimas, sondern auch der Landschaften ein. Markanter Ausdruck der Eiszeit war die Bildung von großen Gletschern. Während der Kaltzeiten waren weite Teile Europas vergletschert. Gegenwärtig bedeckt Eis in Gebirgen und an Nord- und Südpol eine Fläche von etwa 15 Millionen Quadratkilometern. Das macht rund 10 Prozent der Landoberfläche der Erde aus. Während der größten Eisausdehnung in der Eiszeit waren dagegen rund 44 Millionen Quadratkilometer vergletschert. Diese Fläche entspricht rund 29 Prozent der Landoberfläche.

Der skandinavische Eisschild reichte während der Würm- bzw. Weichsel-Eiszeit von Norden bis weit nach Mitteleuropa hinein. Der Gletscherrand kann etwa auf einer Linie von Berlin nach Breslau vermutet werden. Auch die britischen Inseln waren von Norden her bis nach Südengland vergletschert. Von Süden zog sich ein Eisschild von den Alpen weit nach Süddeutschland bis fast zum Lauf der Donau. Zwischen dem skandinavischen und dem alpinen Eisschild gab es in Mitteleuropa nur eine relativ schmale Region, die nicht vergletschert war.

Diese Eisschilde könnten bis zu drei Kilometer mächtig gewesen sein. Da so viel Wasser als Eis gebunden war, lag der Meeresspiegel etwa 130 Meter unter dem heutigen Niveau. So gab es die Nordsee noch nicht, und die britischen Inseln waren mit dem europäischen Festland verbunden. Große Bedeutung erlangte außerdem die Landbrücke über die heutige Beringstraße, die Nordasien mit Nordamerika verband. Sie ermöglichte nämlich erst eine Besiedlung Nordamerikas. Da große Mengen von Wasser in den Eisschilden gebunden waren, gingen während der Kaltzeiten die Niederschläge zurück. Die geringeren Niederschlagsmengen führten in Mitteleuropa zu einer verstärkten Trockenheit.

Während der kältesten Phase der Würm- bzw. Weichsel-Eiszeit lag die globale Durchschnittstemperatur für das ganze Jahr in Mitteleuropa um rund fünf bis acht, vielleicht sogar zehn Grad Celsius niedriger, als dies heute der Fall ist. In Mitteleuropa kann derzeit die durchschnittliche Temperatur während der Sommermonate zwischen +18 und +20 °C gemessen

werden. Während der kältesten Phase der letzten Eiszeit lag dieser Wert zwischen etwa +8 und +12 °C. Ebenso markant war die Abkühlung in den Wintermonaten. Liegt die Winterdurchschnittstemperatur heute zwischen etwa +4 und 0 °C, wurde für die Wintermonate während der kältesten Phase der letzten Eiszeit eine Durchschnittstemperatur von −8 bis −20 °C ermittelt. Auch in Mitteleuropa dürften Kältespitzen von bis über −30 °C keine Ausnahme gewesen sein.

Kaltzeiten und Warmzeiten

Das Eiszeitalter wurde ursprünglich nach den bei den maximalen Gletschervorstößen zurückgelassenen Endmoränen und sonstigen Gletscherablagerungen unterteilt. Man kam für das südliche Mitteleuropa auf vier Kaltzeiten, die nach voralpinen Flüssen als Günz-, Mindel-, Riss- und Würm-Eiszeit bezeichnet werden. Dazwischen lagen drei Warmzeiten, die entsprechend Günz-Mindel-, Mindel-Riss- und Riss-Würm-Interglazial heißen. In Norddeutschland wurden primär drei Kaltzeiten festgestellt, die Elster-, Saale- und Weichsel-Eiszeit. Davor gab es weitere Eiszeiten, deren genauere Einordnung schwieriger ist. Die zwischen den Kaltzeiten liegenden Warmzeiten heißen Cromer-Komplex sowie Holstein- und Eem-Interglazial. Diese Gliederung wurde später erweitert, es kamen in Nord- wie in Süddeutschland noch einige Kaltzeiten hinzu. Die Abfolge besteht oft aus Komplexen, in denen mehrere Kalt- und Warmzeiten vereinigt sind. Das zeitliche Verhältnis der

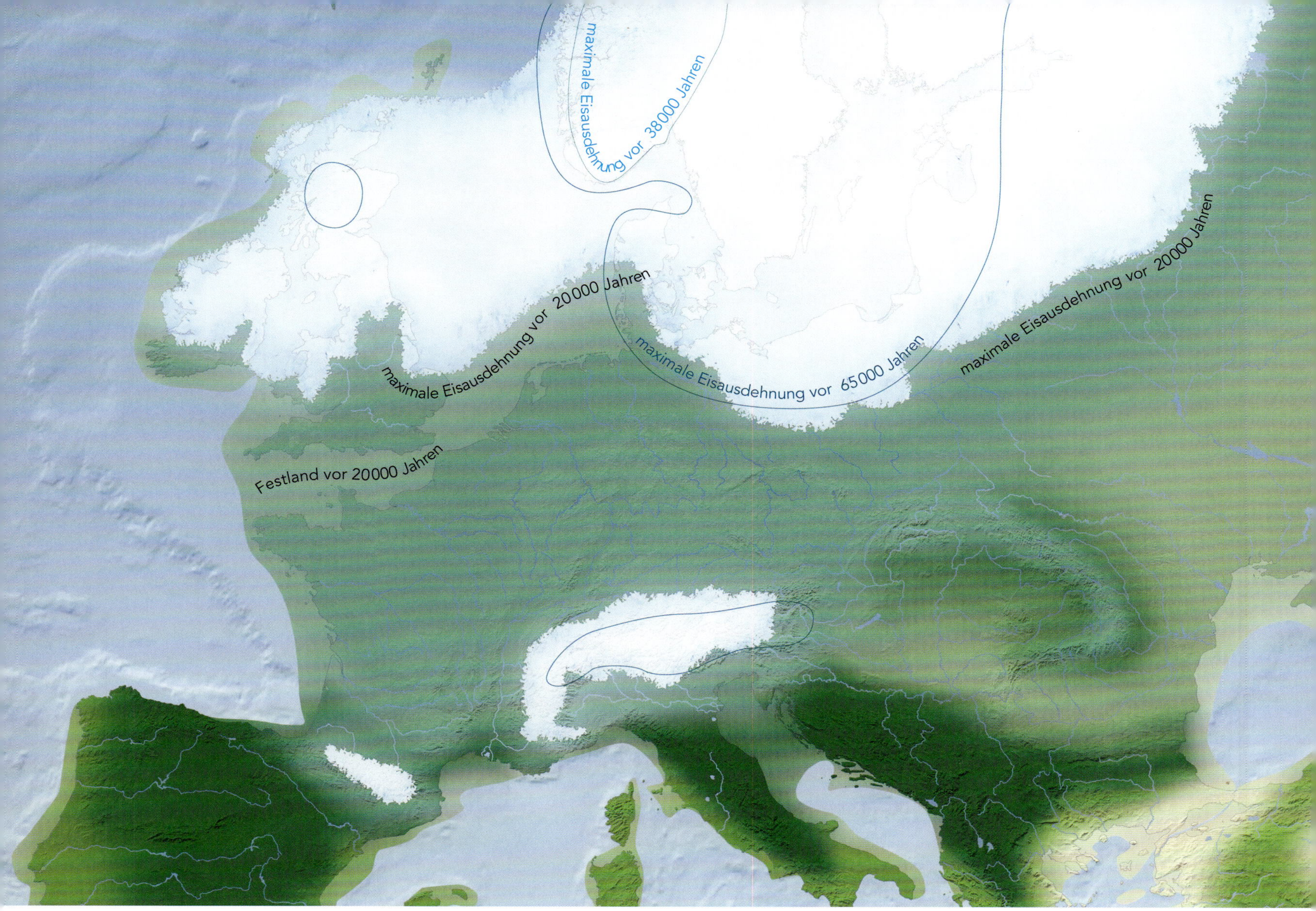

Eiszeiten zueinander und im Vergleich zwischen Nord- und Süddeutschland blieb lange Jahre umstritten und ist heute noch nicht völlig verstanden. Einzig die Weichsel- und die Würm-Eiszeit kann man sicher gleichsetzen, ebenso das Riss-Würm- und das Eem-Interglazial. Es wurde aber immer deutlicher, dass auch die revidierte klassische Untergliederung des Pleistozäns in Eisvorstöße erweitert werden muss. Zu groß war die Möglichkeit, dass jüngere Eisvorstöße ältere Gletscherendmoränen komplett überdeckt oder erodiert und damit unsichtbar gemacht haben.

Aus diesem Grund machte man sich auf die Suche nach Ablagerungen, die keinen Unterbrechungen oder Überprägungen ausgesetzt sind. Dazu zählen z.B. Ablagerungen in der Tiefsee. Die Ablagerung von Sedimenten in der Tiefsee ist im Normalfall ruhig und gleichmäßig. In diesen Sedimenten befinden sich auch die Kalkgehäuse von oberflächennah lebenden Kleinstlebewesen, den Foraminiferen. Die Gehäuse sinken nach dem Tod dieser Foraminiferen ab und häufen sich auf dem Meeresgrund an. Da sie aus Kalk sind, enthalten sie auch Sauerstoff. Nun hat man herausgefunden, dass innerhalb der Bohrkerne aus der Tiefsee das Verhältnis vom „normalen" Sauerstoff ^{16}O zu dem etwas schwereren Isotop ^{18}O in den Kalkgehäusen der Foraminiferenablagerungen nicht gleichbleibend war, sondern sich rhythmisch änderte. Das leichtere Wasser mit dem leichteren Sauerstoff-Isotop ^{16}O verdunstet stärker

Maximale Ausdehnung der Eisschilde in Europa während der Würm- bzw. Weichsel-Eiszeit. Die Gletscher reichten von Norden bis etwa auf die Höhe von Breslau und Berlin und dann weiter auf die britischen Inseln. Die Nordsee lag trocken. Von Süden her waren große Gebiete bis wenige Kilometer vor dem Lauf der Donau unter Eis.

Eisbedeckung
(alpine) Tundra
(periglaziale) Steppe
borealer Mischwald
Gräser und Büsche
Grassteppe

als das Wasser mit dem schwereren Sauerstoff-Isotop ^{18}O. In Warmzeiten ist diese Verdunstung besonders stark zu spüren. Im Meerwasser einer Warmzeit sind daher höhere Anteile des schwereren Sauerstoffs vorhanden und werden anteilig auch in die Kalkgerüste der Foraminiferen eingebaut. In den Foraminiferenablagerungen ist also der schwerere Sauerstoff während Warmzeiten häufiger als der leichtere, in den Kaltzeiten dagegen etwas seltener. Die Abweichungen spielen sich im Promille-Bereich ab.

Die Bohrkerne aus der Tiefsee zeigen eine deutliche Oszillation im Verhältnis der beiden Sauerstoff-Isotope zueinander, die den Wechsel zwischen Kalt- und Warmzeiten anzeigen. Hierbei stellte sich heraus, dass es nicht nur 13 Eisvorstöße gab, wie die neuen terrestrischen Untersuchungen an Gletschervorstößen in Südwestdeutschland zu zeigen scheinen, sondern in den vergangen 2,6 Millionen Jahren mehr als 50. Ebenso gab es mehr als 50 Interglaziale. Es war also notwendig, eine neue Untergliederung des Pleistozäns vorzunehmen. Hierbei wurden die Eiszeiten als marine Isotopenstufen (MIS) mit geraden Zahlen (also z. B. MIS 4, 6, 8 usw.) und die Warmzeiten mit ungeraden Zahlen (also z. B. MIS 5, 7, 9 usw.) durchnummeriert. Eine Korrelation der marinen Isotopen-Stufen mit den durch Eisvorstöße auf dem Land festgestellten Eiszeiten ist schwierig. Es deutet sich aber an, dass das Holstein-Interglazial mit der marinen Isotopenstufe MIS 9 gleichzusetzen ist. Allerdings gibt es auch Wissenschaftler, die das Holstein-Interglazial mit der Isotopenstufe MIS 11 parallelisieren wollen. Außerdem wird deutlich, dass besonders die älteren terrestrisch festgestellten Kalt- und Warmzeiten in Wirklichkeit immer aus mehreren Klima-Oszillationen in der Isotopen-Abfolge gebildet werden.

Nördliches Mitteleuropa	Süddeutschland
Holozän	Holozän
Weichsel-Kaltzeit	Würm-Kaltzeit
Eem-Warmzeit	Riss-Würm-Warmzeit
Saale-Kaltzeit-Komplex	Riss-Kaltzeit-Komplex
Holstein-Warmzeit	Mindel-Riss-Warmzeit
Elster-Kaltzeit	Mindel-Hoßkirch-Komplex?
Cromer-Warmzeit-Komplex	Günz-Mindel-Warmzeit?
	Günz-Kaltzeit?
Bavel-Komplex	Donau-Komplex
Menap-Komplex	
Waal-Komplex	
Eburon-Komplex	
Tegelen-Komplex	Biber-Komplex
Prätegelen-Komplex	

Abfolge der durch Gletscherablagerungen festgestellten Eiszeiten und der zwischen ihnen liegenden Warmzeiten im südlichen und nördlichen Mitteleuropa. Eine Parallelisierung der beiden Abfolgen gelingt nur teilweise. Besonders in den älteren Phasen sind Komplexe vorhanden, in denen jeweils mehrere Kalt- und Warmzeiten vereinigt sind.

Die Ablagerung von Sedimenten in der Tiefsee ist im Normalfall ruhig und gleichmäßig. In diesen Sedimenten befinden sich auch die Kalkgehäuse von oberflächennah lebenden Kleinstlebewesen, den Foraminiferen. Die Gehäuse sinken nach dem Tod dieser Foraminiferen ab und häufen sich auf dem Meeresgrund an. Da sie aus Kalk sind, enthalten sie auch Sauerstoff. Nun hat man herausgefunden, dass innerhalb der Bohrkerne aus der Tiefsee das Verhältnis vom „normalen" Sauerstoff ^{16}O zu dem etwas schwereren Isotop ^{18}O in den Kalkgehäusen der Foraminiferenablagerungen nicht gleichbleibend war, sondern sich rhythmisch änderte.

Eine weitere Form der gleichmäßigen Ablagerung ist der Aufbau von Eis in den Gletschern der Arktis und Antarktis. Auch hier finden sich die unterschiedlichen Sauerstoff-Isotope. Da der leichtere Sauerstoff stärker verdunstet, ist sein Anteil im Niederschlag, welcher das Eis der Gletscher bildet, während der Warmzeiten häufiger als der schwerere Sauerstoff. In Kaltzeiten ist er dagegen etwas niedriger.

Durch Untersuchungen an Bohrkernen aus der Antarktis (aus dem Eis nahe der russischen Antarktisstation Vostok) wurde nachgewiesen, dass die dortigen Eisablagerungen sehr weit zurückreichen. Die ältesten stammen aus der Marinen Isotopenstufe MIS 19 vor etwa 780 000 Jahren. Die Untersuchung der Sauerstoff-Isotopen zeigt Schwankungen (Oszillationen), die denen aus den Tiefseebohrkernen ähneln. Die Unterteilung der Eiszeiten, wie sie bei den Tiefseebohrkernen festgestellt wurde, konnte dadurch bestätigt werden.

Auch in Grönland wurden mehrere Eisbohrkerne (die wichtigsten sind GRIP und GISP2) hergestellt. Hier zeigte es sich, dass die Eisablagerungen nur bis zum Beginn der letzten Kaltzeit, der Würm- oder Weichsel-Eiszeit vor etwa 115 000 Jahren, zurückreichten. Daraus lässt sich der Schluss ziehen, dass Grönland während der letzten Warmzeit, dem Eem-Interglazial, weitgehend eisfrei war. Die Eismassen, die sich für die letzte Kaltzeit messen lassen, waren rund drei Kilometer mächtig. Sie enthielten nun ebenfalls sehr deutlich ausgeprägte Oszillationen. Auch die Würm- bzw. Weichsel-Eiszeit war also nicht gleichbleibend kalt. Es wechselten sich gemäßigtere Phasen, die als Interstadiale bezeichnet werden, mit markant arktischen Phasen, den Stadialen, ab. Seit der Eem-Warmzeit gab es 22 solche gemäßigteren Zeitabschnitte. Auffällig sind ihre rapiden Wechsel: Es dauerte jeweils nur wenige Jahrzehnte, bis sich die neuen Klimaphasen etabliert hatten.

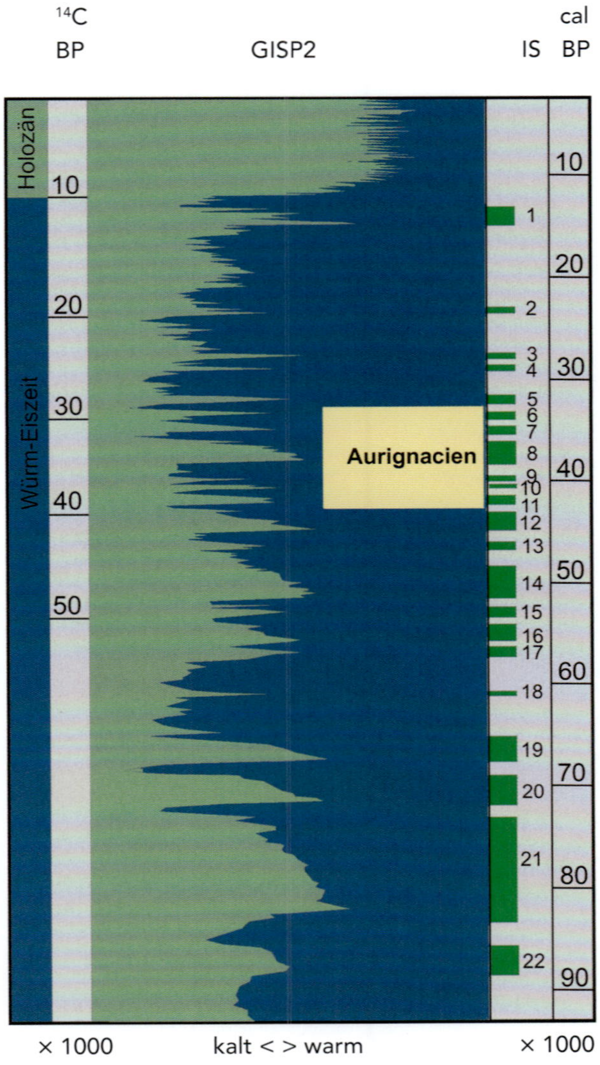

Klimaschwankungen während der letzten Jahrzehntausende im Bohrkern GISP2 aus dem grönländischen Eis. Die Kurve zeigt die Anteile des schwereren Sauerstoffs ^{18}O an. Die letzte Kaltzeit, die Würm- bzw. Weichsel-Eiszeit, bestand aus einem Wechsel von arktisch kalten und gemäßigteren Zeitabschnitten. Um 9700 v. Chr. beginnt die heutige Klimaphase, die als Nacheiszeit oder Holozän bezeichnet wird. Wahrscheinlich ist die Phase, in der wir leben, aber nur eine Warmzeit im derzeitigen Eiszeitalter.

Die Existenz von gemäßigten Klimaperioden während der letzten Kaltzeit konnte bereits auf dem Festland nachgewiesen werden. So zeigen sich in Ablagerungen im Löss, die während der Würm- bzw. Weichsel-Eiszeit wegen der erhöhten Trockenheit durch Wind-Anwehungen entstanden sind, immer wieder Bodenbildungen, die auf eine etwas stärkere Vegetation hindeuten. Die gemäßigten Interstadiale, die in den Eisablagerungen in Grönland sichtbar werden, können mit diesen Phasen eines etwas höheren Pflanzenwachstums auf dem Land verglichen werden.

Die genaue zeitliche Einordnung der verschiedenen Phasen des Eiszeitalters ist nicht einfach. Wie ausgeführt, wurde der Beginn des Pleistozäns auf 2,6 Millionen Jahre vor unserer Zeit festgelegt. Wenn das Holstein-Interglazial mit der Isotopenstufe MIS 9 gleichgesetzt wird, kann es auf einen Zeitraum vor zwischen etwa 300 000 und 340 000 Jahren datiert werden. Ist allerdings die Isotopenstufe MIS 11 das Äquivalent zum Holstein-Interglazial, kann ein Alter zwischen etwa 400 000 und 460 000 Jahren angenommen werden. Das Eem-Interglazial gehört in den Zeitraum zwischen etwa 115 000 und 130 000 Jahren. Die Würm- bzw. Weichsel-Eiszeit folgte unmittelbar auf das Eem-Interglazial und endete um 11 700 vor heute bzw. 9700 v. Chr. Die darauf folgende Nacheiszeit, also die Zeit, in der wir leben und die wahrscheinlich auch ein Interglazial ist, dauert bis heute an.

Tiere und Pflanzen

Man kann die Vegetation der verschiedenen Klimaphasen, der Kalt- und Warmzeiten, recht genau bestimmen. Dazu verwendet man Holzkohlestückchen von Lagerfeuern in menschlichen Lagerplätzen, bei denen die Baumart noch bestimmt werden kann. Daneben spielen die Pollen der Pflanzen eine besondere Rolle.

Tundra in Nordwest-Alaska (Nordamerika). Diese Darstellung gibt in etwa die Landschaft wieder, die während der Eiszeit auch in Mitteleuropa verbreitet war.

Zeichnerische Rekonstruktion eines Mammut, einer großen ausgestorbenen Elefantenart, die während der Eiszeit in Mitteleuropa lebte.

Pollenkörner erhalten sich im Boden sehr gut und lassen noch nach Jahrtausenden eine Bestimmung der zugehörigen Pflanzenart zu.

Jeder Klimawandel veränderte die Umwelt. Während der extrem kalten Stadiale mit Temperaturwerten, die im Jahresdurchschnitt fünf bis acht Grad Celsius, vielleicht sogar über zehn Grad Celsius unter den heutigen lagen, war in weiten Teilen Mitteleuropas eine Kaltsteppe ausgebreitet. In ihr wuchsen Gräser und Kräuter wie z. B. der Beifuß. Bäume kamen nur ganz vereinzelt vor, zumeist handelte es sich um die den arktischen Bedingungen angepassten Zwergbirken und Zwergweiden. Daneben stockten vereinzelt Kiefern. Es ist aus verschiedenen Gründen schwierig, diese mitteleuropäische Kaltsteppe mit heutigen Vegetationszonen gleichzusetzen. Zu groß sind die durch die geografische Lage Mitteleuropas bedingten Unterschiede. Trotzdem kann man die mitteleuropäische Kaltsteppe während der Eiszeit am ehesten mit der heutigen Tundra vergleichen.

Während der gemäßigteren Interstadiale änderten sich die Bedingungen etwas. Zwar herrschte in weiten Teilen Mitteleuropas, besonders in den höheren Lagen, weiterhin eine Kaltsteppe vor, in günstigen und geschützten Standorten standen aber Bäume wie z. B. die Birke und die Kiefer. Teilweise konnten sogar lichte Wälder wachsen.

Gänzlich anders stellt sich die Vegetation während der warmen Interglaziale dar. Die Temperaturen waren deutlich höher und lagen teilweise über den heutigen, gleichzeitig war es relativ feucht. Die Eiskappen zogen sich weit nach Norden zurück oder verschwanden wie in Grönland während der letzten Warmzeit, dem Eem-Interglazial, vollständig. Auch die Vergletscherung der Alpen wurde deutlich kleiner. Während der verschiedenen Interglaziale gediehen in Mitteleuropa unterschiedliche Pflanzengemeinschaften. Als allgemeines Merkmal kann festgehalten werden, dass Mitteleuropa in weiten Teilen von einem geschlossenen Urwald bedeckt war. In diesen interglazialen Mischwäldern wuchsen Eichen, Hainbuchen, Ulmen, Erlen, Haseln, Tannen und Fichten. Außerdem kamen der Buchsbaum und der Zürgelbaum vor.

An Fundstellen aus dem Eiszeitalter hat man immer wieder Knochen von damals lebenden Tieren gefunden. Diese Knochen lassen sich zumeist tierartlich bestimmen und geben so Einblicke in die jeweils vorhandene Tierwelt. Während der Kalt- und Warmzeiten lebten in den verschiedenen Vegetationszonen Tiere, die an die jeweiligen Klimabedingungen perfekt angepasst waren. Besonders gut Bescheid wissen wir über die Fauna in einer der Warmzeiten, dem sogenannten Cromer-

Zeichnerische Rekonstruktion des heute ausgestorbenen Höhlenbären. Der Höhlenbär gehört zwar biologisch zu den Raubtieren, ernährte sich aber überwiegend von pflanzlicher Nahrung.

Eiszeitliche Höhlenhyäne auf der Flucht vor einem Fellhaarnashorn.

Komplex, benannt nach einer Fundstelle in Ostengland. Er begann vor ca. 850000 Jahren und endete vor ca. 475000 Jahren. Während dieses Cromer-Komplexes lebten in Mitteleuropa der Säbelzahntiger, der Löwe, das Wildschwein, das Flusspferd, das Reh, der Rothirsch, der Elch, das Bison, das Pferd, das ausgestorbene Waldnashorn und der gleichfalls ausgestorbene Waldelefant. In einer späteren Warmzeit kam noch der Wasserbüffel hinzu. Diese Zusammensetzung der Tierwelt spiegelt sehr gut die damals in Mitteleuropa ausgebreiteten Klima- und Vegetationsbedingen wieder, denn Kennzeichen aller dieser Tierarten ist ihre ökologische Anpassung an einen mehr oder weniger geschlossenen Wald.

Die in Mitteleuropa lebende Tierwelt während der letzten Kaltzeit, der Würm- bzw. Weichsel-Eiszeit, war dagegen völlig anders. Die in dieser Zeit lebenden Tierarten waren zumeist an arktische Klimabedingungen angepasst. So gab es in Mitteleuropa als Huftiere das Rentier, das Wildpferd, den Steppenbison, die Saiga-antilope, den Moschusochse, den Steinbock und die ausgestorbenen Spezies Riesenhirsch, Mammut und Fellnashorn. Auch der Rothirsch kam vor. Die Huftierbiomasse in den Steppen der letzten Eiszeit war recht hoch. Dies bedingte auch die Existenz einer Reihe von Fleischfressern wie Luchs, Wolf, Vielfraß oder der ausgestorbene Höhlenlöwe und die ausgestorbene Höhlenhyäne. Auch der heute ebenfalls ausgestorbene Höhlenbär kam vor; er gehört nomenklatorisch zu den Raubtieren, auch wenn er sich vorwiegend von Pflanzen ernährt hat.

Darstellung von Höhlenlöwen in der berühmten Grotte Chauvet-Pont d'Arc in der Ardèche in Südfrankreich. Den Löwen fehlt interessanterweise die Mähne. Entweder besaßen die männlichen Löwen keine Mähne oder es wurden nur weibliche Tiere abgebildet.

Neben den Resten von größeren Säugetieren stößt man in vielen Fundstellen auch auf Reste von Kleinsäugern wie z. B. Wühl- und Spitzmäusen. Diese kleinen Säugetiere reagieren zumeist sehr empfindlich auf Klimawandel und lassen so noch bessere Einblicke in Veränderungen der Klimaverhältnisse zu als die großen Säugetiere. Während der Würm- bzw. Weichsel-Eiszeit lebte in Mitteleuropa eine Gemeinschaft verschiedener Kleinsäuger, wie sie heute auf der Erde nicht mehr vorkommt. Die schmalschädelige Wühlmaus lebt heute in den Steppen Nordasiens, der Berglemming in Nordskandinavien, der Halsbandlemming in den Steppen Nordrusslands, der Zwergpfeifhase in den Steppen Kasachstans und die Schneemaus in den Gebirgen Vorderasiens und in den Alpen. Während der letzten Kaltzeit existierten diese Arten nebeneinander in Mitteleuropa. Dies ist ein weiterer Hinweis darauf, dass eine eindimensionale Gleichsetzung der ökologischen Bedingungen während des Pleistozäns in Mitteleuropa und den heutigen arktischen Zonen in Skandinavien, Nordasien und Nordamerika nur bedingt möglich ist.

Um 9700 v. Chr. änderten sich die klimatischen Verhältnisse. Innerhalb weniger Jahrzehnte war die letzte Kaltzeit vorbei und die Nacheiszeit, die wahrscheinlich nur ein Interglazial ist, begann. Die Vegetation nahm zu, es entwickelten sich dichte Urwälder. In ihnen wuchsen zuerst hauptsächlich Kiefern und Birken, später kamen die Hasel und Vertreter des Eichenmischwaldes mit Ulme, Eiche, Ahorn, Linde und Esche hinzu. In diesen Wäldern lebten nun die Tierarten, die wir auch heute noch kennen. Häufig waren besonders Auerochsen, Rothirsche, Wildschweine und Rehe. Aber auch der Wolf, der Luchs und der Braunbär gehörten zu dieser Tierwelt.

DER MENSCH KOMMT

Jäger – Sammler – Künstler

INS SPIEL

Vorangehende Doppelseite: Negativer Handabdruck aus der Höhle Pech Merle im Département Lot in Südwestfrankreich. Der Abdruck ist etwa 29 000 bis 30 000 Jahre alt.

Die Menschheitsgeschichte ist heute in groben Zügen bekannt. Die Anfänge der menschlichen Entwicklung reichen mehr als fünf Millionen Jahre zurück – und erweisen sich in der Betrachtung als recht kompliziert. Es deutet alles darauf hin, dass Afrika die Wiege der Menschheit war. Vor mehr als fünf Millionen Jahren lebten dort affenähnliche Wesen, die bereits aufrecht gingen. Zu ihnen gehörten z.B. der *Sahelanthropus* und der *Ardipithecus*, deren genaues Verhältnis zum menschlichen Stammbaum aber nicht eindeutig geklärt ist. Vor zwei bis vier Millionen Jahren gab es in Ost- und Südafrika mit dem *Australopithecus* dann Affenmenschen, die, bildlich gesprochen, den Rubikon hin zum menschlichen Wesen überschritten haben dürften. Vor etwa 2,5 Millionen Jahren tauchten in Ostafrika zum ersten Mal Lebewesen auf, die tatsächlich „menschliche" Züge besaßen. Dazu zählen hauptsächlich Veränderungen im Knochenbau und im Gebiss, besonders wichtig ist aber eine markante Vergrößerung des Gehirns. Diese Lebewesen stellten erstmals Steinwerkzeuge her. Als Erste werden sie der biologischen Gattung *Homo*, also dem Menschen, zugeordnet und als *Homo habilis* und *Homo rudolphensis* bezeichnet.

Out of Africa

Schon vor rund 1,8 Millionen Jahren breiteten sich frühe Menschen aus Afrika kommend über die tropischen und subtropisch-gemäßigten Regionen der Welt aus. Nach dem berühmten Film „Jenseits von Afrika" (engl.: „Out of Africa") nennt man diese Wanderungsbewegung „Out of Africa". Ursprünglich ordnete man alle Menschen dieser Zeit dem *Homo erectus*, dem aufrecht gehenden Menschen, zu, heute aber unterscheidet man geografisch und nennt nur die asiatischen Formen *Homo erectus*, die afrikanischen dagegen *Homo ergaster*. Wann die ersten Menschen Europa erreichten, ist umstritten – wahrscheinlich war es vor 1 bis 1,5 Millionen Jahren. Sicher ist dagegen, dass vor etwa 600 000 Jahren bereits weite Teile Europas von Menschen besiedelt waren. Auch die ältesten menschlichen Hinterlassenschaften in Deutschland dürften rund 600 000 Jahre alt sein, darunter der berühmte Unterkiefer von Mauer bei Heidelberg, nach dem eine ganze Art von frühen Menschen als *Homo heidelbergensis* bezeichnet wird.

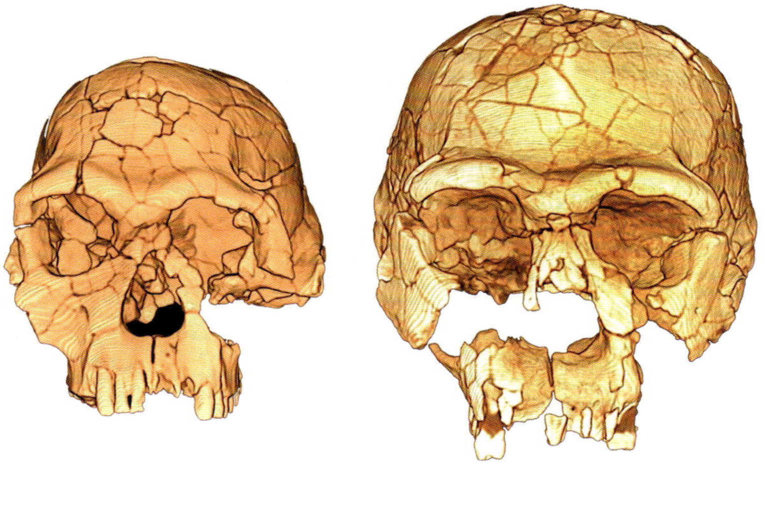

Der Kopf wird größer: Dieser 3D-Computer-Grafik des *Homo habilis* (links) und des späteren *Homo ergaster* liegen hochaufgelöste CT-Aufnahmen von Schädelfunden zugrunde.

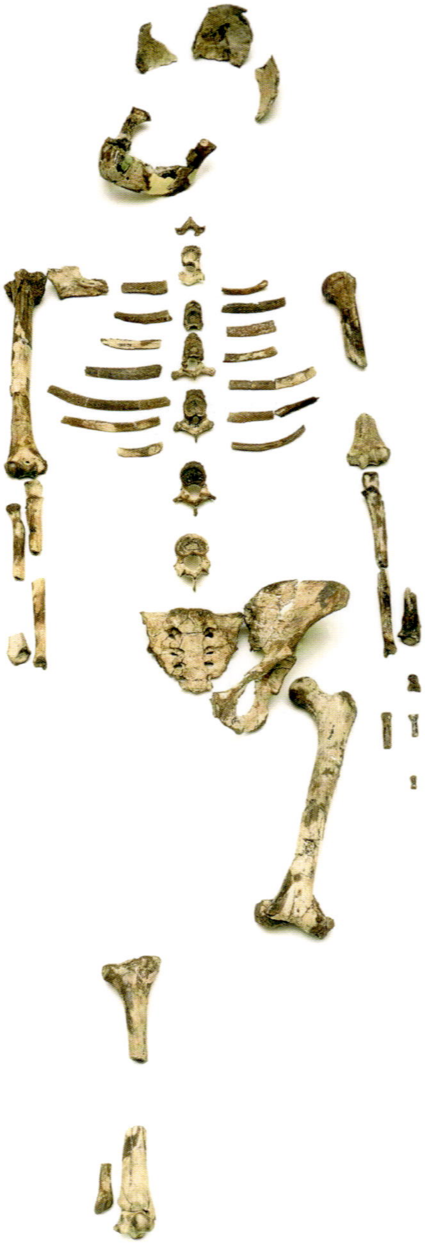

Oben: Die entscheidende Schwelle hin zum Menschen: Lucy, die wohl bekannteste Vertreterin des *Australopithecus afarensis*. Ihr zu etwa 40 % vollständiges Skelett wurde in den Siebzigerjahren in Äthiopien entdeckt. Aus den Beckenknochen kann man sie als weiblich identifizieren, mithilfe der Zähne ihr Sterbealter auf etwa 20 Jahre festlegen. Sie war zwischen 107 und 122 Zentimeter groß.

Lucys Rekonstruktion im Neanderthal-Museum Mettmann.

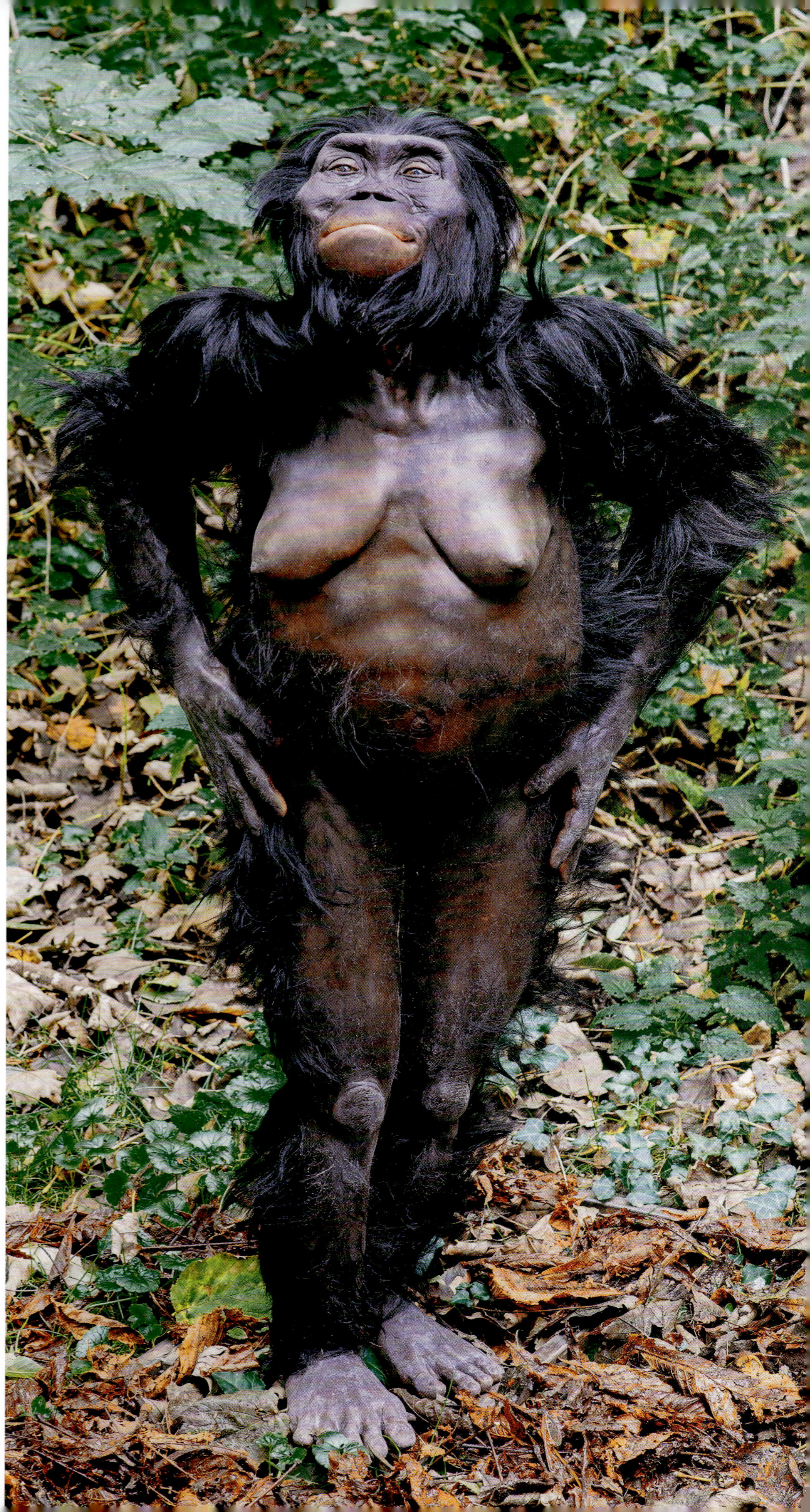

Der berühmte Unterkiefer von Mauer bei Heidelberg. Er gab einer Gruppe von Urmenschen, die als *Homo heidelbergensis* bezeichnet werden, seinen Namen.

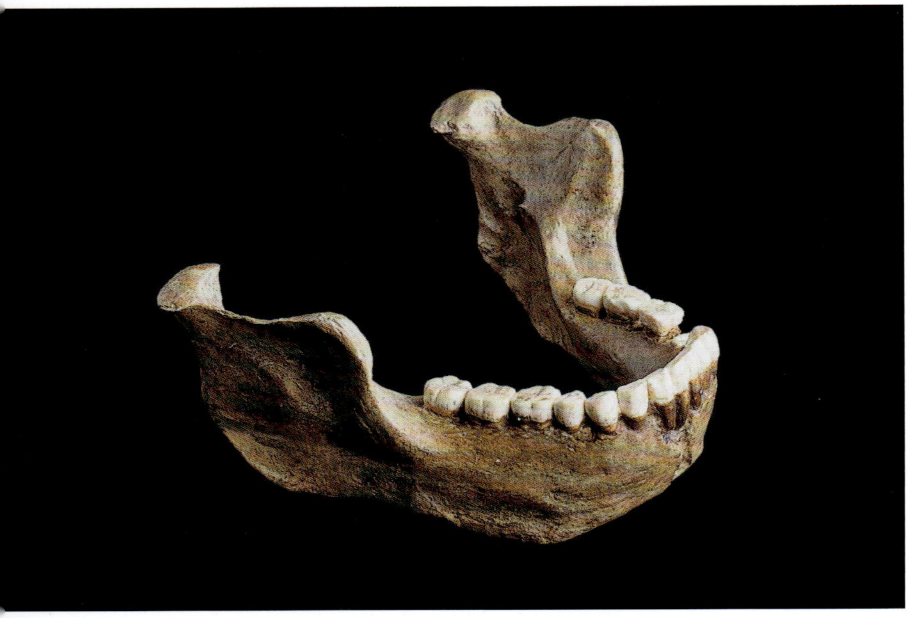

Die Steinwerkzeuge dieser frühesten europäischen Geschichte werden dem ältesten Abschnitt der Altsteinzeit, dem sogenannten Altpaläolithikum, zugerechnet. Die bei Schöningen nahe Braunschweig gefundenen ältesten Holzspeere der Welt geben uns einen Einblick in das Leben zu dieser Zeit: Sie zeigen, dass diese Menschen vor mehr als 300 000 Jahren bereits spezialisierte Großwildjäger waren.

Der Neandertaler

1856 wurden in einer kleinen Höhle im Tal der Düssel nahe Mettmann, der Feldhofer Grotte, Knochen eines menschlichen Wesens gefunden. Es waren die ersten Überreste eines prähistorischen Menschen, die man als solche identifizieren konnte – der Fund wurde sogleich heftig diskutiert: Manche Wissenschaftler wollten an den Knochen Spuren von krankhaften Veränderungen nachweisen und sie einem verkrüppelten Zeitgenossen zuordnen, der in der Höhle gestorben war.

Heute wissen wir, dass die Knochenreste zu einer fossilen Menschenform gehören, die vor rund 250 000 Jahren das erste Mal in Europa auftrat und nach dem Fundort im Neandertal bei Mettmann Neandertaler genannt wurde. Wahrscheinlich haben sich die Neandertaler in Europa aus dem *Homo heidelbergensis* entwickelt. Sie lebten im mittleren Abschnitt der Altsteinzeit, dem sogenannten Mittelpaläolithikum.

Die Neandertaler waren unsere unmittelbaren urmenschlichen Vorläufer in Europa. Das Bild, das wir uns von ihnen machten, war in den letzten Jahrzehnten einem steten Wandel unterworfen: Zunächst als affenähnliches Wesen gesehen, das sich nur mühsam artikulieren konnte, wissen wir heute, dass der Neandertaler sehr intelligent war. Er verfügte über Sprache, ein ausgeprägtes soziales System und war in der Lage, vor-

1856 wurden im Neandertal, einem kleinen Abschnitt des Tals der Düssel bei Mettmann, die Knochen eines Urmenschen entdeckt. Der Neandertaler war unser unmittelbarer Vorläufer während der letzten Kaltzeit in Europa.

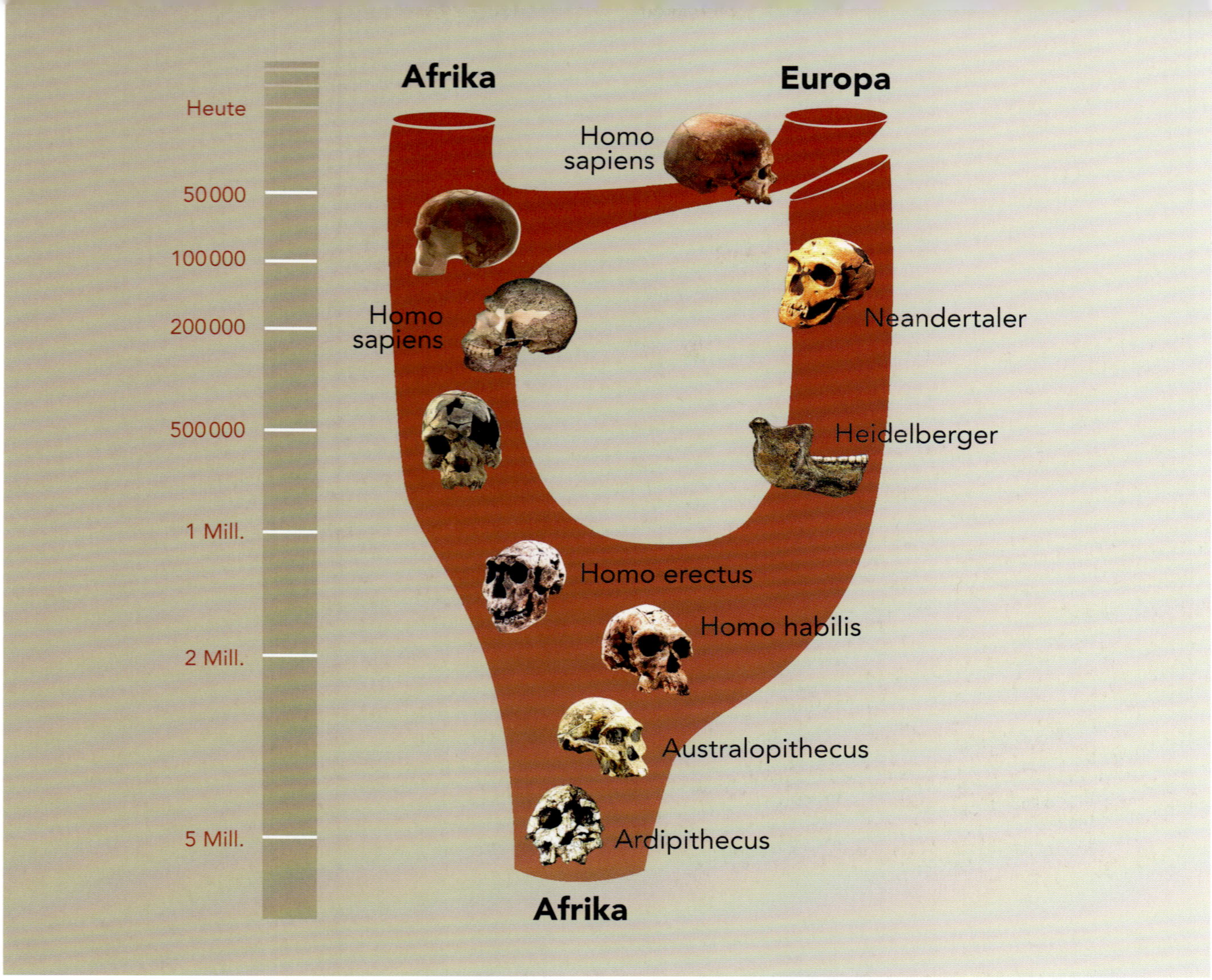

Nach dem heutigen Stand der Wissenschaft wanderten in mehreren Wellen Menschen aus Afrika in die restliche Alte Welt: Vor etwa 1,5 Millionen Jahren breiteten sich aus Afrika Hominiden aus, die vor mehr als 1 Million Jahre auch Europa erreichten. Etwa vor 100 000 Jahren begannen weitere Auswanderungswellen aus Afrika, während derer vor etwa 43 000 Jahren frühe Vertreter unserer eigenen biologischen Art, des *Homo sapiens*, auch nach Europa kamen.

ausschauend zu planen. Es gelang ihm, die Herausforderungen und Veränderungen der Umwelt über mehrere Warm- und Kaltzeiten hinweg zu meistern und sich zu behaupten. Wir müssen uns somit mit dem Gedanken anfreunden, dass es auf der Erde vor einigen Zehntausend Jahren ein Lebewesen gab, das zwar grundsätzlich anders war als wir, aber trotzdem eindeutig ein Mensch.

Out of Africa 2

Vor etwa 43 000 Jahren erreichte eine neue Menschenform Europa. Auch sie stammte ursprünglich vom afrikanischen Kontinent: unsere unmittelbaren Vorfahren, Vertreter unserer biologischen Art *Homo sapiens*, des „vernunftbegabten Menschen". Untersuchungen der im Knochenmaterial von Neandertalern noch enthaltenen DNS haben ergeben, dass wir heutigen Europäer einen kleinen Teil unserer Gene vom Neandertaler haben. Die Neuankömmlinge lebten vermutlich einige Jahrtausende zusammen mit den Neandertalern in bestimmten Regionen Europas. Die jüngsten Neandertalerfunde stammen aus dem Süden der Iberischen Halbinsel und sind rund 35 000 Jahre alt, vielleicht sogar etwas jünger. Die Frage aber, ob sich Neandertaler und *Homo sapiens* in Süddeutschland jemals begegneten, ist derzeit eher mit Nein zu beantworten.

Der moderne Mensch *(Homo sapiens)* breitete sich nach und nach über die gesamte Welt aus. Er entwickelte sich vor rund 200 000 Jahren in Afrika, vor 50 000 Jahren erreichte er Australien und vor etwa 43 000 Jahren auch Europa.

Die neuen Menschen der Art *Homo sapiens* unterschieden sich von den Neandertalern in verschiedenen Merkmalen. Als Träger des Jungpaläolithikums fertigten sie andere Werkzeuge, stellten Kunstobjekte her und hatten eine andere soziale Organisation. Letztendlich waren sie erfolgreicher als die Neandertaler: Der *Homo sapiens* überlebt bis zum heutigen Tag, der Neandertaler hingegen ist ausgestorben.

Jäger und Sammler

Die altsteinzeitlichen Menschen waren Jäger und Sammler. In unserer heutigen globalisierten Welt gibt es nur noch wenige Gruppen, die auf dieser ökonomischen und sozialen Stufe leben: Diese Jäger und Sammler oder Wildbeuter, wie sie auch genannt werden, leben neben den modernen Gesellschaften, in den meisten Fällen in letzten Rückzugsgebieten. Darunter befinden sich die Inuit (veraltet: Eskimos) in Alaska, die San (veraltet: Buschmänner) im südlichen Afrika, die Aborigines in Australien und Gruppen von Menschen im südamerikanischen, afrikanischen oder asiatischen Dschungel. Ihre Lebensweise ist durch die mannigfaltigen äußeren Einflüsse der modernen Welt nur in den seltensten Fällen wirklich noch authentisch. Durch Augenzeugenberichte und schriftliche Überlieferungen aus den letzten Jahrhunderten – von Völkerkundlern, Missionaren, Trappern oder Reisenden – wissen wir jedoch einiges darüber. Auch wenn diese Überlieferungen oftmals ideologisch unterlegt sind, geben sie doch Anhaltspunkte zur Lebensweise der heutigen Jäger- und Sammlergesellschaften. Zwar ist es legitim, die Lebensweise der steinzeitlichen Jäger und Sammler aus dem Verhalten der heutigen Wildbeuter in Analogien zu erschließen, allerdings muss dies mit einer gebührenden Vorsicht geschehen. Wir dürfen die Lebensweisen beider Gruppen nicht vereinfachend gleichsetzen.

Einige Inuit leben in der amerikanischen Arktis noch heute als Jäger und Sammler.

Auch wenn die Forschung heute dem Umweltdeterminismus, also der Annahme, geografische und klimatische Bedingungen hätten Einfluss auf menschliches Sozialverhalten und auf psychische und körperliche Konstitution, mit einer gewissen Zurückhaltung gegenübersteht, sind bzw. waren heutige und vergangene Jäger und Sammler durch Klima und Umwelt hochgradig spezialisiert, was ihr Verhalten sowie die Nahrung und deren Beschaffung anbelangt. Es ist anzunehmen, dass dies auch ihre steinzeitlichen Vorfahren waren.

Heutige Jäger und Sammler: San in der Kalahari, Südafrika.

Bei der Beschäftigung mit der Lebensweise von Jägern und Sammlern läuft man leicht Gefahr, in das romantische Zerrbild vom „edlen Wilden" abzugleiten. Dieses Bild ist sicherlich falsch. Heutige Jäger und Sammler leben in mobilen Gruppen von 20 bis 50 Personen, die sich innerhalb unterschiedlich großer Territorien nach einem saisonalen Rhythmus von Ort zu Ort bewegen. Ihre Ernährung beruht auf der Jagd auf Tiere und dem Sammeln von pflanzlicher Nahrung. Sie meiden Gewalt, sind egalitär in ihrer sozialen Organisation, fällen Entscheidungen im Konsens, haben geringen persönlichen Besitz bzw. teilen, was sie besitzen. Organisatorisch gibt es kaum Spezialisierung, wenngleich einige Aufgaben typischerweise Männern, andere Frauen zufallen.

Jäger und Sammler verbringen etwa 20 Stunden pro Woche mit Jagen und Sammeln und weitere zehn bis 20 Stunden mit der Zubereitung der Nahrung und der

Gruppe von australischen Aborigines, die noch heute von der Jagd auf Wildtiere und dem Sammeln von Pflanzen leben. Bei Ramingining, Australien.

Herstellung von Gerätschaften. Zusammen ergibt das etwa 30 bis 40 Stunden Arbeit pro Woche. Die meiste Arbeit wird gemeinsam ausgeübt und ist in ein soziales Netzwerk eingebunden. Das Jagen und Sammeln sichert den Wildbeutern das Überleben. Dabei bilden sich die Jagd- oder Sammelgruppen üblicherweise nur aus den Gemeinschaftsmitgliedern, die an diesem Tag auch jagen und sammeln *wollen*. Ort und Vorgehen werden gemeinsam entschieden. Wenn ein Einzelner mit der gemeinsam getroffenen Entscheidung nicht einverstanden ist, steht es ihm frei, eine eigene Jagdgruppe zu bilden oder etwas vollständig anderes zu tun, solange er dabei die Tätigkeit der anderen nicht stört. Wer nicht jagen oder sammeln will, bekommt oft trotzdem seinen Anteil an der Jagdbeute oder an Sammelgegenständen.

Wildbeuter vs. Sammler

Der amerikanische Archäologie Lewis Roberts Binford (1930–2011) hat in einem Modell die heutigen Jäger und Sammler in zwei Gruppen unterteilt, wobei die Übergänge zwischen beiden Gruppen fließend sind. Eine Gruppe von Gesellschaften nannte er *Foragers* („Wildbeuter"). Geografisch konzentrieren sie sich auf die niedrigen Breitengrade, auf Tropen und Subtropen. Ihre Umwelt ist geprägt durch geringe jahreszeitliche Temperaturschwankungen. Es gibt also das ganze Jahr über eine relativ große Anzahl von Pflanzen- und Tierarten, deren jeweils relativ wenige Individuen sich gleichmäßig innerhalb eines relativ stabilen Ökosystems verteilen. Diese Pflanzen können also während des ganzen Jahres gesammelt, die Tiere das ganze Jahr über gejagt werden. Die Gruppen dieser Wildbeuter sind klein, Vorratshaltung ist in den meisten Fällen unbekannt und die Nahrungsbeschaffung auf die Befriedigung der täglichen Bedürfnisse ausgerichtet. Ressourcen werden ausgebeutet, die Wildbeuter kehren jeden Tag in ihr Basislager zurück. Wenn die Ressourcen im Umkreis eines Lagers erschöpft sind, zieht die Gruppe weiter und legt anderswo ein neues Lager an. Die Ausrüstung ist nicht spezialisiert, es gibt keine besonderen Werkzeugsätze für spezielle Tätigkeiten. Deshalb finden sich in den Lagern auch immer wieder dieselben Gegenstände.

Eine *Homo-sapiens*-Familie vor einer Felswand, in der eine Höhle liegt: Die hauptsächlichen Tätigkeiten fanden wohl im Eingangsbereich der Höhle statt.

Die andere Gruppe nannte Binford *Collectors* („Sammler"). Ihr Kennzeichen ist eine logistische Mobilität. Sie konzentrieren sich geografisch auf die höheren Breitengrade, also auf gemäßigte, subarktische und arktische Regionen. Ihre Umwelt ist geprägt durch den Wechsel von Jahreszeiten und eine dadurch bedingte schwankende Produktivität. Wanderungen dieser Menschengruppen richten sich üblicherweise an einer bestimmten (Nahrungs-)Ressource aus. Deren Vorkommen werden intensiv ausgebeutet, wie z.B. bei der Jagd auf Herden. Es werden spezielle Außenlager errichtet, die neben den Basislagern existieren; aus ihnen werden Ressourcen in die Basislager transportiert und dort bevorratet. Diese Außenlager (*Field Camps*) sind Lagerplätze für kleinere Gruppen (*Task Groups*), die das Basislager zu bestimmten Zwecken verlassen haben. Diese logistisch organisierten Gruppen bestehen aus erfahrenen Individuen. Sie suchen nicht nach Nahrung, sondern steuern gezielt bekannte Ressourcen an, um sie auszubeuten. So gibt es Außenlager für die Jagd, den Fischfang usw. In den Außenlagern wird geschlafen und gegessen, außerdem werden die Gerätschaften instand gehalten. Die Ausrüstung ist differenziert den jeweiligen Tätigkeiten angepasst. Nach einer gewissen Zeit werden die Hauptlager an einen neuen Ort verlegt. Vereinfacht kann man sagen, dass bei den *Foragers* die Konsumenten mit häufigen räumlichen Bewegungen zu den Ressourcen kommen, bei den *Collectors* dagegen die Ressourcen mit generell weniger räumlichen Bewegungen zu den Konsumenten gebracht werden.

Über die Lebensweise der Menschen der Art *Homo heidelbergensis* und der Neandertaler in Europa gibt es nur wenige Informationen. Es ist unklar, ob das Modell, das Binford beschrieben hat, auf diese beiden Menschenformen anzuwenden ist. Es gibt allerdings Hinweise, dass die Neandertaler in Europa zumindest in Ansätzen als *Collectors* lebten.

Bei den Menschen des Jungpaläolithikums, die zur Art *Homo sapiens* gehörten, ist die Sachlage klarer. Zumindest für den mitteleuropäischen Raum ist davon auszugehen, dass sie *Collectors* waren. Es ist zu vermuten, dass es während des Jungpaläolithikums unterschiedlich organisierte Lagerplätze gab: Auf der einen Seite gab es die größeren Basis- oder Hauptlager, in denen mehrere Familienverbände lebten. Die Umgebung um die Hauptlager wurde intensiv bejagt und abgesammelt. Auf der anderen Seite gab es – zusätzlich – kleinere Nebenlager, zu denen besonders geübte Jäger oder Sammler geschickt wurden. Die dort vorkommenden Ressourcen wurden ebenfalls ausgebeutet. Das Jagdwild wurde zerlegt und in transportablen Portionen ins Hauptlager mitgenommen. Aber auch Rohmaterial zur Herstellung von Steinwerkzeugen wurde gesammelt.

Ein Lagerplatz unter freiem Himmel, wie es ihn im jüngeren Abschnitt der Altsteinzeit (Jungpaläolithikum) gegeben haben könnte.

Die Funde aus der Altsteinzeit finden sich in Südwestdeutschland überwiegend in den Höhlen der Schwäbischen Alb. Dies bedeutet nun aber nicht, dass die steinzeitlichen Jäger und Sammler ausschließlich in Höhlen lebten, also Höhlenmenschen waren. Tatsächlich dürften sie sich überwiegend unter freiem Himmel aufgehalten und dort ihre Lagerplätze errichtet haben. Sie lebten also mehr in der Landschaft als an speziellen, fest definierten Plätzen.

Dass wir vor allem in Höhlen auf Hinterlassenschaften der eiszeitlichen Jäger und Sammler stoßen, liegt unter anderem an den dort normalerweise sehr guten Erhaltungsbedingungen. Freilandstationen wurden demgegenüber in vielen Fällen durch Erosion vollständig zerstört oder sie liegen so tief unter jüngeren Erdmassen begraben, dass man sie schwerer findet. All dies führt im Jungpaläolithikum zu diesem Missverhältnis mit vielen Höhlen- und seltenen Freilandfundplätzen. Erst im Spätpaläolithikum und im Mesolithikum ändert sich das.

Die Steinzeit

Die menschliche Vorgeschichte teilt man auf der Basis von Untersuchungen, die der dänische Gelehrte Christian Thomsen in der Mitte des 19. Jahrhunderts an den verschiedenartigen Funden in Museen durchführte, in drei primäre Perioden: Steinzeit, Bronzezeit und Eisenzeit. Die Steinzeit gliedert man wiederum in drei Abteilungen: Altsteinzeit bzw. Paläolithikum, Mittelsteinzeit bzw. Mesolithikum und Jungsteinzeit bzw. Neolithikum.

Den Beginn der Altsteinzeit setzt man vor etwa 2,5 bis 3 Millionen Jahren an, mit den ersten Steinwerkzeugen. Sie dauerte über den gesamten Verlauf des Eiszeitalters oder Pleistozäns bis zu dessen Ende um etwa 9700 v. Chr. In der folgenden ersten Hälfte der Nacheiszeit schloss sich das Mesolithikum an. Das Neolithikum mit den Anfängen von Ackerbau und Viehzucht sowie der damit verbundenen Sesshaftigkeit setzte in den unterschiedlichen Regionen der alten Welt zu einem unterschiedlichen Zeitpunkt ein. Für unseren Raum kann die Zeitmarke von 5500 v. Chr. für das Ende des Mesolithikums und den Beginn des Neolithikums als Richtwert gelten. Auch die Altsteinzeit wird wiederum in drei Stufen unterteilt: einen älteren Abschnitt (Altpaläolithikum), einen mittleren (Mittelpaläolithikum) sowie schließlich einen jüngeren Abschnitt (das Jungpaläolithikum). Das Altpaläolithikum war in Mitteleuropa die Zeit des *Homo heidelbergensis*, das Mittelpaläolithikum die des Neandertalers, und im Jungpaläolithikum lebte der moderne Mensch, der *Homo sapiens*.

Auch die drei Stufen der Altsteinzeit – Altpaläolithikum, Mittelpaläolithikum und Jungpaläolithikum – sind wiederum in Gruppen unterteilt. Viele davon sind nach Fundstellen in Frankreich benannt, also nach den Orten, an denen die ersten charakteristischen Funde der jeweiligen Zeitstufe entdeckt wurden.

Stein als Material – und Namengeber

In der Steinzeit war die Bearbeitung von Metallen noch nicht erfunden. Die Menschen stellten ihre für das tägliche Leben notwendigen Gerätschaften aus Stein her. Dies führte zur Benennung dieser Phase der menschlichen Geschichte als Steinzeit. Zahlreiche

Abfolge der Technokomplexe im Jungpaläolithikum Mitteleuropas. Die Bezeichnungen der verschiedenen Stufen gehen auf die Namen von berühmten Fundplätzen in Frankreich zurück.

Steinwerkzeuge aus der Aurignacien-Schicht III im Geißenklösterle. Sie haben ein Alter von 40000 bis 43000 Jahren.

	ABTEILUNG/STUFE	GRUPPE	ALTER
NACHEISZEIT	Neolithikum		
			7500 Jahre vor heute
	Mesolithikum	Spätmesolithikum	
			8800 Jahre vor heute
		Beuronien C	
			9500 Jahre vor heute
		Beuronien B	
			10000 Jahre vor heute
		Beuronien A	
			11700 Jahre vor heute
EISZEITALTER	Jung-Paläolithikum	Spätpaläolithikum	
			14500 Jahre vor heute
		Magdalénien	
			20000 Jahre vor heute
		Badegoulien	
			23000 Jahre vor heute
		Solutréen	
			26000 Jahre vor heute
		Gravettien	
			33000 Jahre vor heute
		Aurignacien	
			43000 Jahre vor heute
	Mittel-Paläolithikum	Blattspitzengruppe	
		Keilmessergruppe	
		Moustérien	
			250000 Jahre vor heute
	Alt-Paläolithikum	Acheuléen	
		Clactonien	
		Geröllgeräte-Gruppen	in Europa ca. 1,2 Mill. Jahre

Werkzeuge und Waffen wurden allerdings auch aus Knochen, Geweih und Elfenbein gefertigt. Daneben war sicherlich Holz, zumindest in den Zeitabschnitten und Regionen, in denen Bäume wuchsen, ein sehr wichtiger Rohstoff. Dies belegen etwa die berühmten Speere, die in rund 300 000 Jahre alten Ablagerungen bei Schöningen in Niedersachsen gefunden wurden.

Für die Herstellung von Steinwerkzeugen musste das Gestein bestimmte Eigenschaften haben: Es musste hart und spröde sein und zudem scharfkantig springen. Es gibt eine Gruppe von Gesteinen, die diese Merkmale erfüllen. Sie werden als Kieselgesteine bezeichnet, da sie hauptsächlich aus Siliziumdioxid bestehen (früher Kieselsäure genannt). Sie sind sehr hart, was bei Tätigkeiten wie z. B. Schneiden, Schaben oder Bohren sehr wichtig ist. Außerdem sind sie sehr spröde und lassen sich deshalb leicht durch Schlagen bearbeiten. Und schließlich springen sie scharfkantig, was besonders beim Schneiden entscheidend ist. Als Rohmaterial zur Herstellung ihrer Werkzeuge verwendeten die Menschen der Steinzeit verschiedene Arten von Kieselgestein, unter anderem den bekannten Feuerstein oder Flint. In Süddeutschland wurde Gestein genutzt, das Hornstein genannt wird. Hornsteine kommen in Knollenform in geologischen Formationen des Jura und der Trias vor, daneben findet man sie in den Schottern der Flüsse.

Die in Knollenform vorkommenden Kieselgesteine wurden durch Schlagen bearbeitet. Mithilfe von Schlägeln aus Stein, Holz oder Geweih wurden Stücke von einem Ausgangsstück, dem Kern, abgeschlagen. Dazu musste die Schlagenergie in einem Winkel zwischen 60 und 80 Grad auf das Ausgangsstück einwirken. Dann sprangen flache, scharfkantige Stücke vom Kern ab, die als Abschläge bezeichnet werden. Diese Grundprodukte wurden wiederum durch Schlagen in eine bestimmte Form gebracht, sie wurden zu Werkzeugen oder Waffen geformt. Den Vorgang dieser Formung nennt man Retuschieren. Typische Vertreter solcher Steinwerkzeuge sind z. B. Schaber, Stichel, Bohrer oder auch Faustkeile, die allerdings oft aus einem Ausgangsstück, einem Kern, hergestellt wurden.

Die Menschen der Altsteinzeit

Die erste Phase der Altsteinzeit ist das Altpaläolithikum. Die Gruppen des Altpaläolithikums werden als Oldowan (nach der Olduvai-Schlucht in Tansania) oder Geröllgeräte-Gruppe und Acheuléen (nach der Fundstelle St. Acheul in Nordfrankreich) bezeichnet. Die ältesten Steinwerkzeuge des Oldowan in Ostafrika sind zwischen 2,5 und 3 Millionen Jahre alt. Vertreter des afrikanischen Altpaläolithikums sind Menschenformen wie der *Homo habilis* und der *Homo erectus* (*ergaster*). Weil die frühen sich nach und nach aus Afrika ausbreitenden Hominiden Europa erst vor etwa 1,5 bis 1 Million Jahren erreichten, setzt man den Beginn des Altpaläolithikums für Europa entsprechend später an als für Ostafrika. Nach allem, was man heute weiß, haben in Europa Menschen der Art *Homo heidelbergensis* die altpaläolithischen Artefakte hergestellt.

Einfache Geräte aus zugeschlagenen Flussgeröllen aus der Fundstelle „Bunker" im Travertin von Stuttgart-Bad Cannstatt. Die Artefakte sind rund 300 000 Jahre alt.

Faustkeil aus der mittelpaläolithischen Fundschicht in der Heidenschmiede in Heidenheim an der Brenz, Landkreis Heidenheim. Eigentlich ist der Faustkeil ein typisches Gerät des Altpaläolithikums, aber dieser Fund belegt, dass er auch während des Mittelpaläolithikums vor etwa 100 000 bis 50 000 Jahren noch hergestellt und genutzt wurde.

Die für den Begriff Geröllgeräte-Gruppe namengebenden Steinwerkzeuge sind einfache, durch wenige Schläge zu scharfkantigen Objekten geformte Gerölle. Allerdings ist nicht in allen Fällen sicher, ob das mutmaßliche Geröllgerät nicht in Wirklichkeit ein Kern war und demnach die von ihm abgetrennten Abschläge das eigentliche Zielprodukt waren. Das oft als charakteristisches Werkzeug des Altpaläolithikums angesehene Objekt ist der Faustkeil. Faustkeile wurden beidseitig durch zahlreiche Schläge geformt und besitzen eine umlaufende scharfe Schneide. Sie wurden zum Schaben, Bohren oder Schneiden benutzt. Außerdem gibt es in allen altpaläolithischen Inventaren auch zu Schabern und Messern retuschierte Abschläge. Neben Inventaren mit Geröllgeräten und solchen mit Faustkeilen gibt es sowohl in Afrika als auch in Europa auch noch altpaläolithische Fundstellen, an denen beide Artefakte gänzlich fehlen und es nur Geräte gibt, die aus Abschlägen hergestellt sind.

Das auf das Altpaläolithikum folgende Mittelpaläolithikum war die Zeit des Neandertalers. Es begann in Europa vor etwa 250 000 Jahren. Die Fundkomplexe gehören zum Moustérien (nach der Fundstelle von Le Moustier in der Dordogne) und zum Micoquien (nach der Fundstelle La Micoque in der Dordogne; heute meistens als Keilmessergruppe bezeichnet). In diesem Zeitabschnitt kommen – speziell in Mitteleuropa – Faustkeile zwar noch vor, aber in deutlich geringerer Zahl als aus Abschlägen hergestellte Geräte wie z. B. Schaber und Messer. Im Mittelpaläolithikum werden die ersten Waffen und Werkzeuge aus Knochen hergestellt, darunter z. B. Spitzen für Speere oder Lanzen. Die letzten mittelpaläolithischen Fundplätze in Europa stammen aus der Zeit vor etwa 35 000 Jahren, vielleicht sogar aus etwas späterer Zeit. Der *Homo sapiens* hatte sich zu dieser Zeit bereits ausgebreitet, aber der Neandertaler scheint in Rückzugsgebieten Europas wie im Süden der Iberischen Halbinsel noch einige Jahrtausende überlebt zu haben.

Der *Homo sapiens*, der Vertreter des Jungpaläolithikums, war vor etwa 43 000 Jahren in Europa eingewandert. Kennzeichen der im Jungpaläolithikum gefertigten Werkzeuge ist, dass sie aus speziellen Grundformen hergestellt wurden: Diese waren langgestreckt und werden daher als Klingen bezeichnet. Von besonderer Bedeutung sind kleine schmale Klingen, die Lamellen genannt werden. Daneben wurden nun in großer Zahl Objekte aus Knochen, Geweih und Elfenbein gefertigt. Dazu gehörten z. B. Geschossspitzen, Glätter, Ahlen und Nähnadeln. Auch Schmuck wurde aus Elfenbein, fossilen Mollusken, Zähnen von Wildtieren oder Steinen geformt.

Harpunen aus Rentiergeweih, die in einer Magdalénien-Fundschicht des Hohle Fels bei Schelklingen im Alb-Donau-Kreis entdeckt wurden. Sie stammen aus einer Zeit vor etwa 16 000 bis 15 000 Jahren.

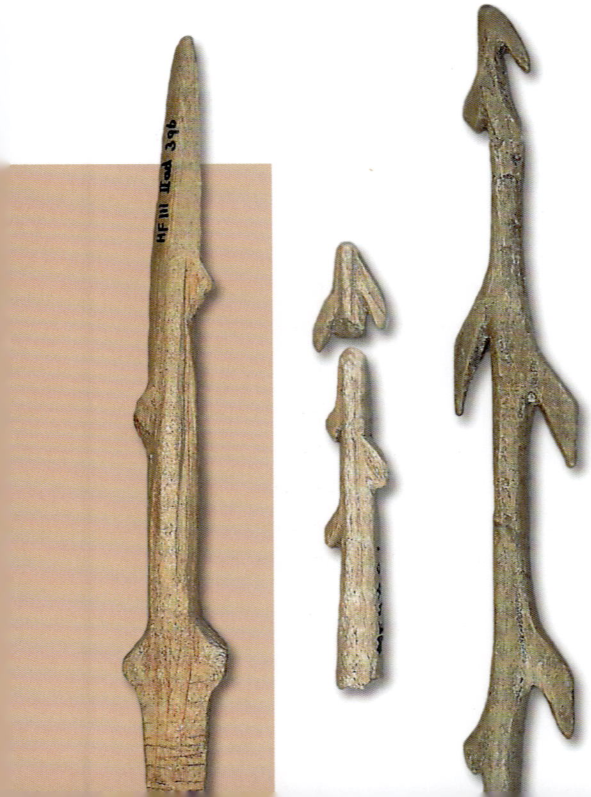

Die Gruppen des Jungpaläolithikums in Europa werden nach französischen Fundstellen als Aurignacien, Gravettien, Solutréen, Magdalénien und Azilien bezeichnet. Das Aurignacien, benannt nach der Fundstelle von Aurignac in Südwestfrankreich, datiert zwischen etwa 43 000 und 33 000 Jahren vor heute (die in diesem Kapitel genannten Jahreszahlen beziehen sich auf kalibrierte ^{14}C-Daten vor heute), das Gravettien, benannt nach der Fundstelle von La Gravette in Südwestfrankreich, zwischen etwa 33 000 und 26 000 Jahren vor heute, das Solutréen, benannt nach der Fundstelle von Solutré in Frankreich, zwischen etwa 26 000 und 20 000 Jahren vor heute, das Magdalénien, benannt nach der Fundstelle von La Madeleine in der Dordogne, zwischen 20 000 und 14 500 Jahren vor heute und das Azilien, benannt nach der Fundstelle von Mas d'Azil in Frankreich, oder Spätpaläolithikum schließlich zwischen 14 500 Jahren vor heute und dem Ende der Eiszeit um etwa 11 700 Jahre vor heute (bzw. 9700 v. Chr.).

Die einzelnen Gruppen des Jungpaläolithikums erkennt man an der charakteristischen Zusammensetzung ihrer Werkzeug-Inventare: Einzelne Artefaktformen aus Stein sind jeweils typisch für eine bestimmte Gruppe. Allerdings gibt es solche „Leitfossilien" nur für bestimmte Kulturstufen des Jungpaläolithikums. Insgesamt sind bestimmte Geräteformen in den verschiedenen Epochen einander ziemlich ähnlich, wie Kratzer zum Bearbeiten von Fell, Knochen oder Holz, Stichel zum Bearbeiten von Geweih und Bohrer zum Durchbohren verschiedener Materialien. Sie hatten einen rein funktionalen Zweck und waren daher zu allen Zeiten identisch gestaltet.

Die Menschen des Paläolithikums ernährten sich von dem, was die Natur ihnen bot. Sie waren Jäger und Sammler. Das Fleisch der erlegten Tiere deckte den Bedarf an tierischem Eiweiß. Im Jungpaläolithikum wurden vor allem Rentiere und Wildpferde gejagt. Eine sicherlich nicht zu unterschätzende Rolle spielte, allein

EXTRA | Eiszeitjäger

In den 1970er-Jahren erschien ein unter Archäologen und Ethnologen bald sehr bekanntes Buch, das den Titel „Man the hunter", übersetzt etwa „Der Mensch als Jäger" trug. Man glaubte damals, dass die Jagd auf Wildtiere die nahezu ausschließliche Art der Nahrungsbeschaffung bei den Menschen der Altsteinzeit war, ja mehr noch: dass erst die Fähigkeit zu jagen den Menschen zum Menschen machte. Heute weiß man, dass es neben der Jagd sehr wohl andere Möglichkeiten gab, sich mit Nahrung zu versorgen. Eine nicht zu unterschätzende Rolle dürfte das Sammeln von Pflanzen gespielt haben. Daneben war besonders während des Altpaläolithikums auch die Verwertung von Aas aus von Raubtieren gerissenen Beutetieren von Bedeutung. Während des Jungpaläolithikums und später während des Mesolithikums trug auch Fischfang nicht unerheblich zur Ernährung bei. An den Meeresküsten war Fischen neben der Jagd auf Meeressäuger sogar der wichtigste Lieferant der menschlichen Nahrung.

Trotzdem war die Jagd auf Wildtiere ein überaus wichtiger Faktor. In früheren Jahren hat es ausgereicht, wenn Tierknochen und Steinwerkzeuge zusammen in einer Fundschicht entdeckt wurden, um von den Hinterlassenschaften von Jägern zu sprechen. Heute werden größere Ansprüche an diesen Nachweis gestellt. Es muss ersichtlich sein, z. B. durch Schnittspuren auf den Tierknochen, dass die Knochen und die Steinwerkzeuge tatsächlich in einem kausalen Zusammenhang zueinander stehen.

Wann zum ersten Mal gejagt wurde, ist schwer festzulegen. Auf Tierknochen von altpaläolithischen Fundschichten in Ostafrika, die über zwei Millionen Jahre alt sind, wurden Spuren, die von Steinwerkzeugen stammen, entdeckt. Diese könnten aber auch beim Zerlegen der von Raubtieren gerissenen Tiere entstanden sein. Den ersten sicheren Nachweis der Jagd liefern die sensationellen Holzspeere aus der altpaläolithischen Fundstelle von Schöningen in Niedersachsen. Sie sind rund 300 000 Jahre alt und wurden zusammen mit Überresten mehrerer Wildpferde gefunden. Auch der Neandertaler hat gejagt. Eine wichtige Rolle spielte hierbei die Jagd auf Mammute, ein sicherlich sehr gefährliches Unterfangen.

Der *Homo heidelbergensis* jagte Pferde: Das beweisen die bei Schöningen gefundenen rund 300 000 Jahre alten Holzspeere.

Dieser Neandertaler schabt gerade einen Steinbock. Alles vom Tier wurde verwendet, aus dem Fell ließ sich wärmende Kleidung machen.

Im Jungpaläolithikum war die Jagd dann weit verbreitet. Begehrte Beute waren hauptsächlich Rentiere und Wildpferde. Aber auch andere Tiere wie Mammute, Nashörner, Rothirsche und Wildrinder wurden erlegt, manchmal sogar Höhlenbären und Höhlenlöwen. Während der verschiedenen Perioden des Jungpaläolithikums wurde die Technik der Jagd immer weiter verbessert. Anfangs kamen Wurfspeere und Stoßlanzen zum Einsatz. Eine wichtige Rolle spielte im Magdalénien vor ungefähr 17 000 Jahren die Erfindung von Speerschleudern – damit wurden der Hebel des Wurfarms verlängert und die Reichweite erhöht.

Auch Pfeil und Bogen sind eine Erfindung des Jungpaläolithikums. Vielleicht reicht diese Erfindung bis in das jungpaläolithische Solutréen vor etwa 23 000 Jahren zurück. Sichere Nachweise von Pfeil und Bogen liefern spätpaläolithische Fundstellen, die rund 14 000 Jahre alt sind.

Wunderschön und weltberühmt – aber jünger als die Funde auf der Schwäbischen Alb: die Zeichnungen von Tieren an den Wänden der Grotte Chauvet-Pont d'Arc in der Ardèche.

schon wegen der Fleischmenge, das Mammut. Aber auch zahlreiche andere Tierarten der Eiszeit wurden gejagt. Ebenso wurde Fischfang betrieben. Weil pflanzliche Reste an altsteinzeitlichen Fundplätzen nur selten erhalten sind, können wir die Rolle pflanzlicher Nahrung schwer abschätzen. Es ist aber davon auszugehen, dass der Anteil pflanzlicher Nahrung im Speiseplan der jungpaläolithischen Jäger und Sammler relativ hoch war.

Verwendung von Symbolen

Ein wichtiger Teil der kulturellen Errungenschaften des *Homo sapiens* war die Verwendung von Symbolen. Unter dem Begriff „Symbol" versteht man diejenigen Dinge, die keine alltäglichen Gebrauchsgegenstände waren und eine kommunikative Bedeutung hatten: Bestandteile der symbolischen Kommunikation waren z. B. Schmuckgegenstände, Farbstoffe und Kunstobjekte. Befunde in Fundplätzen aus der Zeit des Neandertalers legen nahe, dass späte Vertreter dieser Menschenform vereinzelt Schmuckobjekte und vielleicht auch Farbstoffe verwendeten. Eine eigentliche Bedeutung aber gewannen diese Dinge erst im Jungpaläolithikum des *Homo sapiens*. Zu seinen Schmuckstücken zählen Perlen und Anhänger aus Elfenbein, Tierzähnen, Muscheln, Schneckenhäusern und Fossilien. Der technische und intellektuelle Aufwand bei der Herstellung von dreidimensionalen Perlen aus Elfenbein war natürlich höher als bei der schlichten Durchlochung eines bereits natürlich geformten Objektes, wie eines Zahns oder Schneckenhauses. Die Schmuckobjekte hatten einerseits wohl einen dekorativen Zweck, andererseits sollten sie vielleicht auch einzelne Personen oder gegebenenfalls auch eine ganze Gruppe von Menschen identifizieren.

Auch die Verwendung von Farbstoffen ist im Kontext einer symbolischen Kommunikation zu sehen. Farbstoffe wurden etwa zum Einfärben der Kleidung verwendet oder zur Bemalungen des Körpers. Auch in Gräbern fand man Farbstoffe in Form von Rötel oder Hämatit.

Und schließlich gehören Kunstobjekte zu den Symbolen. Für die Altsteinzeit gilt es zwei Varianten zu unterscheiden: Einerseits wurden in manchen Gegenden Europas die Wände von Höhlen dekoriert („Wandkunst") – diese Kunstform war zwangsläufig nicht transportabel. Andererseits gab es kleinere Kunstobjekte, die aus Elfenbein, Knochen oder Ton geschnitzt und geformt oder auf Knochen, Elfenbein oder Steinen eingeritzt waren. Diese Kleinkunst konnte natürlich von einem Platz zum anderen mitgenommen werden.

Die ältesten allgemein anerkannten Zeichen stammen aus Südafrika und sind zwischen 60 000 und

80 000 Jahre alt. Zu dieser Zeit lebten in Südafrika bereits frühe Vertreter unserer eigenen Art, des *Homo sapiens*. Bei den Stücken handelt sich einerseits um Brocken aus dem Farbstoff Hämatit aus der Fundstelle Blombos, die Zeichen in Form sich kreuzender Schnitte tragen. Außerdem kommen Bruchstücke von Straußeneiern aus dem Felsdach Diepkloof vor, die zu Gefäßen umgearbeitet wurden. Sie sind mit Linienbändern dekoriert. Sicherlich handelt es sich bei ihnen noch nicht um Kunst, aber sie beweisen, dass Gebrauchsgegenstände verziert wurden. Auch diese Verzierungen fallen unter den Begriff der symbolischen Kommunikation.

Die ältesten sicher als solche anzusprechenden Kunstobjekte stammen aus dem Aurignacien. In Südfrankreich wurden vor etwa 36 000 bis 34 000 Jahren erstmals die Wände der Höhlen mit Figuren bemalt. Ein großartiges Beispiel ist die berühmte Grotte Chauvet-Pont d'Arc in der Ardèche. Etwas älter, vielleicht sogar rund 40 000 Jahre alt, könnten Malereien von abstrakten Zeichen in Südwestfrankreich und Nordspanien sein. Auf Sulawesi entstanden vor ungefähr 35 000 Jahren die ersten derzeit bekannten figürlichen Höhlenmalereien in Asien. Auch in Australien gibt es bis zu 30 000 Jahre alte Felsbilder. In Südwestdeutschland schnitzten die Menschen des Aurignacien hingegen kleine Figuren aus Mammutelfenbein, die in den Schwäbischen Höhlen mit früher Eiszeitkunst entdeckt wurden. Sie sind zwischen 35 000 und 40 000, vielleicht sogar 43 000 Jahre alt und gehören damit zu den ältesten weltweit bekannten figürlichen Kunstwerken.

GEHEIMNISVOLLE

Die Höhlen der Schwäbischen Alb

ORTE

Vorangehende Doppelseite: Die Stadel-Höhle im Hohlenstein im Winter.

Höhlen zogen die Menschen seit jeher an. Über viele Jahrhunderte wussten die Bewohner des Lone- und des Achtals aber nicht, welche Schätze in den Höhlen ihrer Heimat verborgen liegen. Es gab Zeiten, da lagerten sie in ihnen ihre landwirtschaftlichen Produkte oder nutzten sie als natürliche Ställe, manchmal hielten sie sich auch selbst für kurze Zeit darin auf, etwa um Schutz vor Unwettern zu suchen.

Vielen Höhlen haftete etwas Geheimnisvolles, Mysteriöses an. Sie galten als gruselige Orte, an denen sich Teufel, Geister, Kobolde oder andere übernatürliche Wesen herumtrieben. Um die Höhlen der Schwäbischen Alb ranken sich denn auch zahlreiche Sagen und Geschichten – offensichtlich regten tiefe dunkle Höhlen die Fantasie der Menschen an. Viele sahen hier den Eingang zur Hölle; jedenfalls machte man um diese geheimnisvollen Orte besser einen weiten Bogen.

Von der Stadel-Höhle zum Beispiel erzählte man sich, in der elften Kammer der Höhle sitze der Teufel auf einer Goldkiste. Wer das Gold des Teufels aus der Höhle holen wolle, müsse in der siebten Kammer einen Vertrag unterzeichnen – mit eigenem Blut statt Tinte – und sich damit vollständig dem Teufel verschreiben. Dann könne er dem Teufel in der elften Kammer den Schlüssel aus dem Maul nehmen – und habe fortan für immer Zugriff auf genug Gold. Im späten 16. Jahrhundert wurde der Eingang der Stadel-Höhle mit einer einen Meter hohen Mauer verschlossen, offensichtlich um Gruppen von Menschen fernzuhalten, die außerhalb des Gesetzes in Höhlen im Lonetal lebten. In den Ulmer Ratsprotokollen aus der Zeit findet sich ein Eintrag zu diesem Vorgang. Er lautet: „Abtreibung verdächtiger personen, so sich im Holenstein aufhalten. Uff meiner

„Eine Hexe treibt Teufel aus einer Höhle"
(A witch driving devils from a cave),
Gemälde von David III. Ryckaert (1612–61).

gepietenden unnd gunstigen Herrn Herrschafftspfleger bericht den Holen Felsen, Holenstein genannt, anlangendt, darinnen sich viel böser buben und verdechtiger persohnen ufhallten sollen, sollen sie, die Herren, den maurer zu Asselfingen besichtigen lassen, wie und was gestallt derselbig zu vermaueren oder den eingang zu furkommen seye."

Wie entstanden die Höhlen der Schwäbischen Alb?

Die Karst- und Entwässerungssysteme der Schwäbischen Alb entstanden primär durch tektonische Hebungsvorgänge in der Zeitperiode des Tertiärs und durch deren spätere eiszeitliche Überprägung. Eines der markantesten Merkmale der Schwäbischen Alb ist die Verkarstung der Jurakalke. Zusammen mit der Fränkischen Alb bildet sie eines der größten zusammenhängenden Karstsysteme Mitteleuropas und einige ihrer Höhlen und Höhlensysteme sind heute begehbar.

Karst entsteht, wenn über lange Zeit Regen- und Grundwasser auf Kalkformationen einwirken: In den zahlreichen Spalten und Klüften der Schwäbischen Alb versickern Niederschläge schnell und direkt; sie haben aus der Luft Kohlenstoffdioxid aufgenommen und in Kohlensäure umgewandelt. Das kohlensäurehaltige Wasser löst im Untergrund Kalk, und Erosionsprozesse, also die mechanische Wirkung des abfließenden Wassers, tragen ihren Teil dazu bei – die bereits vorhandenen Spalten und Klüfte werden so im Laufe der Zeit immer größer, das Wasser wird in unterirdischen Karstwassersystemen schnell abgeleitet. Im Bereich des Grundwasserspiegels ist die Kalklösung besonders wirksam, sodass vor allem hier große unterirdische Hohlräume entstehen.

Der Blautopf bei Blaubeuren ist eine Karstquelle, über die das Karstwasser der Blautopfhöhle im Blauhöhlensystem abfließt.

Zu den markanten Karsterscheinungen gehören Dolinen, Erdfälle, Trockentäler und eben, sicher die eindrucksvollste Ausprägung: Höhlen. Wenn das Wasser auf undurchlässige Ton- oder Lehmschichten trifft, fließt es der Neigung der Schichten folgend unterirdisch ab. Als Karstquelle kann es unter Umständen irgendwo wieder an die Oberfläche treten. Regelrechte unterirdische Flüsse bahnen sich also ihren Weg durch das Gestein.

Da die Fugen und Hohlräume zu Beginn der Höhlenentstehung weitgehend mit Wasser gefüllt waren, wurde an der gesamten Oberfläche der Hohlräume Kalk gelöst – am Boden, an den Wänden wie auch an den Decken. Die Hohlräume vergrößerten sich allmählich zu Höhlen, auch dadurch, dass Wände und Decken einbrachen, häufig infolge von Frostverwitterung.

Sinkt der Karstwasserspiegel, dann können Wasserhöhlen trockenfallen. Dann beginnen sich Erdschichten darin abzulagern und Höhlengänge werden partiell wieder aufgefüllt. Bis es zu Talbildungen kam, lagen viele der heute begehbaren Höhlensysteme unter der Erde.

Die Geburtsstunde der Höhlenarchäologie

Erst in der zweiten Hälfte des 19. Jahrhunderts erkannte man allmählich, dass die Höhlen auch archäologisch interessant waren, dass hier nämlich schon vor sehr langer Zeit Menschen ihre Spuren hinterlassen haben – nicht nur in Schwaben. Die Geburtsstunde der Höhlenarchäologie war gekommen.

Die Erhaltungsbedingungen in Höhlen sind einzigartig: Geschützt vor Wind und Wetter, wird abgelagertes Erdreich zumeist nicht schnell wieder erodiert, sondern bleibt teils über Jahrtausende an Ort und Stelle – und mit ihm die Hinterlassenschaften der vorgeschichtlichen Menschen. Die meisten der Funde auf der Schwäbischen Alb gehören in den mittleren und jüngeren Abschnitt der Altsteinzeit, zwischen etwa 100000 und 11700 Jahren vor heute, sowie in die mittlere Steinzeit zwischen 11700 und 7500 Jahren vor heute bzw. 9700 und 5500 Jahre v. Chr.

Von erheblicher Bedeutung für die chronologische Einordnung archäologischer Hinterlassenschaften ist ihr räumlicher Kontext. Im Idealfall sind Artefakte in einen stratigrafisch nachvollziehbaren Zusammenhang eingebettet. Sie können dann im Verhältnis zu darunterliegenden Schichten mit ihren Funden jünger bzw. gegenüber den darüberliegenden Schichten älter datiert werden. Solche Idealbedingungen hat man oft bei Höhlenfundstellen mit ihren teils mehrere Meter umfassenden Schichtenfolgen. Man bezeichnet Höhlen auch als „Sedimentfallen“, weil sie im Vergleich zu einer sich stets verändernden offenen Landschaft eine weniger dynamische Umgebung darstellen und sich Artefakte somit besonders gut erhalten können: Höhlen sind also hervorragende Archive der frühen Menschheitsgeschichte.

Archäologen der Uni Tübingen graben im Hohle Fels bei Schelklingen; sie gehen dabei systematisch nach eingenordeten qm-Planquadraten vor. Sandsäcke schützen tiefergelegene ältere Schichten.

In der Regel stammen altsteinzeitliche Höhlenfunde aus pleistozänen Sedimenten, die über Jahrzehntausende hinweg abgelagert wurden: Während der Genese dieser verschiedenen geologischen Horizonte hinterließen eiszeitliche Jäger und Sammler ihre Spuren, die wiederum durch die fortschreitende natürliche Sedimentation im Boden eingebettet wurden. Natürlich entstehende Sedimente in Höhlen können ganz unterschiedlichen Ursprungs sein. Eine typische Höhlenstratigrafie setzt sich beispielsweise aus eingespülten Lehmen aus den Karstsystemen, gelösten Partikeln der Höhlendecke und -wände, abgegangenen größeren Gesteinsbrocken sowie durch feines, vom Wind eingetragenes Sediment (Löss) zusammen. Je nach Intensität der menschlichen Nutzung können sich auch rein anthropogene Schichten bilden, das heißt Schichten mit ausschließlich menschlichen Hinterlassenschaften. Diese können zum Beispiel von Feuerstellen, großflächigeren Abfallschüttungen oder vom „Vertrampeln" von Bodenhorizonten herrühren. Hinzu kommen die Hinterlassenschaften von Tieren wie Fledermäusen, Vögeln oder Höhlenbären.

Sedimentationsabfolgen sind oft nicht lückenlos, sondern können trotz der guten Erhaltungsbedingungen in Höhlen auch durch Erosionsprozesse unterbrochen worden sein. Auch Artefakte könnten dabei verloren gegangen sein. Wenn man aus einer bestimmten Zeit nichts findet, dann bedeutet das also nicht automatisch, dass eine Besiedlungslücke vorliegt. Auch Umlagerungen lassen sich nicht ausschließen, darunter physikalische, etwa infolge von Tiergängen, und chemische Umwandlungen von Sedimenten, zum Beispiel die Lösung bzw. Bildung von unterschiedlichen Mineralien. All dies gilt es zu bedenken, wenn man den Kontext und Zusammenhang eines archäologischen Fundes betrachtet und interpretiert. Will man einen Fund datieren, zusammengehörige Fundinventare beurteilen und Aussagen über menschliches Verhalten in prähistorischer Zeit ableiten, dann muss man zuerst Klarheit über die Genese der Schichtabfolgen gewinnen.

Die meisten alt- und mittelsteinzeitlichen Fundplätze, die wir auf der Schwäbischen Alb kennen, liegen in Höhlen. Vereinzelt gibt es aber auch Hinweise auf Siedlungen unter freiem Himmel, die als Freilandstationen bezeichnet werden. Ihre Zahl war ursprünglich sicherlich weitaus höher, doch wurden Freilandstationen oft durch Erosionen zerstört oder unter meterdicken Erdschichten begraben oder überbaut.

Höhlen mit Eiszeitkunst

Auf der Hochfläche der Schwäbischen Alb und in ihren Tälern finden sich zahlreiche Höhlen und Felsdächer, die als Lagerplätze der alt- und mittelsteinzeitlichen Menschen gedient haben. In zwei Tälern der Schwäbischen Alb liegen mehr solcher steinzeitlichen Höhlen beisammen als anderswo in der Region, nämlich im Tal des Flusses Ach zwischen Schelklingen und Blaubeuren, und im Tal des Flusses Lone zwischen Langenau und Niederstotzingen.

Auch diese Höhlen sind durch Karstprozesse gebildete Hohlräume. Als das Lone- und das Achtal entstanden, kamen sie an die Oberfläche und konnten von den altsteinzeitlichen Menschen als Wohnplätze genutzt werden. Ihre Hinterlassenschaften wurden in die natürliche Sedimentation der Höhlen integriert.

Blick von Westen auf das Lonetal, mit dem Bockstein, dem Hohlenstein und dem Vogelherd.

Die verschiedenen Stratigrafien der Höhlen des Lone- und des Achtals zeigen klar unterscheidbare geologische Horizonte und darin eingebettet, ebenfalls deutlich trennbar, die archäologischen Inventare in der typischen überregionalen Abfolge früher Jäger-Sammler-Kulturen. Diese Sequenz reicht von Sedimenten der letzten Warmzeit (Eem-Interglazial) über Sedimente der letzten (Würm-)Eiszeit mit den für sie typischen geologischen und sedimentologischen Merkmalen bis in die Nacheiszeit (das Holozän) mit den für diese Periode typischen Bodenbildungen. Die darin eingebetteten archäologischen Funde entsprechen der bekannten chronologischen Abfolge: Über Schichten mit Funden des Mittelpaläolithikums (= mittlere Altsteinzeit, die Zeit des Neandertalers) liegen die Schichten mit Funden des Jungpaläolithikums (= jüngere Altsteinzeit, verbunden mit dem anatomisch modernen Menschen der Eiszeit). Diese werden wiederum von Schichten mit nacheiszeitlichen Funden überlagert. Die verschiedenen Fundinventare können in den meisten Fällen durch ihre Zuweisung zu den verschiedenen Schichten klar voneinander getrennt werden.

Von besonderer Bedeutung in den Höhlen des Lone- und des Achtals sind die Fundschichten des sogenannten Aurignacien. Diese früh-jungpaläolithische „Industrie“ ist durch eine Reihe spezifischer Merkmale charakterisiert, die sie von älteren wie von späteren „Technokomplexen“ unterscheidet. Hierzu zählen eine typische Steinbearbeitungstechnologie zur Herstellung von Klingen und Lamellen sowie bestimmte Geräteformen sowohl aus Stein als auch aus Knochen.

In den Aurignacien-Schichten aus vier Höhlen der beiden Tälern entdeckte man aber auch frühe aus Mammutelfenbein geschnitzte Kunstwerke: Im Tal der Lone sind dies die Stadel-Höhle im Hohlenstein bei Asselfingen im Alb-Donau-Kreis und der Vogelherd bei Niederstotzingen im Landkreis Heidenheim, im Achtal sind es das Geißenklösterle und der Hohle Fels zwischen Schelklingen und Blaubeuren (beide im Alb-Donau-Kreis). In dreien dieser Höhlen fand man neben Kunstobjekten auch Flöten aus Vogelknochen und Mammutelfenbein.

In zwei weiteren Höhlen wurden zwar keine frühen Kunstobjekte und Musikinstrumente geborgen, aber sie gehören zur selben Fundlandschaft des Aurignacien wie die Höhlen mit Kunst und sind forschungsgeschichtlich sehr wichtig, wie wir noch sehen werden: Es handelt sich um die Bocksteinhöhle bei Öllingen und Rammingen im Tal der Lone und den Sirgenstein bei Blaubeuren im Tal der Ach (beide Höhlen liegen ebenfalls im Alb-Donau-Kreis). In allen sechs Höhlen wurden in Fundschichten des Aurignaciens aus Mammutelfenbein geschnitzte Perlen und Anhänger gefunden. Dass es in der Bocksteinhöhle und im Sirgenstein ursprünglich doch Kunstobjekte oder Musikinstrumente gegeben hat, ist nicht auszuschließen. Die Höhlen sind aber zu einem recht frühen Zeitpunkt ausgegraben worden und es ist denkbar, dass die Ausgräber solche Funde schlichtweg übersahen.

Vogelherd
Hohlenstein
Bockstein

EXTRA | Grabungstechniken im Wandel

Moderne Ausgrabungen vor dem Vogelherd im Aushub der alten Grabungen von 1931. Die Grabungsfläche wurde in Quadratmeter eingeteilt, die nacheinander ausgegraben werden. Im Bild erkennbar sind Grabungsflächen von jeweils vier Quadratmeter Größe.

Die Ziele der Ausgräber und ihre Fragestellungen haben sich über die Jahrzehnte ebenso verändert wie ihr Vorgehen und die eingesetzte Technik. Zu Beginn des letzten Jahrhunderts stand die Frage im Vordergrund, welche Hinterlassenschaften in welche Zeitepoche gehören. Die Forscher beschränkten sich daher darauf, Fundobjekte einer bestimmten Grabungsschicht zuzuweisen und diese zu datieren, und verwendeten keine Mühe darauf, den genauen Fundort und -kontext eines Objekts zu verzeichnen. Als typische Werkzeuge der frühen Ausgrabungen in altsteinzeitlichen Höhlen dienten Pickel und Schaufel.

Im Verlauf der folgenden Jahrzehnte begann man, einzelne Fundobjekte im Kontext ihres Fundorts zu sehen und von den Funden auf eine bestimmte Funktion eines Bereichs des steinzeitlichen Fundplatzes zu schließen. Auf diese Weise konnte man allmählich ein Bild davon gewinnen, wie die Menschen ihren Siedlungsplatz organisiert hatten. Um die einzelnen Teile eines solchen Puzzles zu finden, unterteilte man eine Schicht in Grabungseinheiten von zumeist einem Quadratmeter oder Viertelquadratmeter Fläche. Diese Segmente grub man nun in Fünf- oder Zehn-Zentimeter-Schritten ab.

Französische Ausgräber setzten auf ihren Grabungen in den Siebzigerjahren neue Standards für eine noch exaktere Dokumentation, die auch in Deutschland Anklang fanden. Grabungseinheiten von der Größe eines Quadratmeters galten nun als zu grob, um die interne, oft sehr kleinräumige Gliederung eines steinzeitlichen Lagerplatzes tatsächlich zu erfassen. Auch die oftmals komplizierte Schichtenfolge mit sehr dünnen und unregelmäßigen Fundhorizonten hatte man auf diese Weise nicht ausreichend gut erfassen können. Man begann nun zudem, Fundobjekte dreidimensional einzumessen – mit Zollstock und Metermaß. Als Grabungswerkzeuge kamen nun sehr feine Gerätschaften wie kleine Maurerkellen, Stukkateureisen, Pinsel und Zahnarzthäkchen zum Einsatz.

Jede Ausgrabung bedeutet letztendlich die Zerstörung eines archäologischen Fundplatzes, dessen muss sich jeder Ausgräber bewusst sein. Deshalb ist es ungeheuer wichtig, den Grabungsfortschritt und Zwischenstände sorgfältig zu dokumentieren. Heute gehört das zum Standard, auch wenn eine exakte Dokumentation äußerst zeitaufwendig ist.

Die jüngste Revolution in der Grabungstechnik verdanken wir dem Aufkommen digitaler Dokumentationsmetoden. Fundobjekte können heute mit einem Tachymeter und einem Computer in ein globales Koordinationssystem wie zum Beispiel Gauß-Krüger oder UTM exakt eingemessen werden. Die Digitalfotografie wiederum bietet die Möglichkeit, Ansichten zu entzerren und zusammenzufügen, wodurch Schichtenfolgen heute leichter und genauer dokumentiert werden können. Alle Messdaten werden heute in einer Datenbank gespeichert. Mithilfe dieser Datenbanken ist es möglich, einen steinzeitlichen Siedlungsplatz detailgetreu zu rekonstruieren.

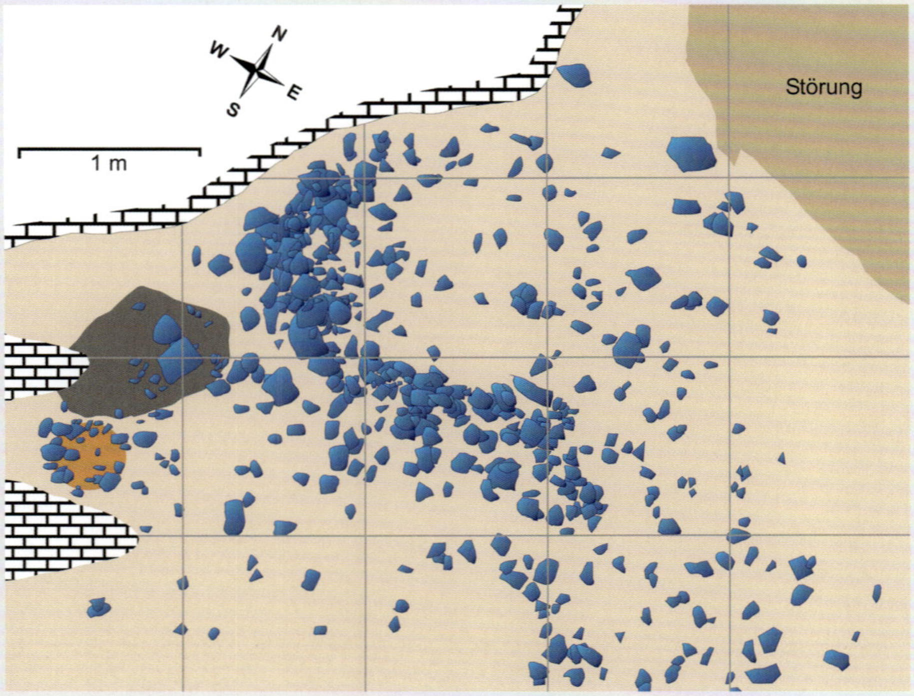

Plan von Kalk- und Sandsteinplatten in der Magdalénien-Fundstelle „Felsställe" bei Ehingen/Donau im Alb-Donau-Kreis. Durch die genaue Dokumentation der Lage der Steine ist es möglich, einen Grundplan herzustellen. Er zeigt, dass die Steine nicht willkürlich verteilt sind, sondern eine trockenmauerartige Konstruktion formen, die wahrscheinlich zur Fundamentierung eines kleinen Wohnbaus diente. Südwestlich davon wurde eine runde Feuerstelle nachgewiesen.

WELTWEIT

Die Funde aus dem Lonetal

EINZIGARTIG

Vorangehende Doppelseite: Der Löwenmensch, die Darstellung eines Mischwesens aus einem Höhlenlöwen und einem Menschen, stammt aus der Stadel-Höhle im Hohlenstein. Länge der Figur: 31,1 Zentimeter.

Die Lone entspringt in der Gemeinde Lonsee-Urspring (Alb-Donau-Kreis) in einem Quelltopf. Sie fließt zunächst nach Südosten und biegt dann, hinter Bernstadt, nach Nordosten. Nach ungefähr 37 Kilometern mündet sie bei Giengen-Hürben in die Hürbe, die der Brenz zufließt. Im Verlauf des Jahres gibt es immer wieder längere Zeiträume, in denen die Lone kein Wasser führt. Dieser Umstand trägt dem Lonetal einen weiteren Superlativ ein: Es gehört zu den längsten Trockentälern Deutschlands.

Das Lonetal ist ein typisches Breittal in der Albhochfläche, mit einer Sohlenbreite von nicht mehr als 200 Metern; der sogenannte Schulterbereich ragt hier nur selten um mehr als 50 Meter über der Talsohle auf. Die Talebene wird überwiegend landwirtschaftlich genutzt, die Talhänge mit ihren vielen Massenkalkkuppen sind zum Großteil bewaldet.

Zahlreiche größere und kleinere Felsmassive ragen in das Lonetal hinein – in einigen von ihnen befinden sich Höhlen, die schon während der Steinzeit von eiszeitlichen Jägern und Sammlern als Lagerplätze genutzt wurden. Wichtige Fundstellen in diesem Zusammenhang sind die Haldensteinhöhle, das Fohlenhaus, das Bockstein-Massiv, das Hohlenstein-Massiv und der Vogelherd. Erst in den letzten Jahren entdeckte man mit der Fetzershaldenhöhle, der Langmahd-Halde und dem Kohlhau-Abri neue Höhlen bzw. Felsdächer mit alt- und mittelsteinzeitlichen Funden.In der Bocksteinhöhle, in der Stadel-Höhle im Hohlenstein und im Vogelherd wurden Schichten des Aurignaciens gefunden, die bedeutende Funde lieferten.

Das Lonetal in der Nähe des Vogelherds: ein typisches Breittal in der Albhochfläche, mit einer Sohlenbreite von nicht mehr als 200 Metern.

Der Vogelherd bei Niederstotzingen im Landkreis Heidenheim, rechts im Bild der Südwesteingang.

Der Vogelherd

Der Vogelherd liegt an der Landesstraße L1168 zwischen Niederstotzingen-Stetten und Bissingen ob Lonetal ca. 18 Meter über dem Lauf der Lone im Landkreis Heidenheim. Die Höhle hatte zur Zeit der altsteinzeitlichen Besiedlung drei Eingänge, die durch einen ca. 40 Meter langen und bis zu 7 Meter breiten Gang miteinander verbunden waren. Während der dritte, der Nordeingang, heute nur schwer zugänglich ist, sind die beiden Haupteingänge leicht zu begehen. Sie öffnen sich nach Süden und Südwesten.

Zufallsfund anno 1931

Der Heidenheimer Reichsbahn-Obersekretär Hermann Mohn (1896–1958) hegte als Heimatforscher ein reges Interesse für die Archäologie. Es war Samstag, der 23. Mai 1931: Hermann Mohn unternahm wieder einmal einen seiner ausgedehnten Spaziergänge. Dieses Mal wanderte er im Lonetal. Der Weg führte ihn auch zu einem markanten Hügel nahe der heutigen Teilgemeinde der Stadt Niederstotzingen, dem kleinen Örtchen Stetten ob Lonetal. Hermann Mohn erstieg den Hügel, an dem an manchen Stellen der Fels aus dem Untergrund ragte. An einer Stelle am Hang, nahe einer kleinen, 30 Zentimeter breiten und 40 Zentimeter hohen Öffnung unter einem Felsen, entdeckte er den Eingang zu einem Dachsbau. Kleine scharfkantige Steine, die er im Auswurf aus diesem Bau sah, erregten seine Aufmerksamkeit: sie schienen nicht recht zu den sonst überall am Hang vorkommenden Kalksteinen zu passen. Bei näherer Betrachtung erkannte Mohn, dass es sich bei den Steinen um Stücke aus Hornstein handelte. In der Steinzeit fertigten die Menschen in Südwest-

deutschland ihre Geräte vor allem aus diesem Gestein. Mohns Interesse war schlagartig geweckt. Hatte er etwa einen steinzeitlichen Lagerplatz entdeckt? – Bereits 1928 war Mohn im Stadtgebiet von Heidenheim, am Abhang des Schlossberges unter Schloss Hellenstein, auf einen Felsübergang gestoßen. Es sollte sich herausstellen, dass sich dort, an der als Heidenschmiede benannten Stelle, vor fast 100 000 Jahren Neandertaler aufgehalten hatten. Sollte er diesen Erfolg nun also drei Jahre später an dem Hügel bei Stetten ob Lonetal wiederholen können?

Die ersten Ausgrabungen am Vogelherd fanden 1931 statt, im Bild der Südwesteingang.

Aufgeregt kontaktierte Mohn den Urgeschichtsforscher und Geologen Gustav Riek (1900–76), damals wissenschaftlicher Assistent am Urgeschichtlichen Institut der Eberhard Karls Universität Tübingen. Riek suchte den Platz am Samstag, den 4. Juli, auf. Schnell entschied er sich, am Vogelherd eine kleine Suchgrabung durchzuführen, und zwar bereits am folgenden

Tag. Die kleine Sondage erbrachte so vielversprechende Funde, dass sich Riek entschloss, noch im selben Jahr, unmittelbar anschließend, eine große Grabung zu unternehmen.

In nur knapp drei Monaten, zwischen dem 6. Juli und dem 1. Oktober 1931, grub Riek zusammen mit vier Arbeitern aus den umgebenden Gemeinden die Fundstelle komplett aus – rasch, aber dennoch, gemessen an den damaligen Grabungsstandards, sorgfältig. Schon bald wurde klar, dass man hier eine neue, bisher unbekannte Höhle mit reichen Steinzeitfunden entdeckt hatte. Sie war bis an die Decke mit Erdreich gefüllt und daher von außen nicht sichtbar gewesen. Der Dachs hatte seinen Bau in die Verfüllung der Höhle gegraben.

Am Südwesteingang beginnend, legte Riek zahlreiche senkrechte Grabungsschnitte an und arbeitete sich in der Längserstreckung der Höhle vorwärts. Gründlich dokumentierte er in Profilzeichnungen die geologischen Verhältnisse an der Fundstelle und barg Tausende von Artefakten und Tierresten aus der Eiszeit – Neandertaler und frühe moderne Menschen hatten sie zurückgelassen. Er beschrieb acht Fundschichten, unter denen die Archäologischen Horizonte IV und V am bemerkenswertesten sind. Beide gehören in das Aurignacien, den ältesten Abschnitt des Jungpaläolithikums in Südwestdeutschland und gleichzeitig jene urgeschichtliche Phase, die mit der Ankunft moderner Menschen in Verbindung steht.

Der Tübinger Urgeschichtler Gustav Riek (1900–76) grub als Erster am Vogelherd.

Bis heute das Wahrzeichen der Abteilung für Ältere Urgeschichte der Universität Tübingen: das 1931 in der Vogelherd-Höhle gefundene kleine Elfenbein-Pferd. Länge der Figur: 4,8 Zentimeter.

Am spektakulärsten sind unter den zahlreichen Artefakten aus Stein, Knochen, Geweih und Mammutelfenbein elf Beispiele für Eiszeitkunst: überwiegend kleine aus Mammutelfenbein geschnitzte Figuren. Jede dieser Skulpturen ist klein genug, um in eine Handfläche zu passen; es handelt sich demnach um bewegliche Kunst im engsten Sinn: Wahrscheinlich wurden die Figuren hergestellt, damit die Menschen sie bei sich tragen konnten, während sie in der Landschaft umherzogen, wie es für die mobilen eiszeitlichen Jäger und Sammler als typisch gelten kann. Diese großartigen Darstellungen von Löwen, Mammuten, einem Pferd, einem Bison und einer anthropomorphen, also menschengestaltigen Figur sind unvollständig; manche lassen sich daher nicht eindeutig einer Art zuordnen. Es waren die ersten solcher faszinierenden Figuren, die man gefunden hatte – weitere sollten im Verlauf der nächsten Jahrzehnte auch in anderen Höhlen folgen.

Das Vogelherdpferd ist seit Langem das Wahrzeichen der Abteilung für Ältere Urgeschichte der Universität Tübingen, und alle Stücke aus Rieks Grabung sind im Museum der Universität Tübingen auf Schloss Hohentübingen öffentlich ausgestellt. Die von Riek freigelegte reiche steinzeitliche Schichtenfolge umfasste auch Fundhorizonte des Mittelpaläolithikums, der Zeit des Neandertalers, und neben solchen des Aurignacien auch Fundschichten des Magdalénien aus dem Jungpaläolithikum. Gustav Riek habilitierte sich 1934 mit einer Arbeit über die Vogelherd-Höhle. Er erhielt die Lehrbefugnis für Ur- und Frühgeschichte und nahm sogleich als Privatdozent an der Universität Tübingen seine Lehrtätigkeit auf. 1935 wurde er dort außerordentlicher Professor und Direktor des Instituts für Ur- und Frühgeschichte. In den folgenden Jahren war der überzeugte Nationalsozialist im Rahmen der vom Reichsführer SS Heinrich Himmler ins Leben gerufenen dubiosen „Forschungsgemeinschaft Deutsches Ahnenerbe" tätig.

Illegale Schatzsucher

Nach dem Zweiten Weltkrieg ruhten die Arbeiten am Vogelherd über einige Jahrzehnte. Bei ungenehmigten Schürfungen im Abraum aus der Höhle traten gelegentlich Funde zutage, darunter die bekannte Darstellung

Löwenkopf aus dem Abraum des Vogelherds. Länge der Figur: 1,2 Zentimeter.

Der Abraum der Grabungen von 1931 am Vogelherd wurde von 2005 bis 2012 erneut untersucht.

eines Löwenkopfes, die heute im Württembergischen Landesmuseum in Stuttgart ausgestellt ist. Ein zweites Bruchstück dieses Löwenkopfes befindet sich in einer Privatsammlung – wir hoffen, dass diese Funde eines Tages wieder zusammenkommen.

Ein weiterer wichtiger Fund aus Rieks Grabungsabraum ist ein mehr oder weniger kugelförmiges Stück bearbeiteten Sandsteins mit zahlreichen kurzen, eingetieften Linien; ein ganz ähnlicher Fund – wir nennen ihn Igel – wurde bei Nachgrabungen in jüngster Zeit gemacht (siehe Abb. 1 auf S. 85). Weil der Fund durchlocht ist, hielt man ihn für einen Anhänger, aber Riek bezeichnete ihn in einer Publikation von 1954 als Mammutdarstellung – auch diese Deutung scheint plausibel.

In den Siebzigerjahren häuften sich Berichte über illegale Raubgrabungen im Abraum der Ausgrabungen Rieks, und es stand zu befürchten, dass der Forschung zahlreiche Funde verloren gehen. Deshalb entschied sich das damalige Landesdenkmalamt zu einer kleinen Ausgrabung und übertrug sie 1978 Eberhard Wagner, einem Mitarbeiter der Denkmalpflege in Baden-Württemberg, der bei Riek studiert hatte. Wagner sollte vor dem Vogelherd nach intakten Schichten suchen. Trotz der Funde aus ungenehmigten Schürfungen resümierte Eberhard Wagner aber im Folgejahr – entgegen der verbreiteten Annahme, in Rieks Grabungsabraum seien noch unzählige Funde verborgen –, es sei kein einziges Steinartefakt gefunden worden.

Nadeln im Heuhaufen

Weil weiterhin zahlreiche Raubgrabungen vermeldet wurden, machte sich Nicholas Conard vom Institut für Vor- und Frühgeschichte und Archäologie des Mittelalters der Universität Tübingen 2005 im Zusammenhang mit den Planungen für die große baden-württembergische Landesausstellung „Eiszeit – Kunst und Kultur“, die im Herbst 2009 ihre Pforten öffnen sollte, daran, den von Riek zurückgelassenen Grabungsaushub noch einmal systematisch auszugraben. Ursprünglich dachte man, dies würde nur wenige Jahre

Von Gustav Riek aufgenommenes Profil am Südwesteingang des Vogelherds. Bei den Schichten V und IV handelt es sich um die Aurignacien-Horizonte, bei denen mit den Ziffern III und II um Magdalénienzeitliche, bei I um eine neolithische Schicht (verändert nach Riek 1934).

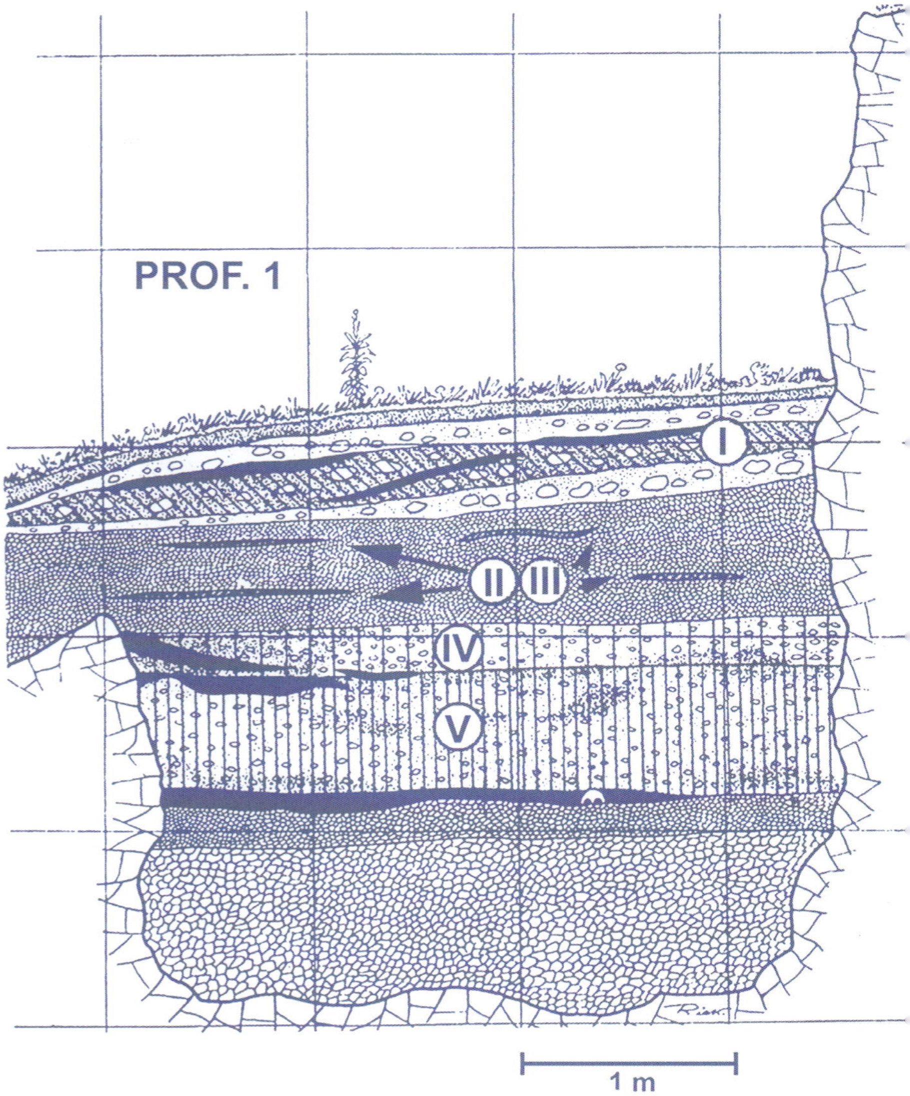

in Anspruch nehmen. Wie sich herausstellte, benötigte die Grabungsmannschaft acht Grabungskampagnen – von 2005 bis 2012 –, um den alten Abraum aus der Höhle auszugraben, und es dauerte sogar bis Anfang 2016, bis die immense Arbeit des Auslesens der mehr als 32 000 Sedimentproben und zahlreicher Tonnen von Material aus der Höhlenfüllung abgeschlossen war. Zehntausende Fundobjekte wurden dabei zutage gefördert, darunter wiederum mehrere kleine aus Mammutelfenbein geschnitzte Tierfiguren – wie die 2006 gefundene vollständige Skulptur eines Mammuts, ein weiteres Meisterwerk für das Pantheon der Eiszeitkunst aus den außerordentlichen Funden von 1931 –, Fragmente von Flöten sowie Perlen und Anhänger aus Mammutelfenbein.

Nachdem es zur Zeit der Entdeckung der Vogelherd-Höhle 1931 keinerlei Anlass zu der Annahme gegeben hatte, Mohns Funde könnten eine Wende in der glanzvollen Geschichte der archäologischen Forschung in den Höhlen der Schwäbischen Alb einleiten, war es spätestens jetzt an der Zeit, diese Annahme zu revidieren.

Rieks Funde

Wenn wir versuchen, Rieks Funde den einzelnen Schichten und damit Zeiten zuzuordnen, gilt es zu berücksichtigen, dass manche terminologischen Einzelheiten sich im Lauf der Jahrzehnte geändert haben. Riek hat wiederholt erklärt, das Pferd stamme aus der unteren Aurignacien-Schicht des Archäologischen Horizonts V, wie einige weitere Figuren – zwei Mammute und mehrere Löwen –, während andere, darunter ein Bison, die Reliefdarstellung eines Mammuts, ein Löwe und eine anthropomorphe Schnitzerei, in der oberen Aurignacien-Schicht, Archäologischer Horizont IV, gefunden worden waren. Die exakte Fundposition und den genauen Fundkontext der Pferdefigur hat Riek aber leider nicht beschrieben. In seiner Monografie zur Aurignacien-Kunst der Schwäbischen Alb von 1986 kommt Joachim Hahn nach sorgfältiger Auswertung aller verfügbaren Informationen zu dem Schluss, die meisten Figuren seien nahe dem Schnittpunkt beider Haupthallen der Höhle entdeckt worden. Er betont jedoch, wegen der Unvollständigkeit der Originalquellen sei diese Annahme nicht über jeden Zweifel erhaben.

Die schlechter erhaltene Rückseite des Vogelherdpferds. Länge der Figur: 4,8 Zentimeter. Daneben in der Aufsicht sind die Markierungen auf Mähne und Hinterpartie zu erkennen.

Das Vogelherdpferd

Riek und die Archäologen nach ihm waren und sind von dem Vogelherdpferd und vielen der anderen Figuren fasziniert. Das Pferd wirkt makellos, wenn man es von der vollständigeren Seite her betrachtet, ein Blick auf die Rückseite der Skulptur aber offenbart, dass in Wirklichkeit ein großer Teil einer Seite fehlt. Die Rückseite des Kunstwerks hat eine glatte gewölbte Oberfläche, die einer Bruchfläche entlang der natürlichen konzentrischen Ringstruktur des Mammutelfenbeins entspricht, aus dem das Pferd geschnitzt ist. Dieses Bruchmuster ist typisch für die zahlreichen Elfenbeinartefakte aus dem Vogelherd und den anderen Fundstellen der Schwäbischen Alb.

In seinem heutigen Zustand ist das Vogelherdpferd 4,8 Zentimeter lang, 2,5 Zentimeter hoch und 0,7 Zentimeter dick. Viele, die es zum ersten Mal sehen, sind überrascht, wie klein es doch ist. Seine Schönheit und Perfektion wirken vor dem Hintergrund dieser geringen Größe nur umso spektakulärer, und die Tatsache, dass das Pferd an Perfektion nicht verliert, selbst wenn man Ansichten vergrößert, spricht für das Können des Schnitzers oder der Schnitzerin. Wie es für die Aurignacien-Kunst aus den schwäbischen Höhlen charakteristisch ist, wirkt die Haltung des Pferdes zugleich statisch wie dynamisch, und die ebenmäßige Ausgestaltung lässt eine gewisse Spannung erkennen. Wegen des gesenkten Kopfes und des langen gebogenen Nackens nehmen viele an, es handle sich um einen Hengst in einer drohenden, aggressiven Haltung. Die Beine sind unvollständig, aber die Muskulatur vermittelt den Eindruck von Stärke und Geschwindigkeit, obwohl das Tier in einem Moment der Spannung erstarrt scheint. Am Körper der Skulptur sind zahlreiche Details sorgfältig herausgearbeitet, darunter Nüstern und Maul, Augen und spitze Ohren, die nach hinten angelegt sind, wo sie auf eine Mähne mit einer Reihe feiner eingra-

Die besser erhaltene Vorderseite des Vogelherdpferds.

An diesem Querschnitt eines Mammutstoßzahns sieht man gut den schalenartigen Aufbau des Elfenbeins.

vierter Kreuze treffen. Auch in die Hinterpartie des Pferdes und den Schweif sind in regelmäßigen Abständen gleichmäßige Kreuze eingeschnitten.

Viele, wenn auch nicht alle Aurignacien-Kunstwerke von der Schwäbischen Alb sind zwar streng naturalistisch wiedergegeben, tragen aber dennoch komplexe Markierungen. Beim Vogelherdpferd hingegen fehlen auf dem größten Teil der vorzüglich erhaltenen Oberfläche solche Markierungen. Der außerordentlich schimmernde Glanz steigert die Schönheit der Figur noch: Einige Bereiche in der wunderbar glänzenden Patina wirken wegen kleiner Konzentrationen von Manganoxiden schwarz. Einige Stellen von blasser blaugrauer Farbe lassen das Pferd plastisch wirken. Als es geschnitzt wurde, gab es diese Stellen noch nicht, es muss blassweiß gewesen sein, wie es für Elfenbein typisch ist. Woher die blau-graue Farbe rührt, wissen wir nicht. Auch wenn ästhetische Urteile naturgemäß subjektiv sind, kann man doch zweifellos behaupten, dass das Kunstwerk in Würde gealtert ist und die zarte Patina seinen optischen Eindruck verstärkt.

Zwar ist das Vogelherdpferd wahrscheinlich die bekannteste der von Rieks Mannschaft 1931 gefundenen Figuren, doch sind die anderen Kunstwerke von vergleichbarer Großartigkeit: darunter aus Elfenbein geschnitzte katzenartige Wesen, höchstwahrscheinlich Löwen, sowie Mammute, ein Bison, ein anthropomorphes Stück und einige Objekte, bei denen seit Langem diskutiert wird, was sie darstellen. Die Figuren sind von unterschiedlicher Detailgenauigkeit, einige aber zeichnen sich durch die im Pferd so gelungene dynamische Spannung aus, viele tragen charakteristische zeichenhafte Markierungen, die die Großartigkeit, Plastizität und Dynamik der Darstellungen noch verstärken. Mit Ausnahme eines Knochens mit der Reliefdarstellung eines Mammuts wurden alle Figuren mit Steinwerkzeugen aus Mammutelfenbein geschnitzt.

Die Löwen

Eine der mutmaßlichen Löwen-Darstellungen hielt man wegen ihrer geringen Dicke lange für ein Halbrelief. Der Fund ist 8,8 Zentimeter lang und 5,3 Zentimeter hoch. Der Körper ist muskulös, der Kopf gesenkt, die Ohren sind lang, eher spitz als gerundet, wie es für Löwen eigentlich typisch ist, und liegen an. Fast in die gesamte Oberfläche des Tieres sind in Reihen Punkte eingetieft, und die erhaltene linke Flanke trägt ein Muster aus tief eingeschnittenen rhombenförmigen Zeichen.

Erst nach dem Fund von einem weiteren Teil des Kopfes erkannte man, dass es sich bei diesem Löwen vom Vogelherd nicht um ein Halbrelief handelte, sondern um eine Vollplastik. Länge der Figur: 8,8 Zentimeter.

Bei dieser mutmaßlichen Löwen-Darstellung aus der Grabung von 1931 am Vogelherd fehlt der Kopf, in den Körper sind Wellenlinien tief eingeschnitten. Länge: 6,0 Zentimeter.

Bei einer anderen mutmaßlichen Löwen-Darstellung fehlt der Kopf und in den größten Teil des Körpers sind markante Wellenlinien tief eingeschnitten – sie lassen diese Figur eher psychedelisch anziehend als streng realistisch wirken. Wir wissen leider nicht, warum die Figur diese Markierungen trägt, aber einige Archäologen vermuten, ein Schamane oder eine Schamanin hätte diese Einkerbungen und Markierungen angelegt und sie könnten seine oder ihre Reisen im Trancezustand, die Durchführung von Heilungsritualen oder Jenseitsreisen symbolisieren.

Ein weiteres Meisterwerk aus der Grabung von 1931 zeigt einen Löwen auf der Pirsch: Die Proportionen wirken gelängt, der Kopf ist zum Boden gesenkt, wie bei einer Großkatze, die bereit ist zu einem Spurt oder zum Sprung auf ihre Beute. Es ist eine von mehreren Darstellungen, die Joachim Hahn zu der Annahme veranlasst haben, die Eiszeitfiguren hätten Kraft und Aggression symbolisiert. Das Schnitzmuster ist hier ganz anders als bei den anderen Tieren: Sehr feine Punkte überziehen mehr oder weniger bandförmig große Teile des Körpers, und entlang des vorgereckten Nackens der Katze liegen kurze tiefe Einkerbungen.

Der großartige Fund aus Rieks Grabung am Vogelherd zeigt einen Löwen auf der Pirsch, mit gesenktem Kopf, bereit zum Angriff. Feine Punkte überziehen den Körper, tiefe Einkerbungen sind am vorgereckten Nacken erkennbar. Länge der Figur: 6,8 Zentimeter.

Der Körper dieser Figur wurde bereits bei den Grabungen 1931 gefunden und als Löwe oder Bär bezeichnet. Seit man bei den Nachgrabungen den passenden Kopf dazu fand, tendiert man stärker zum Löwen. Länge der Figur: 6,8 Zentimeter.

Das vierte katzenartige Tier aus Rieks Ausgrabung hat einen kräftigen Körper, der in einen gesenkten vorgereckten Hals übergeht. Der Kopf fehlte ursprünglich, wurde aber bei den Nachgrabungen entdeckt. Erst als man ihn gefunden hatte, war man in der Lage, das Tier näher zu bestimmen – es handelte sich entweder um einen Löwen oder vielleicht um einen Bären. Die Figur ist 6,8 Zentimeter lang und 2,4 Zentimeter hoch und entspricht damit mehr oder weniger dem Durchschnitt der Aurignacien-zeitlichen Elfenbeinfiguren. Senkrecht zur Längsachse des Tieres verlaufen Striche über die Oberseite des vorgereckten Nackens, die allerdings deutlich weniger ausgeprägt und damit schlechter erkennbar sind als bei der pirschenden Katze. Insgesamt gibt es weniger Markierungen als bei den anderen katzenartigen Figuren. Der Körper ist im Gegenzug viel massiger und der Gesamtaufbau ist etwas anders, aber dennoch erinnert die Figur an einen pirschenden Löwen. Wie die meisten katzenartigen Wesen aus der Vogelherd-Höhle, einschließlich eines Exemplars aus den jüngeren Grabungen, hat die Figur kräftige Vorderläufe und eine ausgeprägte Schultermuskulatur.

Rätsel hat dieses Objekt aufgegeben: Es könnte die stark schematisierte Darstellung eines Menschen, genauer: eines Mannes sein. Länge: 6,9 Zentimeter.

Der Bison

Eine ganz berühmte Elfenbeinskulptur aus Rieks Grabung stellt einen Bison dar. Das Stück ist mit 7,2 Zentimeter Länge und 5,3 Zentimeter Höhe etwas größer als die meisten anderen Kunstwerke. Wie bei den meisten Figuren verläuft eine Bruchlinie entlang der natürlichen Schichtung des Mammutelfenbeins. Der Kopf fehlt. Der Körper wirkt massig, die Beine erscheinen kurz, beides Hinweise darauf, dass es sich um einen Bison in vollem Fellkleid in den kälteren Monaten des Jahres handelt. Allerdings ist nicht auszuschließen, dass der Künstler mit dieser Gestaltung einfach nur vermeiden wollte, dass Körperteile weit hervorstanden und damit empfindlich waren (sie konnten dann leicht abbrechen). Entsprechend der Körperform eines Bisons sind die Schultern breit und kraftvoll. Die Markierungen auf dem Körper bestehen hauptsächlich aus Punkten und kurzen Linien, auf der Oberseite der Schulter und unter dem Hals sind strichartige Kerben angebracht.

Berühmt ist dieser Bison ohne Kopf aus der Grabung von 1931. Der Körper wirkt massig, die Beine sind kurz, die Schultern breit und kraftvoll. Länge der Figur: 7,2 Zentimeter.

Ein Mensch?

Ein seltsames Objekt aus Rieks Ausgrabung ist eine anthropomorphe Figur. Der Fund ist länglich, hat einen kopfartigen Fortsatz und ein sehr schmales Ende, das womöglich Knöchel oder ein vergleichbares anatomisches Detail darstellen könnte. Auf dem mutmaßlichen Rücken der Figur sieht man eine tiefe Einschnürung. In der Oberfläche gibt es in großer Zahl senkrecht angeordnet punktartige Markierungen. Man sieht in diesem Objekt gemeinhin eine stark schematisierte Darstellung eines Menschen, eher die eines Mannes denn die einer Frau. Wegen der länglichen Form und dem kopfartigen Ende wurde es aber auch als Phallusdarstellung interpretiert. Aber natürlich können in der Kunst im Allgemeinen und auch in der Eiszeitkunst im Speziellen einzelne Objekte und Darstellungen oft mehrere Bedeutungsebenen haben.

Mammute

Nach den Katzenartigen sind Mammute unter den Elfenbeinfiguren am Vogelherd am häufigsten vertreten. Aus Rieks Ausgrabung stammen zwei bemerkenswerte Exemplare – auch sie mit recht individuellen Merkmalen. Das zeigt, dass die Künstler bei der Gestaltung von Mammuten und anderen Tieren eine beachtliche Variationsbreite kannten.

Das eine von Rieks Mammuten ist nahezu vollständig erhalten – nur ein Teil des Rüssels sowie Teile der Hinterbeine fehlen. Die Vorderbeine laufen so zusammen, dass sie ein Loch bilden. Wegen dieses Merkmals wird das Stück häufig als eine Art Anhänger gedeutet. Der Leib des Mammuts wirkt kräftig und rund, was dafür spricht, dass der Künstler hier ein Tier in der kalten Jahreszeit mit voll entwickeltem Fellkleid wiedergegeben hat. Wie bei nahezu allen Mammutdarstellungen, ist zwischen Kopf und Schultern ein deutlicher Knick. Die Augen sind sorgfältig herausgearbeitet und deutlich sichtbar, die Körperhaltung wirkt wie eingefroren, trotzdem aber mit einem Grad dynamischer Spannung, wie sie für die Vogelherdfiguren typisch ist. Obwohl das Tier dick und rund ist, erkennt man einzelne Muskelpartien. Entlang der Schultern, auf den Flanken und auf dem Bauch des Tieres sind Markierungen: Reihen tiefer Kreuze. Wie beim Vogelherdpferd ist die Oberfläche gut erhalten und wirkt glatt bzw. poliert. Das lässt darauf schließen, dass die Menschen der Eiszeit das Tier häufig in der Hand gehalten oder in einem Beutel oder einer

Das Mammut aus Rieks Grabung ist fast vollständig erhalten, lediglich ein Teil des Rüssels und Teile der Hinterbeine fehlen. Länge der Figur: 5,0 Zentimeter.

Von diesem Mammut aus der Grabung von 1931 sind zwei getrennte Bruchstücke erhalten: hier das Hinterteil mit den Hinterbeinen. Länge der Figur: 3,1 Zentimeter.

Kleidungstasche getragen haben. So ist eine Politur entstanden, die während der vielen Jahrtausende in den Höhlensedimenten nicht nennenswert verwittert ist.

Von einem zweiten Mammut aus der Grabung von 1931 sind nur zwei Bruchstücke erhalten, die nicht direkt zusammenpassen: Ein Stück besteht aus den beiden Hinterbeinen und dem Hinterteil des Mammuts, das andere, kegelförmige Stück besteht aus Kopf und Schultern mit dem charakteristischen Knick dazwischen sowie einem Vorderbein des Tieres. In den erhaltenen Füßen lassen sich tiefe Kreuze erkennen – auch diese Ritzungen sind ein Hinweis, dass die Stücke zusammengehören. Nacken und Schulter weisen strichförmige Markierungen auf: Insgesamt ist die Figur leider zu bruchstückhaft erhalten, als dass man sie im Detail beurteilen könnte. Wie im Fall der anderen unvollständig erhaltenen Figuren hat man auch hier einige Fragmente gefunden, die sich nahezu sicher zuordnen lassen, aber sie sind zu klein oder zu schlecht erhalten, um sie als bestimmte Körperteile zu identifizieren. Die erhaltenen Teile der Figur deuten aber darauf hin, dass es sich hier um die größte Figur von allen gefundenen handelte – sie war etwa um die Hälfte größer als das besser erhaltene Mammut aus Rieks Ausgrabung.

Raubgrabungen und jüngere Funde

Zwei der bei den späteren unautorisierten Grabungen im Abraum aus dem Vogelherd geborgenen Objekte sind uns bekannt: ein Löwenkopf und ein bearbeitetes Sandsteinobjekt, das möglicherweise ein Mammut darstellt. Letzteres hat, wie das aus Knochen geschnitzte Halbrelief eines Mammuts und das am besten erhaltene Elfenbeinmammut aus Rieks Ausgrabung, ein Loch. Diese Stücke wurden also wahrscheinlich, aufgehängt an einer Schnur, als Schmuck oder auch in einem anderen Bedeutungszusammenhang getragen.

Die zahlenmäßig meisten Aurignacien-zeitlichen Kunstwerke stammen aus den Nachgrabungen am Vogelherd in den Jahren 2005 bis 2012. Beim sorgfältigen Schlämmen und Auslesen von etwa 90 Prozent der Sedimente aus der Vogelherdhöhle wurden 85 Stücke gefunden, die sich eindeutig als Fragmente figürlicher Kunst ansprechen lassen, und 99 weitere, bei denen es sich zwar um Bruchstücke von Kunstwerken handeln könnte, die aber zu klein oder zu schlecht erhalten sind, um eine sichere Aussage zu erlauben. Von den 85 Fragmenten, die sich eindeutig Kunstwerken zuordnen lassen, sind die meisten wiederum zu unvollständig erhalten, als dass sie einem bestimmten Tier zugeordnet werden könnten. Es gibt unter ihnen aber auch einige, die den spektakulären Funden von 1931 in nichts nachstehen.

Das Mammut aus der Nachgrabung 2006. In der Schrägansicht sind die schmalen Einkerbungen auf der Stirn sowie, in der Spiegelung, die Kreuzschraffur auf den Fußsohlen zu erkennen. Länge der Figur: 3,7 Zentimeter.

Am bemerkenswertesten unter den Neufunden ist ein kleines 2006 entdecktes Mammut. Die perfekte Formgebung und die gleichzeitig statische wie dynamische Körperhaltung erinnern stark an das Vogelherdpferd. Beide Figuren zeichnen sich darüber hinaus durch eine Reihe anatomischer Details aus. Bei dem Mammut sind dies unter anderen: sorgfältig geschnitzte Augen, Ohren, kleine, angedeutete Stoßzähne, ein gekrümmter Rüssel und ein kurzer, spitzer Schwanz. Wie beim Vogelherdpferd weist die Oberfläche verhältnismäßig wenige Markierungen auf: nur sechs schmale Einkerbungen auf der Stirn sowie je eine Kreuzschraffur in den breiten Fußsohlen.

Dieses Mammut ist von sämtlichen Skulpturen aus dem Vogelherd die einzige, die vollständig erhalten ist – alle anderen Figuren sind in unterschiedlichem Maße fragmentiert oder haben im Lauf der Jahrzehntausende, die sie in der Höhle begraben waren, Schaden genommen. Völlig zu Recht schaffte es das Mammut also zusammen mit dem Vogelherdpferd, einem anderen Mammut sowie einem Löwen aus Rieks Ausgrabung auf das Cover des *Spiegel*. Zehntausende Besucher sahen die Präsentation des Mammuts in Niederstotzingen, im Museum der Universität Tübingen, in Stuttgart und in Konstanz. Der Entdeckung des neuen Mammuts ist es letztlich auch zu verdanken, dass 2013 am Vogelherd ein Besucherzentrum mit Ausstellungsbereich eröffnet werden konnte. Das Mammut ist das Prunkstück der Ausstellung im Archäologischen Park.

Glücksfund: Das Mammut aus der Nachgrabung von 2006 wurde so im Sediment entdeckt: vollständig.

Diese Elfenbeinfigur eines Fischs kam bei den Nachgrabungen 2008 ans Tageslicht. Sie unterstreicht die Vielfalt der Eiszeitkünstler oder -künstlerinnen. Länge der Figur 7,0 Zentimeter.

Auch wenn das Vogelherdpferd und das neue Mammut in der breiten Öffentlichkeit weitaus am bekanntesten sind: Das Gesamtensemble der Vogelherdfunde ist riesengroß und als Zeugnis für die Anfänge der figürlichen Kunst einzigartig. Die Grabungen der letzten Jahre am Vogelherd erbrachten weitere Beispiele für Löwen und Mammute sowie die weitgehend vollständige Darstellung eines Fischs. Ein anderes, kleineres, aber der Fischskulptur sehr ähnliches Bruchstück könnte ebenfalls einen Fisch darstellen. Andere Schnitzereien lassen an einen Igel denken und an ein großes Rind. Dutzende der Funde vom Vogelherd, geschnitzte und polierte Bruchstücke von Figuren, sind aber schwer zu deuten. An vielen lassen sich anatomische Details von Tieren erkennen, viele zeigen zudem Markierungen, wie wir sie von den vollständigeren Kunstwerken kennen. Auch alle diese Objekte passten leicht in eine Hand und könnten daher von den mobilen Jägern und Sammlern des Aurignacien mitgeführt worden sein.

Unter dem, was wir 2005–12 fanden, waren auch einige Bruchstücke, die sich den bekannten Skulpturen zuordnen ließen. In zwei Fällen gelang eine solche Zuordnung tatsächlich, davon war bereits die Rede: eine bis dahin kopflose Figur aus Rieks Grabung von 1931 wurde allenfalls als Nashorn oder Rentier gedeutet, bis wir bei unserer Nachgrabung den zugehörigen Kopf fanden und die Skulptur schließlich als einen Löwen oder vielleicht auch einen Bären ansprechen konnten (siehe Abb. auf S. 78). Wir hatten damit nun ein weiteres nahezu vollständiges Kunstwerk! Im anderen Fall handelt es sich um den Teil eines Löwenkopfes, der zu einer Figur passt, die man bis dahin als Halbrelief angesehen hatte, eines der schönsten Kunstwerke aus dem Vogelherd (siehe Abb. auf S. 76). Mit dem neuen Teil des Kopfes ist nun sicher, dass es sich keineswegs um ein Halbrelief, sondern um eine vollplastische Darstellung, vergleichbar den anderen Elfenbeinkunstwerken, handelt.

Der „Vogelherd-Zoo"

Strenggenommen können wir nicht sagen, ob alle Darstellungen von katzenartigen Wesen tatsächlich Löwen sind. Einige könnten auch andere Großkatzen sein, und in einem Fall können wir nicht völlig ausschließen, dass nicht doch eher ein Bär dargestellt ist. Auch eines der Mammute ist nicht ganz sicher als ein solches anzusprechen, und man könnte darüber streiten, mit welchem Grad an Gewissheit der Igel ein Igel ist und der zweite Fisch ein Fisch. Dennoch: In der Kollektion der Vogelherdfiguren lassen sich 22 Kunstwerke mit ziemlich hoher Wahrscheinlichkeit einer Gattung oder gar einer bestimmten Art zuordnen. Wenn wir den Gesamtbestand der Figuren aus dem Vogelherd betrachten, sind Löwen (sieben Figuren; 34 Prozent) und Mammute (sechs Figuren; 28 Prozent) die am häufigsten dargestellten Tiere. Die drei Pferdedarstellungen machen etwa 14 Prozent aus, zwei Fische und zwei Rinderartige (darunter Bisons und Auerochsen) jeweils 9 Prozent. Hinzu kommen ein Igel sowie eine menschenartige Figur (jeweils etwa 4,5 Prozent).

Fragmente von Elfenbeinfiguren aus den Nachgrabungen.
1 der Igel (Länge 3,1 cm),
2 wahrscheinlich ein Rind (Länge 4,5 cm),
3 eine Großkatze (Länge 5,6 cm),
4 eine Scheibe möglicherweise aus einem Mammut,
5 ein unbestimmbares Tier (Länge 4,3 cm),
6 ein Mammut (Länge 2,5 cm).

1
2
3
4
5
6

Mehr als 32 000 Säcke Material mussten aus den Nachgrabungen am Vogelherd sortiert und ausgewertet werden. Was Nicholas Conard hier in der Hand hält, ist die Basis einer Geschossspitze aus Geweih: eine Jagdwaffe.

Geheime Botschaften oder einfach nur Schmuck?

Die Nachgrabungen am Vogelherd haben über die Figuren und -fragmente hinaus noch weitere wichtige Funde und Befunde geliefert, darunter eine große Anzahl gekerbter oder anderweitig markierter bzw. verzierter Artefakte aus Knochen und Elfenbein. In einer jüngeren Arbeit hat Ewa Dutkiewicz diese Funde systematisch untersucht und klassifiziert. Was die Frage anbelangt, weshalb die Menschen diese Objekte markierten, hat sie unterschiedliche Hypothesen aufgestellt: Einige der Markierungen, zum Beispiel die auf den Basen von Geschossspitzen, hatten nahezu sicher einen funktionalen Zweck. Andere, beispielsweise die zahlreichen Punkte, Kreuze, Schraffuren und Striche auf den Figuren, sind Teil des stilistischen und symbolischen Zeichenvorrats, dessen sich die Künstler bedienten. Offenbar liegen den Markierungen keine für spezifische Gegenstände festgelegte Normen oder vorgegebene Muster zugrunde.

Auf den figürlichen Kunstwerken schwankt die Anzahl der Markierungen stark: Einige Figuren sind nahezu vollständig mit tiefen Ritzungen versehen, die unsere Wahrnehmung des jeweiligen Objekts wiederum in erheblicher Weise bestimmen. Auf anderen Darstellungen sieht man die Markierungen erst, wenn man genauer hinsieht, oder sie scheinen sogar versteckt, wie diejenigen auf den Fußsohlen von Mammuten. Zweifellos wird die Person, die die Figur geschnitzt hat, ihre Gründe für das Setzen solcher Markierungen ge-

Bei den Nachgrabungen im Abraum von Rieks Grabung am Vogelherd fanden sich unzählige Schmuckgegenstände, mehrfach oder einfach durchlocht; vielleicht wurden sie um den Hals getragen, vielleicht aber auch als Teil von einem Verschluss o. Ä. Die Größen variieren von mehreren Millimetern bis in den Zentimeterbereich.

habt haben. Enthielten sie einst eine bestimmte Bedeutung oder Information, dann waren die Menschen, die die Figuren besessen oder benutzt haben, gewiss in vollem Umfang damit vertraut und somit in der Lage, die uns heute verborgenen Informationen zu erkennen und zu deuten.

Auf den Kunstwerken wurden offenbar gerne verschiedene Arten von Zeichen miteinander kombiniert, wie man es vielleicht am deutlichsten in der Verbindung von Punkten, Linien und Kreuzschraffur auf den Katzenartigen und dem Fisch aus dem Vogelherd oder auf der Venus vom Hohle Fels (siehe Abb. auf S. 114/115 und 126) sieht. Bei einigen Objekten, wie dem Löwen mit den tief eingeritzten Bogenlinien, sind solche Ritzungen zwingend nötig, damit man die Form der Figur identifizieren kann, andere Kunstwerke wiederum, wie das Vogelherdpferd oder das 2006 gefundene Mammut, erlangen ihre Perfektion mit nur wenigen Markierungen.

Neben den zahllosen Steinartefakten sowie Werkzeugen aus Knochen, Elfenbein und Geweih aus dem Aurignacien kamen bei den Nachgrabungen Hunderte von Schmuckgegenständen zu Tage. Bei keinem anderen Fundplatz reichen die Schmuckfunde mengenmäßig an den Vogelherd heran. Bei den wenigen Funden aus Rieks Grabung von 1931, die als Schmuck eingestuft worden sind, handelte es sich um große durchlochte Objekte, darunter die Reliefdarstellung eines Mammuts aus Knochen und das vollständigere Elfenbeinmammut. Ein dritter durchlochter Gegenstand ist interessanterweise das Sandsteinartefakt, das ebenfalls ein Mammut darstellen könnte. Man könnte aufgrund dieser Beobachtungen schlussfolgern, dass Mammutfiguren systematisch durchlocht wurden, damit man sie an einer Schnur tragen oder aufhängen konnte; allerdings wurden auch Mammute gefunden, die eindeutig nicht durchlocht waren. Auch von anderen Fundplätzen kennen wir durchlochte figürliche Darstellungen, am deutlichsten etwa die Frauenfigur aus dem Hohle Fels. Löwen bzw. Großkatzen, die den Fundkomplex vom Vogelherd, wie erwähnt, zahlenmäßig dominieren, sind auffälligerweise nie durchlocht – ebenso wenig die Pendants von anderen Fundstellen. Ob es sich hier eher um Zufälle handelt oder ob dem tatsächlich ein Muster zugrunde liegt und sich somit weitere Aussagen auf die Kultur der Menschen ableiten lassen, gilt es noch herauszufinden.

Wenn wir davon ausgehen, dass Riek wusste, dass Robert Rudolf Schmidt, dessen Assistent er an der Universität Tübingen war, 1906 in den Aurignacien-zeitlichen Schichten des Sirgenstein im Achtal eine ovale, doppelt durchlochte Elfenbeinperle gefunden hatte, überrascht es, dass seine Mannschaft keinen einzigen derartigen Fund am Vogelherd verzeichnete – denn im Rahmen der Nachgrabungen in Rieks Abraum fanden wir immerhin 590 aus Elfenbein geschnitzte Schmuckgegenstände in allen Stadien der Herstellung und des Gebrauchs, darunter 326 doppelt durchlochte Elfenbeinperlen als die bei Weitem häufigste Form (auch am Geißenklösterle und am Hohle Fels dominieren sie die Schmuckfunde). In ihrer Untersuchung zum Elfenbeinschmuck aus den Schwäbischen Höhlen hat Sibylle Wolf eine bemerkenswerte Bandbreite und Anzahl von Schmuckgegenständen ausgemacht, die von den Menschen des Aurignacien im Ach- und im Lonetal regelmäßig getragen bzw. benutzt worden sein müssen. Viele der etwa ein Dutzend unterscheidbaren Formen kommen nur auf der Schwäbischen Alb vor und sind somit als ein deutlicher Anzeiger kultureller Identität zu werten. Folgt man Forscherinnen und Forschern wie Marian Vanhaeren und Francesco d'Errico, dann kann eine solche regionale Differenzierung von Schmuckobjekten als Basis genutzt werden, um für unterschiedliche Aurignacien-Gruppen spezifische Territorien zu bestimmen und vielleicht sogar verschiedene Sprachgruppen zu erschließen.

Flötenspiel

Dank einiger Funde aus den Nachgrabungen am Vogelherd ließ sich außerdem die Annahme, Musik sei im Aurignacien ein weit verbreitetes Phänomen gewesen, weiter untermauern. Zuvor war das Geißenklösterle im Achtal der einzige Fundplatz gewesen, von dem man Musikinstrumente, genauer Flöten aus Mammutelfenbein und Schwanenflügelknochen, kannte. Jetzt wusste man, dass musikalische Traditionen weiter verbreitet waren, als bisher geglaubt – oder anders gesagt: Die Ansicht, Musikinstrumente seien aus irgendwelchen Gründen auf das Geißenklösterle beschränkt gewesen, wo sie erstmals entdeckt wurden, war widerlegt.

Elf Flötenbruchstücke wurden bei der Nachgrabung entdeckt. Mehrere davon gehören wohl zu einer Flöte, die aus dem hohlen Speichenknochen eines Schwans hergestellt worden war. Andere lassen sich auf der Basis von den gut bekannten Exemplaren von Musikinstrumenten aus dem Geißenklösterle einer aus Mammutelfenbein geschnitzten Flöte zuordnen. Zehn weitere Fragmente lassen sich nicht eindeutig einer Flöte zuweisen, weil eindeutige Merkmale, wie abgeschrägte Grifflöcher, eingekerbte Seiten oder sorgfältig zugerichtete Enden, fehlen. Knochen- und Elfenbeinflöten sind sehr empfindlich; sie zerbrechen während der Benutzung leicht – man muss also nicht gleich gewaltsame Auseinandersetzungen annehmen, innerhalb der Gruppe oder zwischen Menschengruppen.

Am Vogelherd fanden wir sehr kleine Vogelknochen mit Bearbeitungsspuren, die wie abgeschrägte Grifflöcher aussehen. Handelte es sich hierbei tatsächlich um Miniflöten, dann hatten diese einen inneren Durchmesser von nur 3 Millimetern und einen äußeren von 6 Millimetern. Warum die Menschen am Vogelherd solche winzigen und damit schrill klingenden Instrumente aus kleinen Vogelknochen herstellten, wissen wir nicht. Seit Jahren erörtern wir diese Frage, aber letztendlich erscheinen alternative Interpretationen dieser Funde noch weniger plausibel.

Flötenbruchstück aus der Nachgrabung am Vogelherd. Die Flöte war aus Vogelknochen in Größe eines Gänsegeiers gefertigt. Länge: 4,2 Zentimenter, Durchmesser außen: 9 Millimeter.

Der Hohlenstein bei Asselfingen im
Alb-Donau-Kreis, Eingang zur Stadel-Höhle.

Der Hohlenstein

Der Hohlenstein ist ein großes Felsmassiv am südlichen Rand des Lonetals nahe Asselfingen im Alb-Donau-Kreis. Wir wissen von drei Höhlen – Stadel-Höhle, Bärenhöhle und Ostloch – und einem Felsdach, der sogenannten Kleinen Scheuer. Die zuerst genannte Höhle, die Stadel-Höhle oder auch nur „Stadel", ist der wichtigste Fundplatz im Hohlenstein. Sie liegt etwa fünf Meter über der Talsohle und öffnet sich nach Norden. In südlicher Richtung verläuft sie ungefähr 50 Meter horizontal in den Kalkstein hinein.

Forschungsgeschichtlich ist neben der Stadel-Höhle auch die Bärenhöhle von beträchtlicher Bedeutung, denn diese beiden Höhlen waren die ersten auf der Schwäbischen Alb, in denen Ausgrabungen stattfanden, im Jahr 1861 durch Oscar Fraas.

Oscar Fraas war seit 1856 Konservator am Königlichen Naturalienkabinett in Stuttgart. Viele Jahre beschäftigte er sich mit fossilen Knochen von Säugetieren aus dem Tertiär und dem Pleistozän, sowie von Wirbeltieren aus der Jurazeit und Reptilien aus der Triaszeit. Im Rahmen dieser Forschungen befasste er sich auch mit Höhlen. Im Sommer 1861 machte er sich auf, in zwei Höhlen im Hohlenstein zu forschen und unternahm erste Suchgrabungen in Stadel- und Bärenhöhle. Im Folgejahr setzte er seine Forschungen nur in der Bärenhöhle fort.

Mitte des 19. Jahrhunderts hatte sich in Wissenschaft, Kirche und auch in der allgemeinen Bevölkerung die Erkenntnis, dass sich der Mensch über Jahrzehntausende hinweg entwickelt hat, noch nicht allgemein durchgesetzt. Auch Oscar Fraas scheint noch nicht erkannt zu haben, dass es vor Tausenden von Jahren neben eiszeitlichen Tieren wie dem Rentier oder dem Mammut bereits Menschen gegeben hatte. Bei seinen

Oscar Fraas (1824–97), Konservator im Stuttgarter Naturalienkabinett, grub als Erster am Hohlenstein und am Hohle Fels.

Ausgrabungen achtete er folgerichtig auch nicht auf die Steinwerkzeuge der eiszeitlichen Menschen (später sollte sich herausstellen, dass es in den von ihm untersuchten Höhlen tatsächlich viele davon gab), sondern konzentrierte sich ausschließlich auf Überreste von Höhlenbären – in der Bärenhöhle fand er 1861/62 sehr viele davon: mehr als 10 000 Knochen, Schädel und Zähne.

Vier Jahre später, 1866, wurde Fraas zu einer neuen Fundstelle gerufen, nahe der Schussenquelle in Oberschwaben, wenige Kilometer nördlich von Schussenried (heute die Stadt Bad Schussenried). Bei der Anlage eines Ablaufgrabens waren dort Knochen und Geweihe von Rentieren entdeckt worden. Fraas stellte schnell fest, dass neben den Geweihen auch Steinwerkzeuge vorhanden waren, und grub den Fundplatz in nur wenigen Tagen weitgehend aus. Jetzt hatte man einen Befund, der belegte, dass neben den eiszeitlichen Tieren in Südwestdeutschland auch Menschen gelebt hatten. Mit diesen neuen Erkenntnissen kehrte Fraas noch im selben Jahr zur Bärenhöhle zurück – und erkannte nun auch hier, im Abraum seiner eigenen Grabungen, Steinwerkzeuge des eiszeitlichen Menschen.

Über den kleinen Suchschnitt, den Oscar Fraas 1861 in der benachbarten Stadel-Höhle angelegt hat, wissen wir nichts Genaues. In den darauf folgenden Jahren und Jahrzehnten erfolgten in der Stadel-Höhle immer wieder kleinräumige Untersuchungen, unter anderem durch den Tübinger Urgeschichts-Professor Robert Rudolf Schmidt im Jahr 1908. Die genaue Lage und die Funde dieser Untersuchungen sind ebenfalls leider schlecht dokumentiert.

Erst 1935 setzten neue Forschungen am Hohlenstein ein. Der Anatom Robert Wetzel war zu dieser Zeit außerplanmäßiger Professor an der Universität Würzburg. Sein Interesse galt neben der Medizin der menschlichen Urgeschichte, weshalb er bereits mehrere Jahre lang am Bockstein, einer Felsformation einige Kilometer westlich des Hohlensteins im Lonetal, Ausgrabungen durchgeführt hatte.

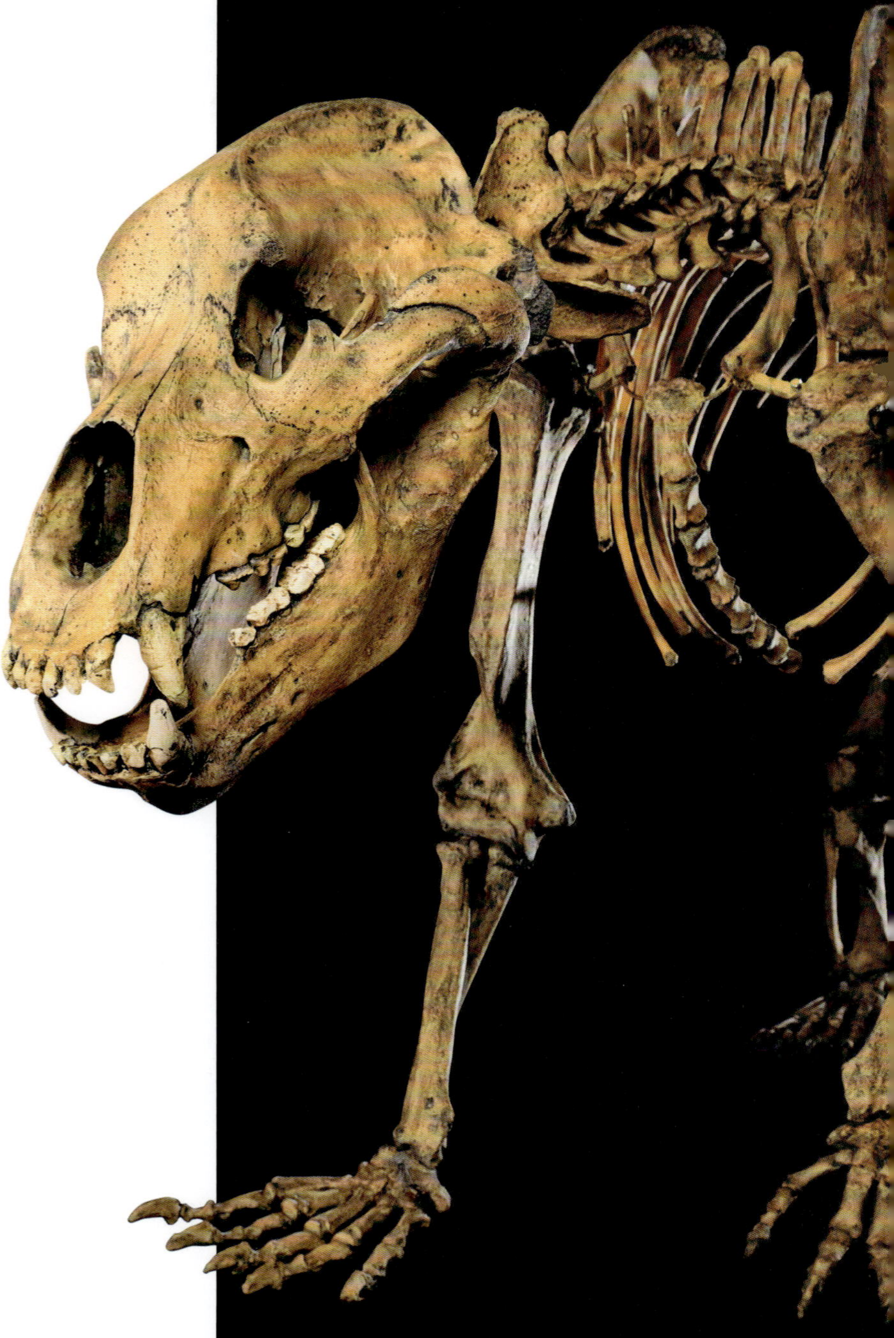

Skelett eines Höhlenbären aus der letzten Eiszeit in Süddeutschland. Knochen von Höhlenbären wurden in vielen Höhlen und in großen Mengen gefunden.

Seit dem späten 16. Jahrhundert war der Eingang zur Stadel-Höhle von einer etwa einen Meter hohen Mauer verschlossen, die verhindern sollte, dass außerhalb des Gesetzes stehende Personen in die Höhle gelangten. Hinter dieser Mauer ließ Wetzel während seiner Forschungen am Bockstein einen Probeschacht in den Boden eintiefen. Dieser Suchschnitt ergab eine große Menge aufschlussreichen Fundmaterials, sodass Wetzel die Ausgrabungen in der Stadel-Höhle 1936–39 fortsetzte, kaum war er zum Professor an den Lehrstuhl für Anatomie der Universität Tübingen berufen worden. Tatkräftig unterstützt wurde er dabei von dem promovierten Geologen Otto Völzing, der die örtliche Grabungsleitung innehatte. Seit 1937 Mitglied der SS, wurde Wetzel im selben Jahr zum Prorektor der Universität Tübingen ernannt, ein Posten, den er mit Unterbrechungen bis 1940 bekleidete. Zudem amtierte er von November 1938 bis 1944 als örtlicher Leiter des Tübinger NS-Dozentenbundes und der NS-Dozentenschaft.

Wetzel wusste natürlich von den Figuren aus Mammutelfenbein, die Gustav Riek wenige Jahre zuvor im Vogelherd gefunden hatte, und achtete dementsprechend darauf, ob er Vergleichbares finden konnte. Tatsächlich gab es in der Stadel-Höhle neben den Fundschichten des Neolithikums, des Mesolithikums, des Magdalénien und des Mittelpaläolithikums auch eine des Aurignacien, also des Zeitabschnitts der jüngeren Altsteinzeit, aus dem die Figuren aus dem Vogelherd stammten. Wetzel fand darin zwar Steinwerkzeuge, Zehntausende von Knochen und vereinzelt Schmuckgegenstände, wie Anhänger oder Perlen, der große Erfolg blieb ihm allerdings verwehrt.

Der Tübinger Anatom Robert Wetzel (1898–1962) grub im Hohlenstein und im Bockstein.

Im Sommer 1939 hatte Wetzel wegen seiner politischen Tätigkeit und der allgemeinen Entwicklungen immer seltener Zeit, das Lonetal und seine dortige Grabung aufzusuchen. Mitte August wurden die Arbeiten dort für elf Tage unterbrochen, da die als Arbeiter Beschäftigten im Ernteeinsatz waren. Am Freitag, dem 25. August 1939, nahmen sie die Grabungsarbeiten wieder auf, um einen Grabungsschnitt tief im Inneren der Stadel-Höhle zu beenden. In der Schicht aus dem Aurignacien, rund 30 Meter tief in der Höhle, stießen sie plötzlich auf eine auffällige Anhäufung von Splittern aus Mammutelfenbein! Doch noch am selben Tag erhielten Otto Völzing und seine Mitarbeiter ihren Stellungsbefehl und nur wenige Tage später, am 1. September 1939, begann mit dem deutschen Überfall auf Polen der Zweite Weltkrieg. Den Arbeitern blieb also nur noch genügend Zeit, die Splitter einzusammeln und die Ausgrabungsstelle notdürftig mit Grabungsabraum aus der Umgebung aufzufüllen. Wahrscheinlich gingen sie davon aus, sie würden bereits im darauffolgenden Jahr an diese Stelle zurückkehren können.

Ausgrabungen an der Stadel-Höhle im Jahr 1936 unter der Leitung von Robert Wetzel und dem Geologen Otto Völzing. Das abgegrabene Erdreich wurde mit Loren aus der Höhle entfernt.

In Kisten und Schachteln gelangten die Funde der Kampagne von 1939 nach Tübingen. In einem Brief an den SS-Hauptsturmführer Hans Schleiff in Berlin berichtete Wetzel am 28. August 1939, wenige Tage nach der Beendigung der Grabungskampagne, vom Erfolg der letzten Tage in der Stadel-Höhle. Er erwähnt eine Schnitzerei aus Mammutelfenbein, die er allerdings dem Magdalénien zuschreibt. Dies ist der einzige Hinweis darauf, dass Wetzel die Bedeutung der am letzten Grabungstag 1939 entdeckten Elfenbeinsplitter tatsächlich erkannt hat. Erst nach dem Zweiten Weltkrieg, in den Jahren 1956–61, setzte Wetzel die Ausgrabungen am Hohlenstein fort, unter Beteiligung der Archäologin Marie-Luise Wirsing. Daneben grub er nun auch in der benachbarten Bärenhöhle. Am Fundort der Elfenbeinsplitter wurde nicht weiter geforscht, ihre Spur verlor sich.

Die vielen Splitter – ein Sensationsfund!

Jahrelang beschäftigte sich niemand mehr mit den Elfenbeinsplittern. Erst im Dezember 1969 gab es neue Erkenntnisse. Der Tübinger Prähistoriker Joachim Hahn war damit beauftragt, im Ulmer Museum die Funde aus Wetzels Grabungen zu dokumentieren und zu inventarisieren. Hahn stieß auf eine genau beschriftete Schachtel, in der neben Tierknochen die Elfenbeinstücke lagen. Als Spezialist für die Zeit des Aurignacien erkannte er an einigen von ihnen sofort Spuren der Bearbeitung mit Feuersteinmessern. Zusammen mit zwei Kollegen machte sich Hahn an die Arbeit und begann, die Splitter wieder zusammenzusetzen. Nach wenigen Tagen waren diese Bemühungen erfolgreich beendet, das Ergebnis war eine rund 30 Zentimeter große Figur, ein Mischwesen aus einem Menschen und einem Höhlenbären oder Höhlenlöwen. Um was für ein Tier es sich genau handelte, blieb unsicher, da größere Partien, besonders im Kopfbereich der Figur, fehlten. Nun war aber klar, dass man hier, in einer Höhle, die nur wenige Kilometer vom Vogelherd entfernt lag, eine weitere Elfenbeinfigur aus dem Aurignacien entdeckt hatte. Es entbehrt nicht einer gewissen Tragik, dass Robert Wetzel doch eine Elfenbeinplastik ähnlich den Statuetten aus dem Vogelherd gefunden hatte, dies aber weder selbst bemerkte noch bis zu seinem Tod 1962 davon erfuhr.

Das gebräuchliche Grabungswerkzeug zur Zeit der Ausgrabungen wie hier in der Stadel-Höhle war eine Handhacke.

Auf teilweise abenteuerliche Weise tauchten in den Folgejahren weitere Fragmente der Figur auf. So erinnerte sich 1972 ein ehemaliger Mitarbeiter Wetzels, dass dieser in seinem Büro an der Universität Tübingen ein kleines Tütchen mit Elfenbeinstücken aufbewahrt hatte. Es sollte sich herausstellen, dass sie tatsächlich zum Löwenmenschen gehörten. 1974/75 brachte eine Frau einige Knochensplitter, wie sie meinte, ins Ulmer Museum, die ihr Sohn in der Stadel-Höhle entdeckt hatte – auch darunter befanden sich einige Fragmente, die sich dem Löwenmenschen zuordnen ließen. Die neuen Stücke machten eine erneute Restaurierung der Figur nötig, die in den Jahren 1987/88 am Landesmuseum Württemberg in Stuttgart durch die Restauratorin Ute Wolf unter der wissenschaftlichen Leitung der Basler Archäologin Elisabeth Schmid durchgeführt wurde. Jetzt zeigte sich eindeutig, dass ein Mischwesen aus einem Höhlenlöwen und einem Menschen dargestellt war.

Der Löwenmensch aus der Stadel-Höhle nach der erneuten Restaurierung in den Jahren 2012/13 im Landesamt für Denkmalpflege Baden-Württemberg unter Leitung der Esslinger Restauratorin Nicole Ebinger-Rist. Die Figur ist etwa 40000 Jahre alt. Länge: 31,1 Zentimeter.

Jüngere Grabungen

1983 führte Eberhard Wagner vom Landesdenkmalamt in der Stadel-Höhle eine Sondagegrabung durch, mit dem Ziel, noch vorhandene archäologische Fundschichten zu dokumentieren. Er untersuchte allerdings eine Stelle in der Höhle, die bereits in den Dreißiger- und Fünfzigerjahren von Wetzel und Völzing komplett ausgegraben und wieder verfüllt worden war. In den Jahren 1996/97 führten Nicholas Conard, Michael Bolus und Andrew Kandel vom Institut für Ur- und Frühgeschichte und Archäologie des Mittelalters der Universität Tübingen im Tal vor dem Hohlenstein archäologische Grabungen durch. In der Stadel-Höhle selbst wurde erst in den Jahren 2008 bis 2013 wieder gegraben, unter Leitung von Claus-Joachim Kind und Thomas Beutelspacher vom Landesamt für Denkmalpflege Baden-Württemberg. Dabei wurden zahlreiche weitere Bruchstücke des Löwenmenschen entdeckt. In den Jahren 2012 und 2013 wurde die Figur daher in der Werkstatt des Landesamtes für Denkmalpflege in Esslingen unter Leitung der Restauratorin Nicole Ebinger-Rist noch einmal vollständig auseinandergenommen und in einem komplizierten dreidimensionalen Puzzle mit den neuen Fragmenten wieder zusammengesetzt. Dabei gelang es, zahlreiche bisher fehlende Teile an die Figur anzupassen. Der Löwenmensch in neuer Gestalt ist heute wieder im Ulmer Museum ausgestellt. Es ist eine spannende Frage, ob es in den kommenden Jahren oder Jahrzehnten neue Funde oder Erkenntnisse geben wird, welche die unglaubliche Geschichte der Entdeckung des Löwenmenschen durch neue Fakten und Details weiter ausbauen und ergänzen werden.

Die Stadel-Höhle im Detail

Die Schichten, die Wetzel in der Stadel-Höhle fand, lassen sich in sechs größere Einheiten gliedern. Zuoberst lag eine Schicht aus stellenweise recht mächtigem Humus (Schicht I). Darin fanden sich metallzeitliche, neolithische und mesolithische Objekte. Darunter lagen zwei Schichten (Schichten II und III) von hellbrauner bis gelber Farbe mit Artefakten und Knochen aus dem Magdalénien, vielleicht auch noch aus dem Spätpaläolithikum – auch die Knochen waren gelb gefärbt. Es folgte eine Serie von rotbraunen Horizonten (Schichten IV, Va, V), mit Objekten aus dem Aurignacien. Die Knochen aus diesen Schichten sind rotbraun gefärbt. Es fällt auf, dass es in der Höhle keine Sedimente und Funde aus dem Gravettien gibt. Es liegt also nahe, dass die Höhlensedimente nach der Besiedlung im Aurignacien und vor der Besiedlung im Magdalénien erodiert wurden. Den Zeitpunkt einer solchen Erosion konnten Untersuchungen auf dem Vorplatz in den letzten Jahren auf den Zeitraum vor etwa 20 000 Jahren – nach dem Höhepunkt der letzten Eiszeit – eingrenzen.

Unter den Schichten mit Funden des Aurignacien lagen Sedimente mit Funden aus dem Mittelpaläolithikum, der Zeit des Neandertalers. Man unterteilte sie in eine „obere Neandertalerkultur" (Schichten VI, VII und VIII) und eine „mittlere Neandertalerkultur" (Schichten IX, X und XI). Kennzeichnend ist jeweils die rotbraune Färbung der Sedimente, weshalb Wetzel die Fundschichten als „rotes Moustérien" bezeichnete. Auch die gefundenen Knochen sind rotbraun gefärbt. Wo der Felsboden in der Höhle höher lag, war die Schichtenfolge damit beendet. In den tiefer liegenden Mulden im Höhlenboden gab es jedoch weitere Schichten. In ihnen dominierten schwarzbraune Sedimente mit entsprechend gefärbten Knochen (Schichten XII, XIII und XIV).

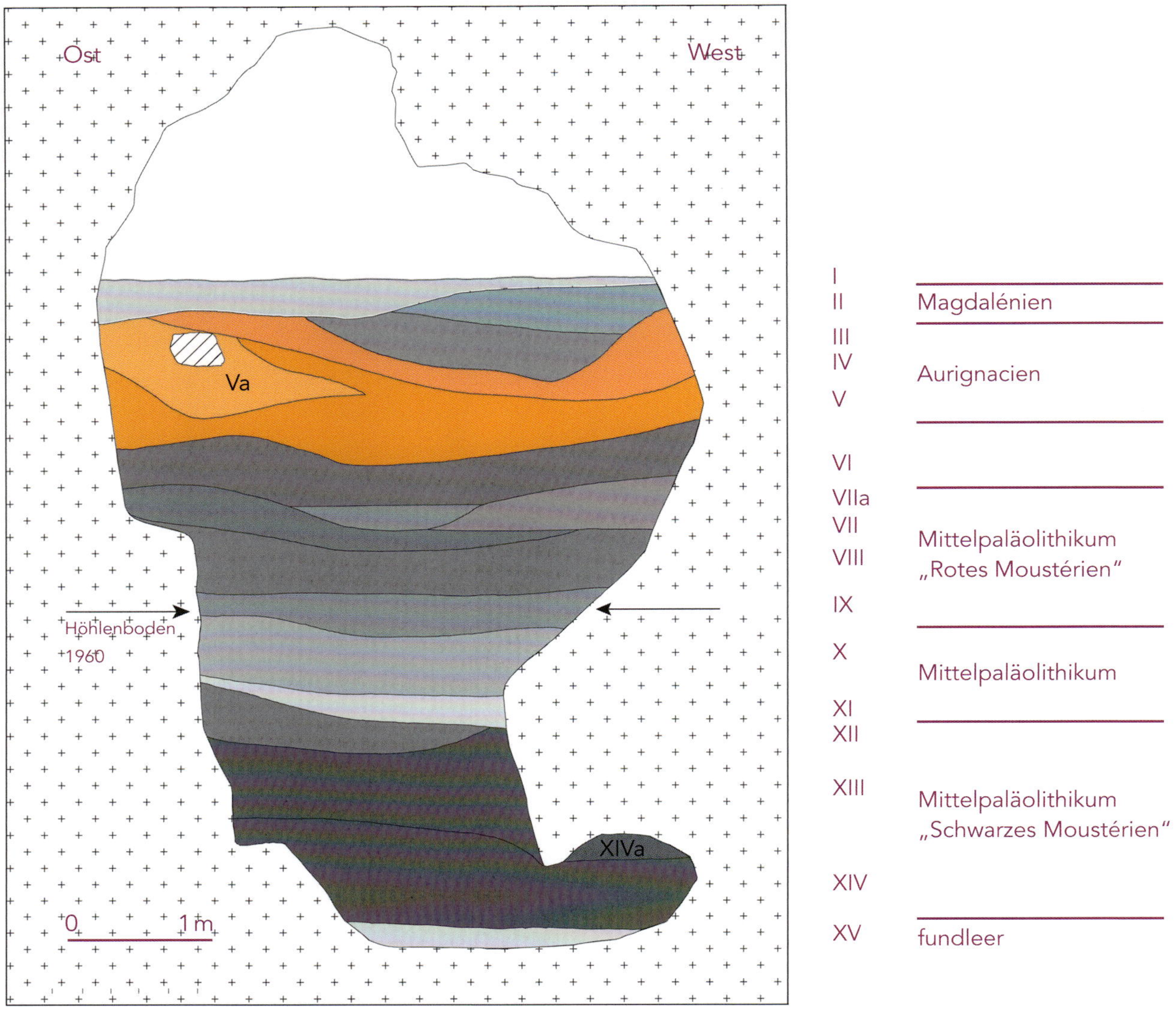

Schichtenfolge in der Stadel-Höhle bei den Ausgrabungen von Robert Wetzel. Über einigen Fundschichten des Mittelpaläolithikums lagen Schichten des Aurignacien (orange) und des Magdalénien.

Die entdeckten Steinartefakte und diese Knochen wurden dem sogenannten „schwarzen Moustérien" zugewiesen. Unter diesen Schichten und auf dem Felsboden lag ein rötlich-gelbbrauner Horizont aus Kalksand. In ihm wurden keine Artefakte gefunden.

Die jüngeren Ausgrabungen in der Stadel-Höhle zwischen 2008 und 2013 erbrachten eine weitgehend ähnliche Schichtenfolge. Im unteren Teil lagen Schichten des Mittelpaläolithikums (C, A2, D, D2, D4, E, F und G). Sie gehörten wahrscheinlich alle zu dem, was Wetzel als „Rotes Moustérien" bezeichnete. Zwei ganz am unteren Ende der Abfolge gefundene schwarzgraue Schichten (K und L) könnten auch noch zu seinem „Schwarzen Moustérien" gehören.

Verschiedene Datierungsversuche, unter anderem mit der ^{14}C-Methode, ergaben, dass die mittelpaläolithischen Schichten in einem Zeitraum vor etwa 55 000 bis 42 000 Jahren abgelagert wurden. Darüber fanden sich drei Fundhorizonte, die in das Aurignacien gehörten (Schichten Au, Am und Ao). Sie lieferten ^{14}C-Daten zwischen 40 000 und 35 000 Jahren vor heute.

EXTRA | Virtuell durch eine Höhle fliegen ...

Jede Ausgrabung bedeutet im Prinzip die Zerstörung eines Denkmals – daher ist es essenziell, Funde und Befunde möglichst genau zu dokumentieren. Früher bediente man sich der Fotografie oder musste ein Objekt oder einen Befund sogar mühsam zeichnerisch festhalten. Der digitale Boom der letzten Jahre hat aber auch vor der Archäologie nicht haltgemacht und so ist es heute möglich, Objekte und Plätze von unschätzbarem Wert digital dreidimensional zu dokumentieren. So ist nicht nur gewährleistet, dass ein Objekt oder eine Fundstätte für die digitale Archivierung sehr genau vermessen wird, sondern es eröffnen sich darüber hinaus vielseitige Möglichkeiten im Sinne der Vermittlung und Veranschaulichung: Ein Fundplatz lässt sich virtuell rekonstruieren.

Auch die Schwäbischen Höhlen mit früher Eiszeitkunst werden seit einigen Jahren dreidimensional dokumentiert. In einem aufwendigen Verfahren werden sie gescannt, indem Millionen von Datenpunkten erfasst werden. Höhlen besitzen keine gleichmäßige Struktur, viele sind stark verwinkelt – so auch die sechs Schwäbischen Höhlen mit früher Eiszeitkunst. Um sie komplett digital zu erfassen, musste man die Position des Scanners vielfach wechseln. Auch das sogenannte Structure from Motion-Verfahren (SfM) kommt zum Einsatz: Aus einer Serie von Digitalfotos werden dabei Punkte gemessen, die zusammengenommen eine dreidimensionale Punktwolke ergeben.

In den digitalen Rekonstruktionen kann man die schwäbischen Höhlen aus verschiedenen Blickwinkeln betrachten und sogar regelrecht durch sie fliegen. Wenn wir die Messungen in einigen Jahren wiederholen, wird es ein Leichtes sein, Veränderungen im Erscheinungsbild auszumachen. In ganz ähnlicher Weise sollen auch die Kunstobjekte als 3D-Modelle online verfügbar gemacht werden.

Die meisten der Höhlen wurden dreidimensional gescannt. Die Abbildung zeigt den Scan der Stadel-Höhle mit einem Blick von Norden in die Höhle.

Arbeiten mit einem Scanner im Sirgenstein.

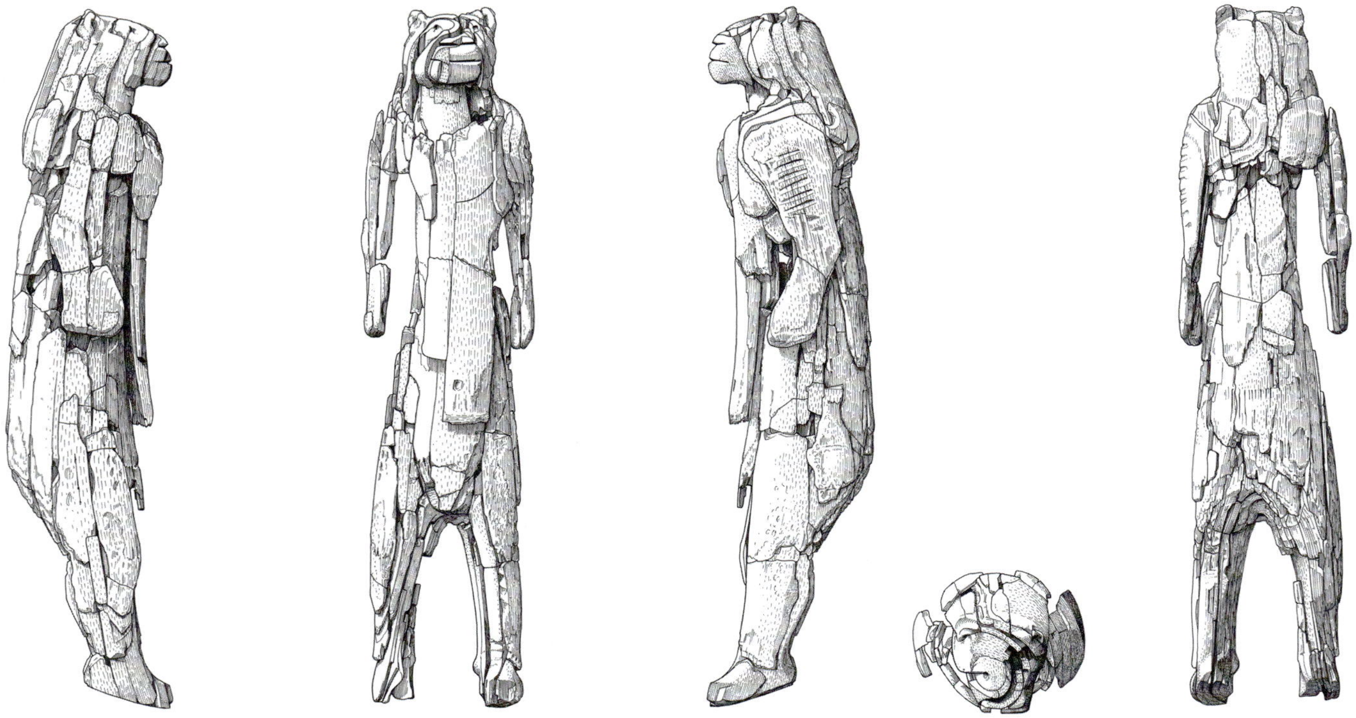

Zeichnerische Darstellung des Löwenmenschen nach der erneuten Restaurierung 2012/13.

Der Löwenmensch

Die Fundumstände der Fragmente des Löwenmenschen und den langen Weg bis zu seiner Rekonstruktion, inklusive der mehreren Hundert kleiner und größerer Stücke, die in den Jahren 2009 bis 2013 entdeckt wurden, haben wir bereits verfolgt. Aber wie konnten wir das Alter der Figur bestimmen?

Aus Tierknochen, die im Umfeld der Splitter gefunden wurden, ließ sich eine ganze Reihe von absoluten Datierungen herstellen. Der Löwenmensch gehört demnach in einen Zeitbereich zwischen etwa 40 000 und 35 000 Jahren kalibriert vor heute. Bei den neuen Untersuchungen des Landesamtes für Denkmalpflege Baden-Württemberg gelang eine noch genauere Einordnung: Es konnte geklärt werden, aus welcher Schicht der Löwenmensch tatsächlich stammte. Er lag in der Schicht Au der neuen Grabungen, für die ein Alter von rund 40 000 Jahren festgestellt wurde.

Die Figur ist etwas mehr als 31 Zentimeter hoch. Sie ist damit die größte der Statuetten aus dem Aurignacien der Schwäbischen Höhlen. Sie wurde aus dem rechten Stoßzahn eines jungen Mammutbullen oder einer erwachsenen Mammutkuh geschnitzt. Im Schritt der Figur ist noch der Nervenkanal des Stoßzahns zu erkennen. Der Künstler nutzte nahezu den gesamten Durchmesser dieses Stoßzahns aus. Die Oberfläche der Statuette ist teilweise abgeplatzt. Wo sie noch vorhandenen ist, sieht man, dass der Künstler sehr sorgsam und vorsichtig vorging. Die Schnitzspuren zeugen davon, dass er mit einem Feuersteinmesser arbeitete und die Riefen anschließend möglicherweise mithilfe eines Sandsteins glättete. Die Mundpartie ist sehr detailliert ausgearbeitet – man hat beinahe den Eindruck, als würde der Löwenmensch lächeln.

Die Schnauzenpartie des Löwenmenschen zeigt deutlich Spuren einer Bearbeitung mit Steinwerkzeugen.

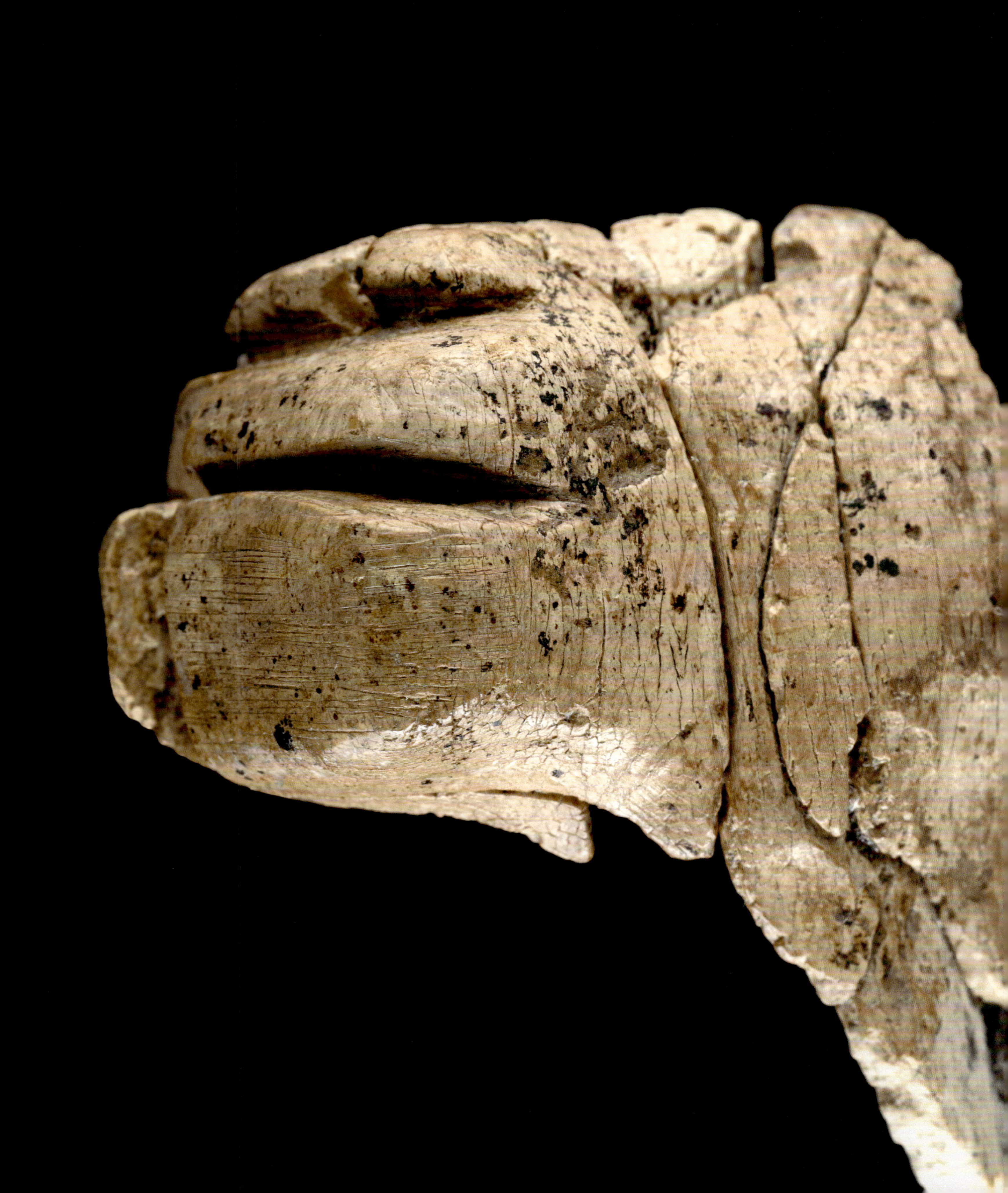

Der linke Arm des Löwenmenschen trägt sieben auffällige Kerbungen. Sie sollten womöglich eine Tätowierung oder Schmucknarben darstellen.

In dieser Ausbuchtung in der Höhlenwand wurde die Figur des Löwenmenschen entdeckt. Sie heißt daher „Kammer des Löwenmenschen".

An drei Stellen sind Verzierungen zu erkennen: Sieben waagrechte Kerben sind sorgfältig in den linken Oberarm eingearbeitet – vielleicht symbolisieren sie eine Tätowierung oder Schmucknarben. Auf der Rückseite des linken Ohrs ist eine Gruppe von mindestens zwölf Schnitten. Und auch die linke Fußsohle scheint mit Schnitten verziert gewesen zu sein. Die Verzierungen hatten sicherlich eine Bedeutung, die wir heute, wie bei den anderen Figuren, aber nicht mehr ermitteln können.

Dargestellt ist ein aufrecht stehendes Mischwesen. Der Kopf ist der eines Höhlenlöwen, des gefährlichsten Raubtiers in der eiszeitlichen Landschaft. Auch die Arme sind als Pranken eines Löwen zu identifizieren. Der Oberkörper ist langgestreckt. Im Bereich der Körpermitte ändert sich die Darstellung: Die unteren Körperpartien sind als menschlich zu erkennen. Besonders gut erkennt man dies am Bauchnabel und an den Beinen mit exakt herausgearbeiteten Knien, Füßen, Fersen und Knöcheln.

Diese Chimäre zeugt von einer erheblichen Vorstellungskraft und einer immensen intellektuellen Fähigkeit der Menschen ganz am Beginn der Jüngeren Altsteinzeit, nur eine kurze Zeit also, nachdem der *Homo sapiens* sich in Europa ausbreitete. Statuetten wie der Löwenmensch entsprangen der geistigen Welt der eiszeitlichen Jäger und Sammler – aber was stellten sie dar? Vielleicht einen Schamanen, vielleicht aber auch ein gottähnliches Wesen aus einer übernatürlichen Sphäre oder vielleicht auch ein Wesen, das ein Schamane in Trance gesehen hatte.

Der Experimentalarchäologe Wulf Hein hat den Löwenmenschen aus einem Stück fossilen Mammutelfenbeins nachgeschnitzt: in über 360 Netto-Arbeitsstunden! Der steinzeitliche Künstler mag über mehr Übung verfügt haben, aber er dürfte in jedem Fall mehrere Wochen an der Figur gearbeitet haben. Während dieser Zeit musste er von der Gruppe mit Nahrung versorgt werden. Diese Annahme lässt uns Rückschlüsse auf die soziale Organisation dieser Gruppe von Eiszeitmenschen ziehen.

Der Löwenmensch lag isoliert von anderen Funden in einer kleinen Kammer der Stadel-Höhle, inmitten von Schmuckgegenständen, darunter durchlochte Zähne von Hirsch, Fuchs und Wolf sowie Anhänger aus Mammutelfenbein.

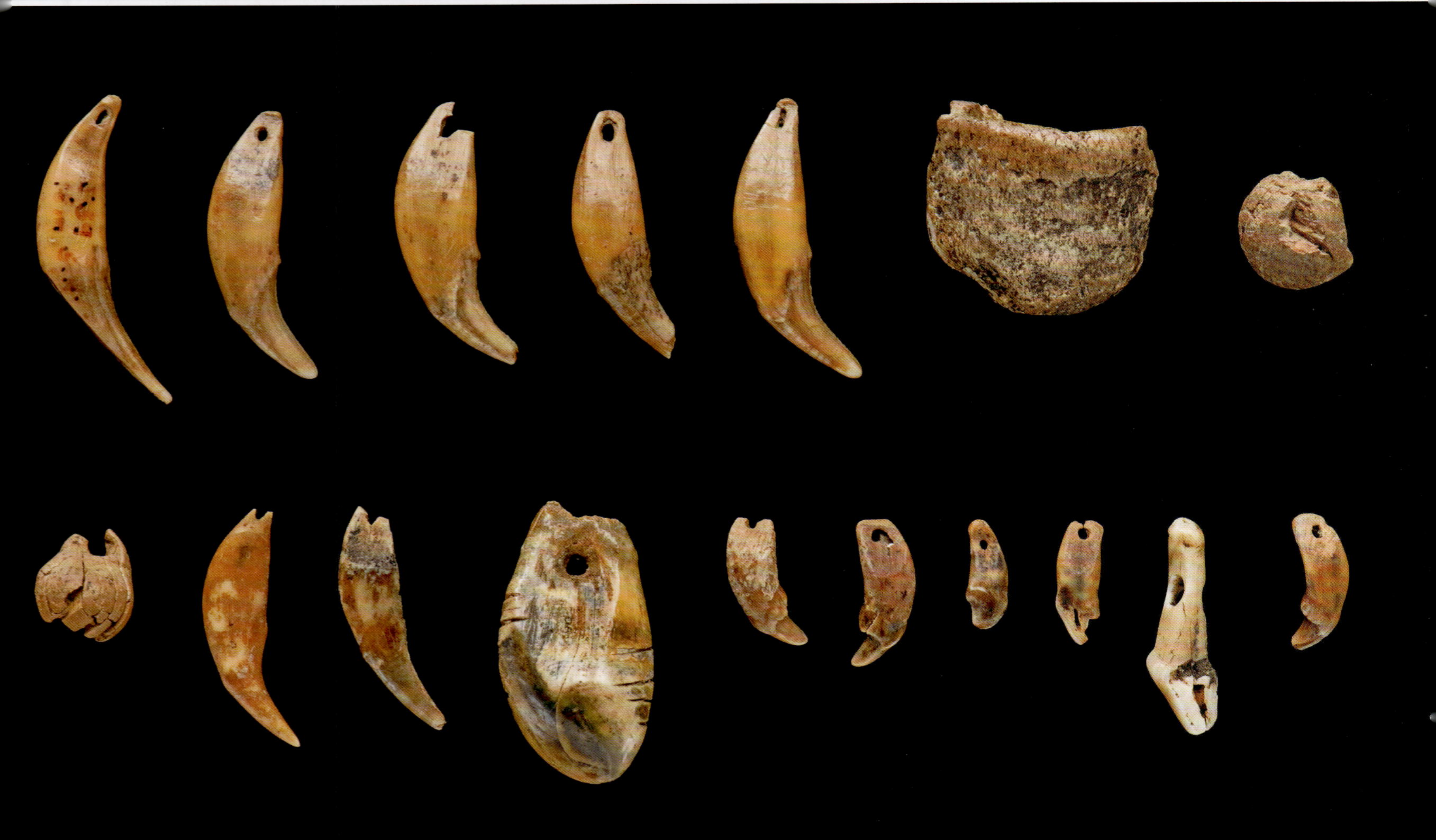

EXTRA | Männlein oder Weiblein?

Als die Figur des Löwenmenschen 1969 zum ersten Mal wieder zusammengesetzt wurde, nannte sie der Tübinger Archäologe Joachim Hahn „Mugwump". In der Sprache der Algonkin-Indianer bedeutet das „Großer Häuptling". „Mugwump" ist zudem eine Figur aus einem Roman des amerikanischen Schriftstellers William S. Burroughs. Für Hahn war die Sachlage klar: Er hielt die Figur für männlich und bezog sich dabei auf ein kleines dreieckiges Plättchen, freigestellt im Schritt der Figur, das er für ein männliches Geschlechtsteil hielt.

Jahre später, bei der zweiten Zusammensetzung der Figur 1987/88, kam die Schweizer Archäologin Elisabeth Schmid zu einer völlig anderen Meinung. Sie sah in dem dreieckigen Plättchen einen Teil des weiblichen Schambereichs und nahm an, dass seine Freistellung durch ein fehlendes Fragment zu erklären ist. Zudem glaubte sie, Bruchstücke gefunden zu haben, die sich zwar nicht unmittelbar anpassen ließen, aber eindeutig weibliche Brüste darstellten. Der Kurator für Archäologie am Ulmer Museum, Kurt Wehrberger, entschärfte den Streit, indem er nicht mehr – wie bis dahin – von dem Löwenmann oder der Löwenfrau sprach, sondern fortan einfach vom Löwenmenschen.

Im Verlauf der dritten Zusammensetzung des Löwenmenschen 2012/13 konnte nachgewiesen werden, dass sich die vermeintlichen Brüste in den rechten Arm der Figur einfügen lassen und dass das kleine freigestellte dreieckige Plättchen nicht erst freistand, nachdem ein Teil herausgebrochen war, sondern dass es im Gegenteil sorgfältig herausgearbeitet ist. Die Oberfläche dieses Plättchens ist überall, auch an der dem Körper zugewandten Seite, recht glatt, regelrecht abgegriffen. Alle Indizien sprechen also derzeit dafür, dass der Löwenmensch tatsächlich ein Löwenmann ist.

Am Unterleib des Löwenmenschen ist ein kleines dreieckiges Plättchen zu erkennen, das der Schnitzer offenbar freigestellt und auf allen Seiten bearbeitet hat. Wahrscheinlich handelt es sich um die stilisierte Darstellung eines männlichen Geschlechtsteils.

Im Eingangsbereich der Stadel-Höhle fanden sich nahe bei möglichen Feuerstellen zahlreiche Steinwerkzeuge, daneben Tierknochen als Überreste der Jagdbeute. All das zeugt von den Menschen, die hier, im Eingangsbereich der Höhle, gelebt, gegessen und geschlafen haben. Ein so zusammengesetztes Fundinventar ist nicht ungewöhnlich, ganz im Gegensatz zum Fundkontext des Löwenmenschen: Die Figur wurde in einer kleinen Ausbuchtung der Stadel-Höhle gefunden. In ihrer Umgebung fanden sich kaum andere Funde, abgesehen von Tierknochen und einigen Abwurfstangen von Rentieren. Außerdem gab es einige Knochenwerkzeuge sowie besonders Schmuckgegenstände – kleine durchlochte Anhänger aus Fuchs-, Rothirsch- und Wolfszähnen und einige aus Mammutelfenbein geschnitzte Anhänger. Steinartefakte fehlten. Möglicherweise war die kleine Kammer im Innern der Stadel-Höhle ein besonderer, vielleicht sogar heiliger Ort, an dem kultische Handlungen vollzogen wurden, in deren Mittelpunkt die Figur des Löwenmenschen stand.

Menschliche Skelettreste und eine besondere Entdeckung

In den Schichten der Stadel-Höhle gab es auch einige Funde zu verzeichnen, die zwar nicht zu den Tierfiguren aus dem Aurignacien gehören, aber trotzdem von großer Bedeutung sind: menschliche Skelettteile aus unterschiedlichen Zeiten. Am 26. Juli 1937 kam in einer Schicht aus schwarzem Sediment im Eingangsbereich der Höhle ein menschlicher Oberschenkelknochen zum Vorschein. Die Schicht gehört in das sogenannte „Schwarze Moustérien". Der Knochen ist der einzige Überrest eines Neandertalers, der in Baden-Württemberg gefunden wurde. An beiden Enden sieht man deutliche Biss-Spuren, wohl von Höhlenhyänen. Ob sie den Neandertaler auch töteten oder ob er bereits tot war, als die Hyänen ihn fraßen, ist unklar.

Durch DNS-Analysen kennt man heute das Genom des Neandertalers. Der genetische Code erwies sich bei allen untersuchten Neandertalerresten als sehr ähnlich. Man weiß, dass sich ihre DNS von der moderner Menschen unterscheidet, aber auch, dass der moderne Europäer einen kleinen Anteil vom Erbgut des Neandertalers in sich trägt. Auch der Neandertalerknochen aus der Stadel-Höhle enthielt noch DNS. Sie wich aber vom Erbgut aller anderen bis dahin untersuchten Neandertaler ab! Tatsächlich ist der Knochen aus der Stadel-Höhle wahrscheinlich etwas älter als die anderen untersuchten Neandertalerknochen aus verschiedenen europäischen Fundstellen. Das Individuum aus der Stadel-Höhle gehörte also offenbar zu einer genetischen Linie von Neandertalern, die bereits am Beginn der letzten Eiszeit ausstarb.

Direkt unter der sogenannten „Ulmer Mauer", die im späten 16. Jahrhundert eingebaut worden war, um zu verhindern, dass Menschengruppen in der Höhle lebten, wurde im Juli 1937 ein weiterer sensationeller Fund gemacht. In einer Grube, die bis auf die Schicht des Aurignacien hinab eingegraben war, lagen drei menschliche Schädel. Sie waren auf eine Lage großer Steine gebettet, nach Südwesten gewandt. Mithilfe der ^{14}C-Methode wurden die Schädel in das Spätmesolithikum um etwa 6750 v. Chr. datiert. Einer der Schädel war der eines erwachsenen Mannes, ein weiterer der einer erwachsenen Frau, der dritte war der eines ein bis zwei Jahre alten Kindes. Das Kind litt offenbar an einem sogenannten Wasserkopf. Bei allen drei Schädeln lagen noch die obersten Halswirbel, zum Teil mit Schnittspuren, die von Feuersteinmessern herrühren:

Blick auf das Lonetal und die Bocksteinhöhle, deren Eingang rechts im Bild sichtbar ist, unterhalb der Hütte.

Ein Hinweis darauf, dass die Köpfe aller drei Personen noch im Gewebeverband vom Körper abgeschnitten worden sind. Die Köpfe der beiden Erwachsenen zeigen Spuren von Schädeltraumata – zumindest die beiden erwachsenen Personen wurden also vermutlich erschlagen. Bei dem Kopf der Frau fand sich eine Beigabe: eine Kette aus zwölf Perlfisch-Zähnen, wie sie typisch sind für das südwestdeutsche Mesolithikum. Auch diese Beigabe belegt, dass die drei Köpfe beigesetzt worden sind. Vielleicht war es im entsprechenden Abschnitt des Mesolithikums die verbreitete Begräbnissitte, nur die Köpfe in einem Grab zu bestatten.

Kurz nachdem man den Neandertalerknochen und die Kopfbestattung entdeckt hatte, fand man im August 1937 nahe des Eingangsbereichs der Stadel-Höhle zudem eine Ansammlung menschliche Skelettreste: Über 1200 Fragmente lagen in zwei Mulden, die von größeren Kalksteinen begrenzt waren, zusammen mit Tierknochen, Tonscherben und Steinwerkzeugen. Die Knochen stammen von mindesten 54 verschiedenen Individuen, Männern wie Frauen, mehr als die Hälfte waren Kinder und Jugendliche. Die Knochen werden in die Jungsteinzeit, das Neolithikum, datiert, zwischen etwa 4200 und 4000 Jahren v. Chr. In der Nähe der Knochen wurden mehrere Pfostenlöcher nachgewiesen – vielleicht stand während dieses Abschnitts des Neolithikums am Eingang der Stadel-Höhle ein Beinhaus, ein Ossarium, in dem die Überreste von Toten aufbewahrt wurden.

Die Bocksteinhöhle

Das Bocksteinmassiv liegt im Lonetal an der Kreisstraße K3022 zwischen Bissingen und Öllingen auf der Gemarkung von Rammingen im Alb-Donau-Kreis, eine Gruppe von größeren und kleineren Felsen mit einigen Höhlen und Schutzdächern: Ganz im Westen liegt die Bocksteinhöhle, östlich davon das Bocksteinloch, noch weiter im Osten die Bocksteingrotte.

Die ersten Grabungsaktivitäten im Bereich des Bocksteins datieren in die Jahre 1879 und 1881: Der Langenauer Oberförster Ludwig Bürger begann Grabungen in einer größeren Höhle am nördlichen Rand der Bocksteinfelsen, der Bocksteinhöhle. Bürger vermutete in ihr ursprünglich einen „altgermanischen Opfer-

platz“, erkannte aber bald, dass er eher Spuren aus der Eiszeit finden würde. In den Jahren 1883 und 1884 erforschte er die Bocksteinhöhle weiter, zeitweise zusammen mit dem Öllinger Pfarrer Friedrich Losch.

In der Bocksteinhöhle wurden Fundschichten aus dem Mittelpaläolithikum, der Zeit des Neandertalers, und des Aurignacien und des Magdalénien nachgewiesen. Neben Steinartefakten und Keramikscherben sowie Tierknochen entdeckte Bürger zwei menschliche Skelette. Über das Alter dieser Skelette entbrannte damals in der Wissenschaft eine heftige Diskussion; letztendlich nahm man an, dass es sich bei den Skeletten, genauer: dem einer Frau und dem eines Kleinkindes, um die Bestattung einer Selbstmörderin aus dem Jahr 1776 handelte. Im Jahr 2000 konnte dann allerdings durch die Radiokarbonmethode nachgewiesen werden, dass die Skelette aus der Mittelsteinzeit stammten, aus der Zeit um 6300 v. Chr. Die Bestattung in der Bocksteinhöhle ist also nur wenige Jahrhunderte jünger als die Schädelbestattung aus der Stadel-Höhle im Hohlenstein. Das wiederum zeigt, dass es während des Spätmesolithikum im Lonetal zwei unterschiedliche Bestattungssitten gab.

Die frühen Ausgräber der Bocksteinhöhle gingen nicht gerade zimperlich vor. Der Eingang zur Höhle war damals klein und lag relativ hoch im Felsen. Um einen einfacheren Zugang zu schaffen, sprengte man Felsteile einfach weg, bis der Zugang seine heutige Form hatte. Der in der Steinzeit tatsächlich genutzte Eingang wurde erst später entdeckt.

Blick nach Südwesten
aus der Bocksteinhöhle.

DIE ÄLTESTE

Die Höhlen im Achtal

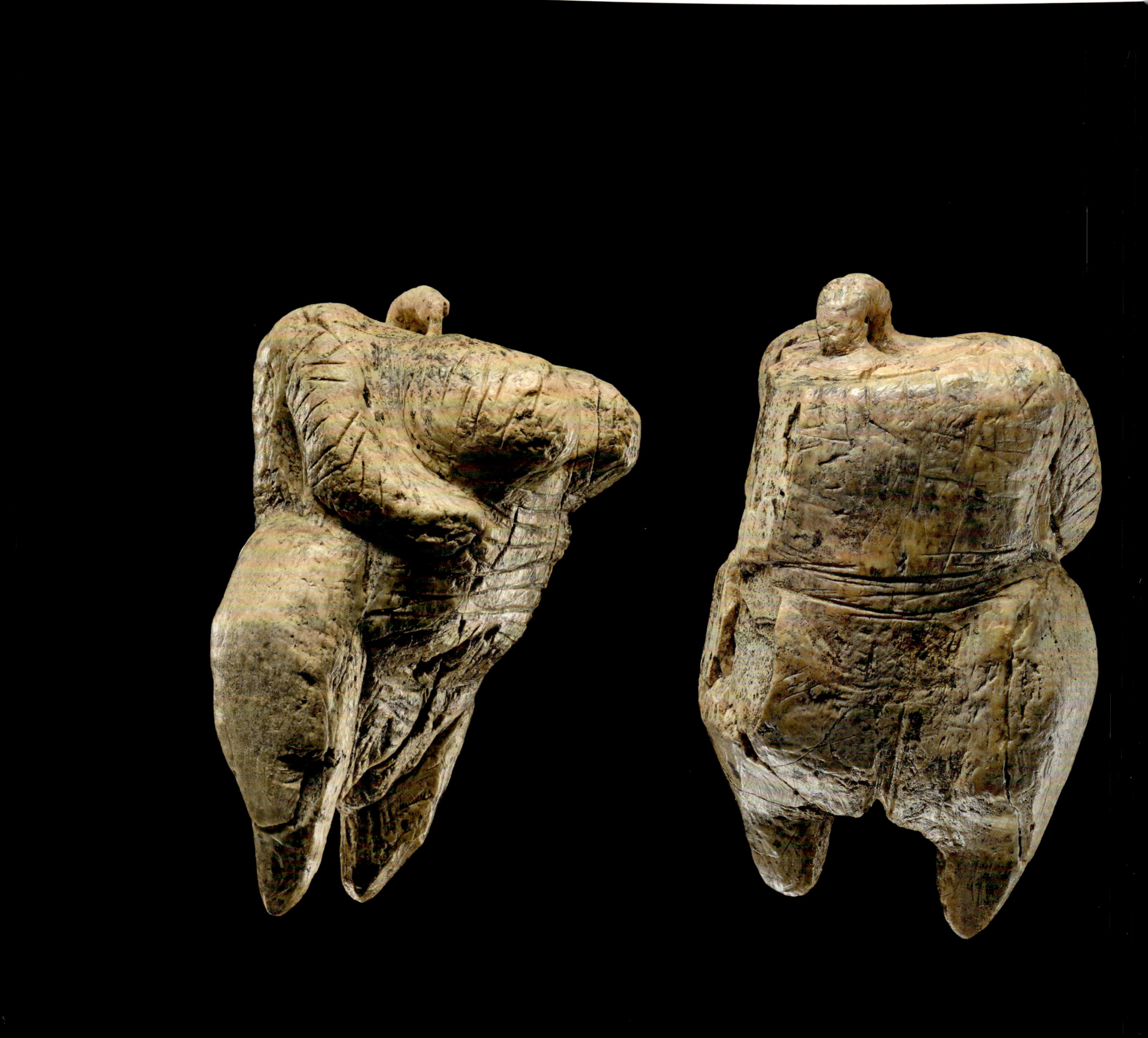

Blick nach Südwesten
aus der Bocksteinhöhle.

In mittelpaläolithischen Fundschichten an der Bocksteinschmiede wurden zahlreiche Faustkeile und andere Steinwerkzeuge aus der Zeit des Neandertalers entdeckt. Sie sind zwischen 50 000 und 100 000 Jahre alt.

Im Jahr 1908 unternahm Robert Rudolf Schmidt vor der Höhle eine kleine Nachuntersuchung, war aber nicht sehr erfolgreich. Er dokumentierte eine ähnliche Schichtenfolge wie schon Bürger: An der Basis fanden sich einige mittelpaläolithische Funde, darüber lagen Schichten des Aurignacien und Magdalénien. Es hat den Eindruck, als ob die Horizonte etwas vermischt waren.

Erst in den Dreißigerjahren des letzten Jahrhunderts setzten größere Arbeiten am Bockstein ein. Robert Wetzel grub hier bereits 1932–35, also vor seinen Arbeiten am Hohlenstein. Er entdeckte mehrere steinzeitliche Fundplätze. Besonders wichtig sind südlich der Bocksteinhöhle das Bocksteinloch, eine kleine Höhle, und die Bocksteinschmiede, wie Wetzel den Vorplatz dieser Höhle nannte. Im Bocksteinloch fand sich eine Schichtenfolge mit Funden vor allem aus der Zeit des Neandertalers. Von außergewöhnlicher Bedeutung sind die mittelpaläolithischen Funde aus der Bocksteinschmiede. In den betreffenden Schichten wurden Tausende von Steinartefakten aus dem Mittelpaläolithikum (Micoquien oder Keilmessergruppen) gefunden – Faustkeile, Keilmesser und Schaber, wahrscheinlich zwischen 100 000 und 50 000 Jahre alt. Diese Funde veranlassten Wetzel letztlich auch zu der Benennung des Platzes als „Schmiede". Er nahm an, dass sich an dieser Stelle ein Neandertaler-Werkplatz befunden hatte.

Bereits 1935 verlegte Wetzel seine Grabungsaktivitäten an den Hohlenstein. Erst nach dem Zweiten Weltkrieg, in den Jahren 1953–56, kam er hierher zurück und arbeitete zeitweise parallel sowohl im Hohlenstein

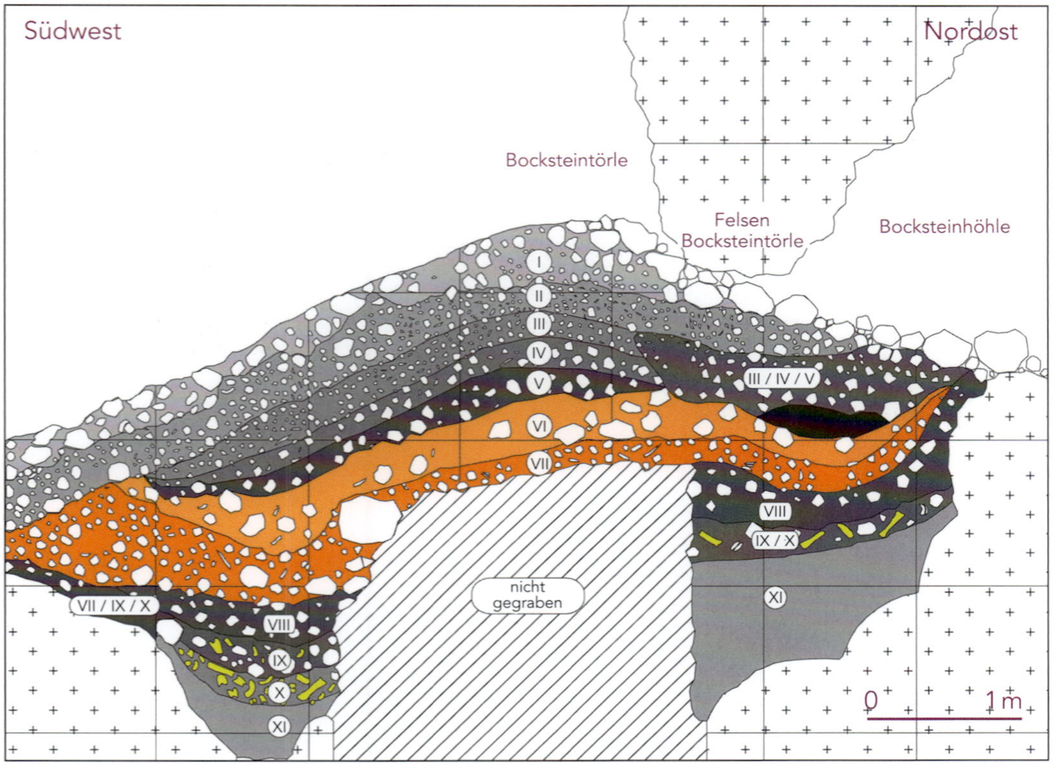

Schichtenfolge am Bocksteintörle. Über einer mittelpaläolithischen Fundschicht folgte eine Fundschicht des Aurignacien. Darüber fanden sich Ablagerungen des Gravettien und des Magdalénien.

Neolithikum (I)
Mesolithikum (II)
Magdalénien (III)
Gravettien (IV)
Gravettien (V)
Grav./Aurign.? (VI)
Aurignacien (VII)
Moustérien

als auch am Bockstein. Eine Grabungsfläche lag westlich des künstlichen Eingangs zur Bocksteinhöhle. Hier entdeckten Wetzel und seine örtliche Grabungsleiterin Marie-Luise Wirsing den eigentlichen Zugang zur Bocksteinhöhle – sie nannten den Platz deshalb Bocksteintörle. Er war durch Erdreich komplett verschüttet gewesen; auch hier fand sich eine stark gegliederte Schichtenfolge. Die unterste Schicht VIII erbrachte nur wenige Funde, die in das Mittelpaläolithikum zu datieren sind. Darüber, in der Schicht VII, fanden sich Objekte des Aurignacien, in den Schichten V und IV solche des Gravettien – es handelt sich hier um die einzigen Gravettienfunde aus dem Lonetal. In den anderen Höhlen wie dem Vogelherd oder der Stadel-Höhle sind die Gravettien-zeitlichen Sedimente offensichtlich weitgehend erodiert und daher nicht erhalten geblieben. Die Schicht III gehört in das Magdalénien und das Mesolithikum, die Schicht II dann ganz in das Mesolithikum; die Funde des Magdalénien und des Mesolithikum ließen sich aber nicht klar voneinander unterscheiden. Abgeschlossen wird die Sequenz durch die Schicht I mit Funden aus dem Neolithikum.

Schmuckgegenstände aus der Aurignacien-Schicht des Bocksteintörle. 1 Elfenbein-Anhänger, 2 Anhänger-Rohform aus Mammutelfenbein, 3 ringförmiger Anhänger mit tiefen Kerben aus Tonschiefer, 4, 5 Anhänger aus Tonschiefer. Die Schmuckstücke sind 2 Zentimeter groß und zwischen 35 000 und 40 000 Jahre alt.

Aurignacien am Bockstein

Am Bocksteintörle fanden sich in der Aurignacien-Schicht VII verschiedene Schmuckgegenstände, darunter zwei Anhänger aus Tonschiefer, ein ringförmiger Anhänger mit tiefen Kerben aus demselben Material, ein gebrochener Elfenbeinanhänger mit den Resten der Öse und eine Schmuck-Rohform. Diese Schmuckobjekte belegen, dass die Aurignacien-Schichten von Bocksteinhöhle und Bocksteintörle zur selben kulturellen Einheit gehören, wie die des Vogelherds und der Stadel-Höhle. Aber weder aus Mammutelfenbein geschnitzte Tierfiguren, noch kleine Flöten wurden in den Aurignacien-Schichten in der Bocksteinhöhle und am Bocksteintörle gefunden. Es ist dennoch nicht auszuschließen, dass es Figuren aus Mammutelfenbein nicht doch auch in der Bocksteinhöhle gegeben hat und dass sie vielleicht bei den frühen Grabungen im vorletzten Jahrhundert einfach nur übersehen wurden.

Trotzdem sind diese Fundstellen forschungsgeschichtlich von sehr großer Bedeutung: In der Bocksteinhöhle wurden im 19. Jahrhundert die allerersten Funde aus dem Aurignacien entdeckt. Dabei handelt es sich einerseits um die typischen Steinwerkzeuge dieser Zeit, andererseits um einige Objekte aus Mammutelfenbein, darunter eine große Geschossspitze mit gespaltener Basis, und zwei große Eckzähne von Höhlenbären, die durchlocht sind und vermutlich als Anhänger getragen wurden.

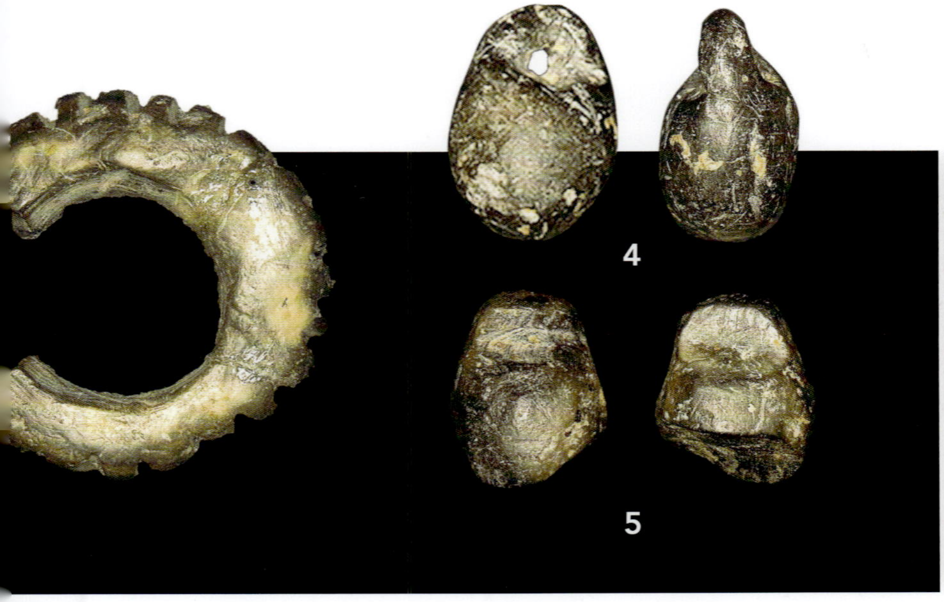

Diese beiden durchlochten Bärenzähne stammen wahrscheinlich aus der Aurignacien-Schicht der Bocksteinhöhle. Sie sind zwischen 35 000 und 40 000 Jahre alt. Länge: jeweils 9,5 Zentimeter.

Speerspitze aus Rentiergeweih aus der Aurignacien-Schicht der Bocksteinhöhle, zwischen 35 000 und 40 000 Jahre alt. Länge: 14,5 Zentimeter.

DIE ÄLTESTE

Die Höhlen im Achtal

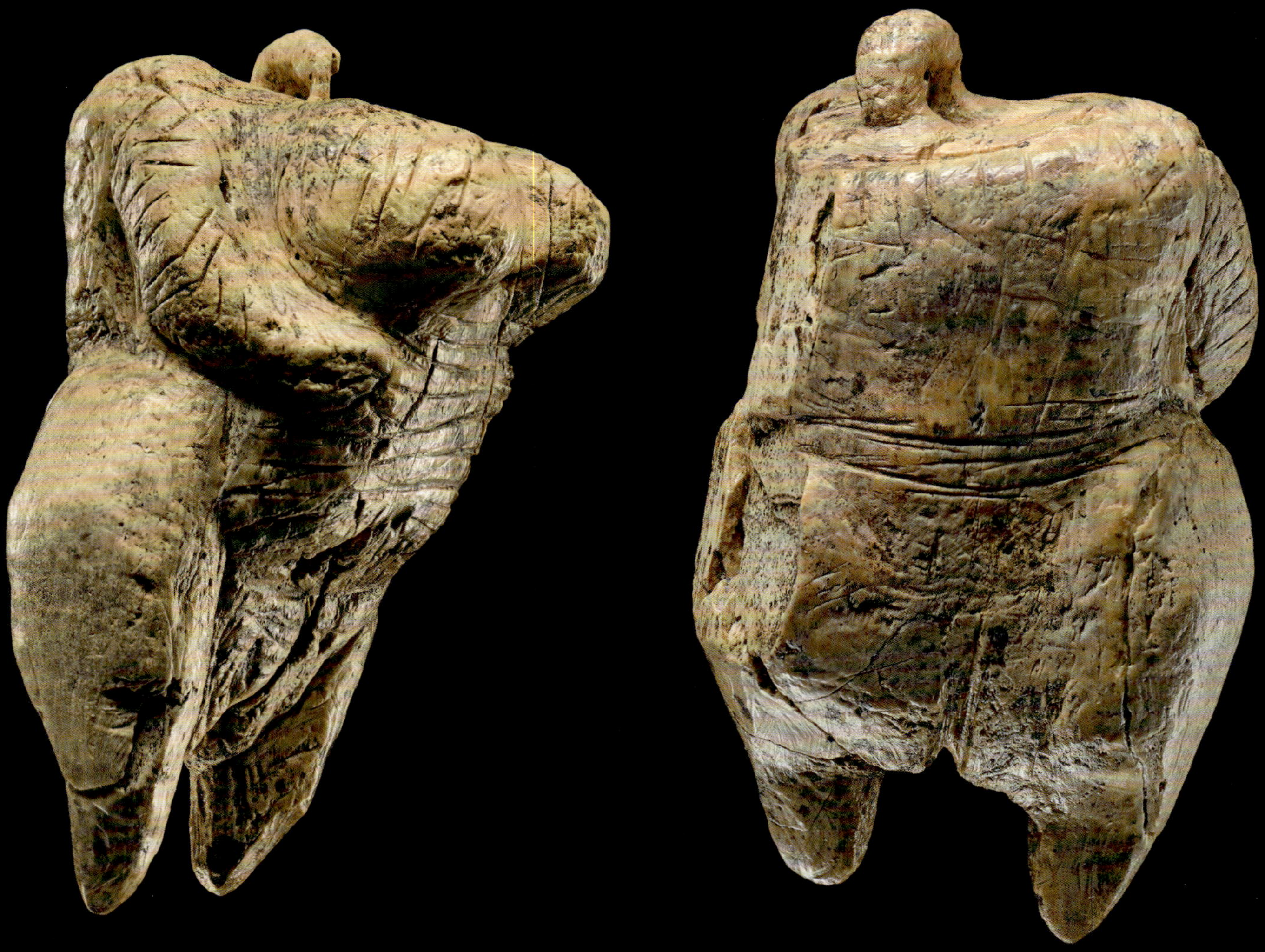

Frauenfigur

Vorangehende Doppelseite: Die Frauenfigurine vom Hohle Fels ist wahrscheinlich die älteste Menschenfigur weltweit. Entdeckt wurde sie im August 2008.

Die Ach entspringt in einem Quelltopf westlich der Stadt Schelklingen. Sie fließt in einem Tal, das vor mehr als drei Millionen Jahren durch die Ur-Donau gebildet wurde. Während der vorletzten Eiszeit, der sogenannten Riss-Eiszeit, vor mehr als 130 000 Jahren lagerten sich hier große Mengen Schotter ab. Als Folge davon suchte sich die Donau südlich ein neues Bett, in dem sie heute noch fließt, und die kleinen Flüsschen Ach und Blau nahmen das imposante Tal zwischen Schelklingen und Ulm ein. Bis Schelklingen fließt die Ach in östlicher Richtung, wendet sich dann nach Nordosten. Nach einer Strecke von nur etwa zehn Kilometern mündet sie in Blaubeuren in die Blau, die nach weiteren 22 Kilometern in die Donau übergeht.

Die Ränder des Achtals sind schroff und steil. Die umgebende Hochfläche liegt manchmal mehr als 150 Meter höher als die Talsohle. Während der letzten Eiszeit, der sogenannten Würm-Eiszeit, lag der Talgrund stellenweise sogar mehr als zehn Meter tiefer als heute. Die Hänge sind stark bewaldet. In diesen Wäldern liegen zahlreiche kleinere und größere Felsen verborgen – einige davon enthalten Höhlen, in denen sich Reste von Besiedlung aus der Steinzeit erhalten haben, darunter der Hohle Fels, der Sirgenstein, das Geißenklösterle und die Brillenhöhle.

Der Hohle Fels

Der Hohle Fels ist eine Karsthöhle am rechten Rand des Achtals, ungefähr einen Kilometer nordöstlich von Schelklingen. Anders als bei den anderen Höhlen des Ach- und des Lonetals mit steinzeitlicher Besiedlung handelt es sich beim Hohle Fels um eine große Hallenhöhle. Sie lässt sich in verschiedene Abschnitte untergliedern: Auf einen fast 30 Meter langen Eingangstunnel folgt die große Haupthalle mit einer Grundfläche von mehr als 1200 Kubikmetern bei einer Höhe von rund 30 Metern – der Hohle Fels gehört damit zu den größten Hallenhöhlen Südwestdeutschlands. Von der Haupthalle geht nach Osten und Westen jeweils ein Seitengang ab, beide über 20 Meter lang. Im Innern der Höhle herrscht das ganze Jahr über eine gleichbleibende Temperatur von etwa zehn Grad Celsius.

In der ersten Hälfte des 19. Jahrhunderts holten die Menschen aus dem Hohle Fels Knochen von Höhlenbären und Guano und nutzten beides zum Düngen. Erste wissenschaftliche Aktivitäten erfolgten in den Jahren 1871 und 1872. Der Pfarrer Theodor J. Hartmann aus Wippingen war in der Höhle auf Knochen von Höhlenbären gestoßen, woraufhin er den Stuttgarter Gelehrten Oscar Fraas verständigt hatte. Fraas hatte bereits einige Jahre zuvor in der Bärenhöhle im Lonetal Grabungen durchgeführt. Im Jahr 1866 hatte er nach Ausgrabungen an dem eiszeitlichen Rentierjägerlager nahe der Schussenquelle den Nachweis erbringen können, dass in der Eiszeit neben Tieren auch Menschen in Mitteleuropa lebten.

Nach einigen erfolglosen Versuchen legten Fraas und Hartmann einen zehn Meter langen Grabungsschnitt im rechten Seitengang der Haupthalle an – und entdeckten Tausende von Knochen, vor allem vom Höhlenbären, aber auch von anderen Tieren. Unzweifelhaft nutzten Höhlenbären die Höhle über Zehntausende von Jahren für ihren Winterschlaf, bis sie vor etwa 25 000 Jahren ausstarben, und zwar infolge einer

Der Hohle Fels bei Schelklingen im Alb-Donau-Kreis ist eine der größten Hallenhöhlen der Schwäbischen Alb mit einer Fläche von ca. 500 Quadratmetern.

Der Tübinger Prähistoriker Joachim Hahn (1942–1997), Ausgräber des Geißenklösterle und des Hohle Fels.

Kombination aus menschlicher Einwirkung und einem natürlichen Klimawechsel im Zusammenhang mit dem letzten Glazialen Maximum, das seinen Gipfelpunkt vor etwa 20 000 Jahren erreichte. Fraas und Hartmann erkannten schnell, dass einige der gefundenen Knochen Spuren von menschlicher Bearbeitung trugen. Damit konnten sie auch für diese Höhle belegen, dass nicht nur Höhlenbären, sondern auch eiszeitliche Menschen sie aufgesucht haben.

In den folgenden Jahrzehnten wurden im Hohle Fels immer wieder Ausgrabungen durchgeführt. So forschte hier 1906 der Tübinger Urgeschichtler Robert Rudolf Schmidt. Größere Untersuchungen fanden zwischen 1958 und 1960 statt: Gustav Riek, der Ausgräber des Vogelherds im Lonetal, grub zusammen mit der Schelklinger Heimatforscherin Gertraud Matschak im Eingangsbereich der Höhle und vor allem in einer Nische des Eingangstunnels, einige Meter vor dem Zugang zur Haupthalle. Unter den eiszeitlichen Funden, die sie hier verzeichnen konnten, waren zahlreiche Tierknochen und auch Steinwerkzeuge. Sie liegen im Landesmuseum Württemberg in Stuttgart, aber Riek und Matschak haben die Ergebnisse ihrer Arbeiten nie publiziert. Auch wenn allein die gefundenen Objekte zeigten, dass der Hohle Fels ein ergiebiger Fundplatz für eiszeitliche Objekte war, gab es in den darauffolgenden Jahren hier keine weiteren Forschungen.

1977 suchte der Tübinger Prähistoriker Joachim Hahn, der zu dieser Zeit im einige Kilometer entfernten Geißenklösterle grub, nach einem Platz, dessen Schichtenfolge er mit der aus dem Geißenklösterle vergleichen konnte. Als er die Funde von Matschak und Riek sichtete, wurde ihm schnell klar, welches Potenzial der Hohle Fels bot. Deshalb unternahm er 1977 bis 1979 nach modernen Standards Ausgrabungen in der Nische im Eingangstunnel und stieß auf steinzeitliche Fundschichten mit zahlreichen Steinwerkzeugen und Tierknochen. Der Vergleich mit den Funden aus dem Geißenklösterle ergab, dass im Hohle Fels zwar Schichten desselben Alters wie im Geißenklösterle vorhanden waren, diese aber trotzdem anders aussahen und andere Funde enthielten. Diese Information genügte Hahn und so stoppte er seine Untersuchungen im Hohle Fels und konzentrierte sich wieder ganz auf das Geißenklösterle.

Zerstörungswut – und die Rettung

Bei Raubgrabungen in den folgenden Jahren wurden beträchtliche Teile der Fundschichten – wohl mehr als ein Kubikmeter – durchwühlt. Sicher wurden dabei einzelne Artefakte entdeckt und aus der Höhle entfernt. Schlimmer aber war, dass wichtige Teile der Fundschichten unwiederbringlich zerstört wurden. In der Archäologie, auch in der Steinzeitarchäologie, ist neben einem Fund auch der Fundkontext bzw. -zusammenhang enorm wichtig. Ohne einen solchen können wir nicht mehr rekonstruieren, welche Tätigkeiten etwa die steinzeitlichen Menschen an einem bestimmten Platz der Höhle ausübten, wo sie also zum Beispiel arbeiteten, schliefen oder ihren Müll entsorgten. Aus solchen Erkenntnissen lassen sich Aussagen über das Verhalten der steinzeitlichen Menschen ableiten. All das ist uns nicht mehr möglich, wenn Fundobjekte ohne Dokumentation ihrer Fundzusammenhänge aus dem Erdreich entnommen werden. Höhlen wie der Hohle Fels besitzen so nurmehr den Status von Orten mit mehr oder weniger bedeutenden und wertvollen Funden, ihrer Rolle als geschichtliche Quellen sind sie aber beraubt!

Als offensichtlich war, dass im Hohle Fels immer wieder solche Raubgrabungen stattfanden, entschied sich Hahn zusammen mit der Denkmalpflege in Baden-Württemberg, die gefährdeten Bereiche durch kontrollierte Ausgrabungen vor einer weiteren Zerstörung zu dokumentieren. Hahn grub hier daher erneut in den Jahren 1987 und 1996. Aus diesen Geländearbeiten erwuchsen viele Publikationen, und sie bahnten den Weg für die gegenwärtige Phase jährlicher Ausgrabungen unter der Leitung von Nicholas Conard, die nach Hahns Tod 1997 begann und bis heute andauert.

Eingang zum Hohle Fels, rechts im Bild das Achtal.

Pferdekopf aus Mammutelfenbein vom Hohle Fels: Maul, Nüstern, Augen und ein feines Kreuzmuster sind erkennbar. Länge: 3,6 Zentimeter.

Der Hohle Fels erbrachte eine reich gegliederte Schichtenfolge: Über Fundschichten aus dem Mittelpaläolithikum folgten jeweils mehrere Horizonte des Aurignacien, des Gravettien und des Magdalénien. Mit den kleinen aus Mammutelfenbein geschnitzten Figuren und den Flöten, die in den Aurignacien-Schichten gefunden wurden, gehört der Hohle Fels heute zu den wichtigsten und berühmtesten steinzeitlichen Fundplätzen, die wir in Mitteleuropa und darüber hinaus kennen. Auch wenn die anderen Schlüsselfundplätze im Achtal mit Beispielen für figürliche Kunst auf ihre Weise einzigartig und bemerkenswert sind, haben die Forschungen der letzten beiden Jahrzehnte am Hohle Fels unsere Sicht auf das Aurignacien der Schwäbischen Alb in vielerlei Hinsicht einschneidend verändert.

Jedes Jahr ein neuer Sensationsfund

Seit man in den späten 1990er-Jahren am Hohle Fels Aurignacien-zeitliche Schichten erreicht hatte, gab es beinahe in jedem Jahr einen bedeutenden Fund zu feiern, darunter einige der bekanntesten Beispiele für Aurignacien-Kunst und die Reste von Musikinstrumenten. Der erste dieser Funde war 1999 ein Pferdekopf aus Mammutelfenbein. Die Ausgrabungen in den Jahren 2001 und 2002 erbrachten die eindrucksvolle Darstellung eines fliegenden Wasservogels, darüber hinaus eine sehr kleine Schnitzerei eines Löwenmenschen – eine viel kleinere Version des berühmten Löwenmenschen aus Wetzels Ausgrabung am Hohlenstein-Stadel 1939. Nach diesen Funden begann die Wissenschaftsgemeinde allmählich, die Mammutelfenbeinschnitzereien aus den schwäbischen Höhlen eher als typisch für die Region anzusehen denn als außergewöhnliche Ausnahmeerscheinungen oder Zufallsfunde. Man sollte sich vergegenwärtigen, dass zwischen der erstmaligen Entdeckung altsteinzeitlicher Kunstwerke am Geißenklösterle in den 1970er-Jahren und den neuen Funden aus dem Hohle Fels 25 Jahre verstrichen waren. In diesem Zeitraum, wie in der Zeit zwischen den Entdeckungen am Vogelherd und denen am Geißenklösterle, hat man solche Funde als außergewöhnliche Einzelfälle betrachtet.

In mancherlei Hinsicht sind diese Entdeckungen natürlich tatsächlich außergewöhnlich, in anderer Hinsicht aber auch nicht. In der Zeitspanne zwischen den Ausgrabungen am Vogelherd und denen am Geißenklösterle hat man in Schwaben zwar fast keine Aurignacien-Schichten ausgegraben, mit dem Hohlenstein-Stadel aber einen Fundplatz aufgetan, der den berühmten Löwenmenschen hervorbrachte. Auch in der Zeit zwischen den Grabungen am Geißenklösterle und denen am Hohle Fels wurde auf der Schwäbischen Alb keine einzige Aurignacien-Schicht ausgegraben. Es kann daher kaum überraschen, dass in diesen 25 Jahren keine neuen Beispiele für Aurignacien-Kunst zutage kamen.

Der Pferdekopf

Der Pferdekopf von 1999 ist nur ein kleiner Teil einer Darstellung, die einst wesentlich größer gewesen sein muss. Das größere und stärker verwitterte von zwei zusammengesetzten Bruchstücken, aus denen der Pferdekopf besteht, stammt aus dem Grenzbereich zwischen den Archäologischen Horizonten IId und IIe. Das zweite, weniger verwitterte Stück lag im Archäologischen Horizont III. Der erhaltene Teil der Figur ist 3,6 Zentimeter lang und im Wesentlichen entlang der Schichtung des Elfenbeins gebrochen.

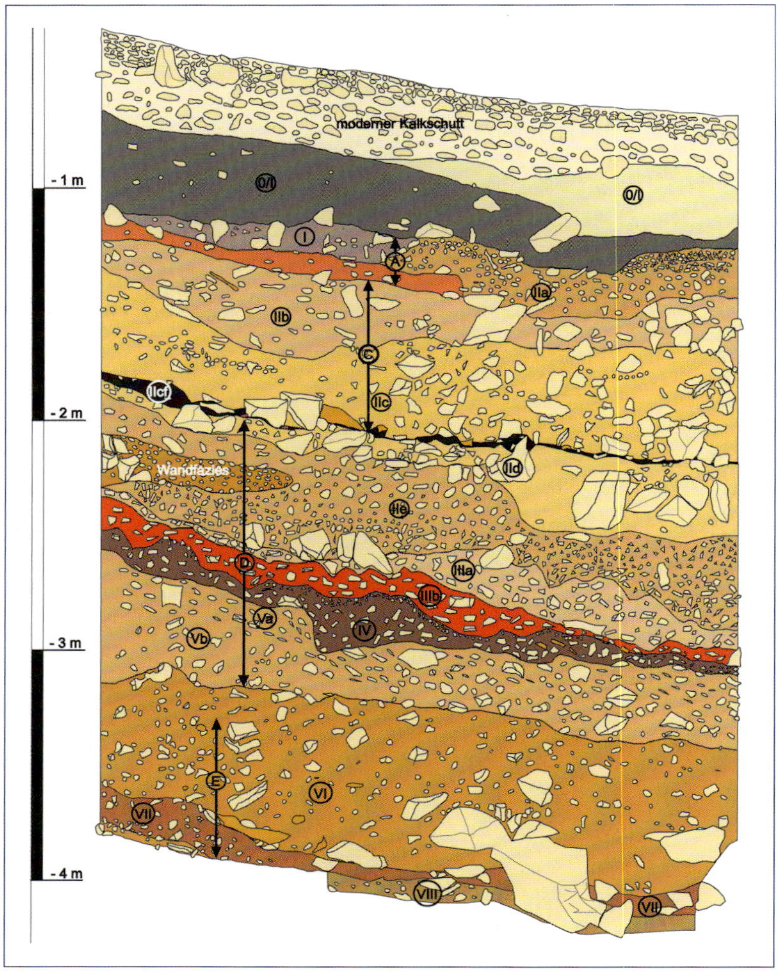

Geologisches Profil vom Hohle Fels. Das Aurignacien befindet sich in Schichtpaket D in verschiedenen Fundschichten.

Magdalénien

Gravettien

Aurignacien

keine Besiedlung

Moustérien

Wie bei zahlreichen schwäbischen Kunstwerken aus dem Aurignacien sind anatomische Merkmale in allen Einzelheiten wiedergegeben. Die Nüstern, das Maul, die Augen und vielleicht die Ohren sind am Kopf des Pferdes zu erkennen, und eine tiefe Linie betont die Kinnunterseite. Die Markierungen auf dem Pferdekopf bestehen eher aus feinen, flachen Strichen und Kreuzschraffuren als aus Kerben und tief eingeschnittenen Linien, die für die Figuren der Region insgesamt eigentlich typischer sind. Der Fundschicht nach handelt es sich um eine der jüngsten Elfenbeinfiguren, und ihr Alter liegt eher bei 35 000 als bei 40 000 Jahren.

Ente oder Gans?

Die Entdeckung des Wasservogels in den Jahren 2001 und 2002 war noch überraschender als die des Pferdekopfs. 2001 wurde zunächst nur der Körper gefunden – man erkannte sofort, dass er nicht zu einem Vierbeiner gehören konnte. Oberflächlich betrachtet, hätte man die zwei Beine der Elfenbeinfigur auch für Menschenbeine halten können, aber es fehlten eindeutige Merkmale. Der Vorschlag, es handle sich um einen Vogel, wurde von der Fachwelt weitgehend abgelehnt, wohl zum Teil wegen der damals weithin akzeptierten Hypothese Hahns von „Kraft und Aggression“, nach der

Tiere wie Mammute und Löwen die beherrschenden Themen der Elfenbeinschnitzerei im Aurignacien waren. Ein Greifvogel mit seiner Schnelligkeit und seinem aggressiven Verhalten hätte dabei recht gut zu Hahns Hypothese gepasst. Auch die kräftigen, stämmigen Beine hätten die eines Greifvogels sein können. Als dann im folgenden Jahr der Kopf mit dem Hals der Figur gefunden und an den Körper angesetzt wurde, war der Fund wesentlich leichter zu deuten.

Die Figur ist insgesamt 4,7 Zentimeter lang; der Aufbau wirkt graziler und gestreckter als bei den meisten schwäbischen Figuren. Es handelt sich eindeutig

Der Wasservogel vom Hohle Fels ist die älteste bekannte Darstellung eines Vogels. Vor der Entdeckung des Wasservogels 2001/2002 dachten Forscher, dass schnelle, kräftige Tiere im Fokus der Aurignacien-Kunst standen – der Vogel widerlegte diese Annahme. Der Fund hat keine geometrischen Markierungen, dafür sind Federn deutlich erkennbar abgebildet. Unten: die Unterseite der Figur. Länge: 4,7 Zentimeter.

um die Darstellung eines fliegenden Wasservogels, vielleicht einer Ente oder Gans, oder, nach der kegelförmigen, spitzen Form des Schnabels zu urteilen, um eine andere Wasservogelart. Der Hals ist nicht so lang, wie man es bei einem Schwan oder einer Gans erwarten würde; das Rohmaterial Elfenbein ist nicht optimal für das Schnitzen langer filigraner Fortsätze, sodass der Grund für die Verkürzung auch hierin liegen könnte. Das erklärt auch, warum der Vogel nicht mit ausgebreiteten Flügeln wiedergegeben ist. Stattdessen scheint er im Begriff zu sein, ins Wasser einzutauchen. Der Rücken des Vogels weist zahlreiche feine und leicht gebogene Linien auf, die Federn darzustellen scheinen. Die Schwanzfedern reichen über den Körper hinaus, wie man es erwarten würde.

Viele Forscher sahen einen Zusammenhang mit Schamanismus, denn in vielen Kulturen werden Wasservögel mit den mentalen Reisen der Schamanen ins Jenseits assoziiert, wo diese versuchen, sich mit den Problemen und Zuständen der realen Welt zu befassen. Wasservögel seien ihre Hilfsgeister, sagen sie, da sie wie Geister flögen und durch die Wasseroberfläche in die Unterwasserwelt eintauchten, wie sie selbst das Diesseits ins Jenseits verlassen. Solche Ansätze der Interpretation altsteinzeitlicher Kunst werden lebhaft diskutiert und zu Recht auch kritisiert, denn ihnen liegen ethnografische Beobachtungen der letzten Jahrhunderte zugrunde, die nicht unreflektiert auf die Gedankenwelt vor 40 000 Jahren übertragen werden sollten. Nichtsdestoweniger sind solche Ansätze, zu deren Verfechtern Fachleute wie David Lewis-Williams zählen, höchst einflussreich und nicht weniger plausibel als andere Deutungen der Kunstwerke aus dem Aurignacien.

Durch die Entdeckung des kleinen Löwenmenschen 2002 im Hohle Fels wurde klar, dass das berühmte Mischwesen aus dem Lonetal kein isoliertes Phänomen war. Diese Figuren geben uns einen Einblick in die Glaubenswelt der Menschen des Aurignacien. Häufig werden sie als Hinweis auf Schamanismus gedeutet. Länge: 2,6 Zentimeter.

Der Mini-Löwenmensch

Die andere Entdeckung am Hohle Fels, die die Diskussion zum Schamanismus beflügelt hat, war der sogenannte Mini-Löwenmensch. Dieses 2002 gefundene, 2,6 Zentimeter lange geschnitzte Elfenbeinstück wirkt auf den ersten Blick unbedeutend, aber bei genauerer Betrachtung erkennt man, dass es sich eindeutig um einen Teil eines Tier-Mensch-Mischwesens handelt, mit ähnlichen Merkmalen wie bei der berühmten Darstellung aus dem Hohlenstein-Stadel, wenngleich die kleinere Figur deutlich weniger detailliert ausgearbeitet ist. Der Oberkörper wirkt langgestreckt, die Körperhaltung aufrecht und starr, auch durch die ausgeprägten Schultern. Es wurde vermutet, dass der Löwenmensch in einem Trancezustand dargestellt ist.

Der Kopf ist nicht vollständig erhalten, ein Ohr sowie vielleicht ein Auge und die Schnauze sind angedeutet. Beine und Arme sind kurz und spitz – es ging dem Künstler also nicht darum, eine dynamische Bewegung ins Bild zu setzen. Eine einzelne tief und senkrecht in den Arm eingeschnittene Linie steht der Reihe aus waagerechten Markierungen auf den Armen des Löwenmenschen aus dem Stadel entgegen.

Als die zahllosen Bruchstücke bearbeiteten Elfenbeins aus dem Hohle Fels erneut untersucht wurden, wurde ein zweiter Teil des kleinen Löwenmenschen gefunden, wahrscheinlich die rechte Schulter mit dem zugehörigen Arm. Es gibt jedoch keine direkte Passstelle zwischen Fragment und Hauptstück, aber es besteht die Hoffnung, irgendwann das fehlende Stück zu finden, das die beiden Teile miteinander verbinden würde.

Trotz seiner geringen Größe und seines schematischen Aufbaus spielt der Mini-Löwenmensch aus dem Hohle Fels eine bedeutende Rolle in der Erforschung der Aurignacien-Kunst von der Schwäbischen Alb. Er beweist, dass der Löwenmensch aus dem Stadel kein absoluter Ausnahmefund ohne Bezug zu anderen Fundplätzen ist; angesichts der Entdeckung vom Hohle Fels waren viele Fachleute eher bereit, das Tier-Mensch-Mischwesen aus dem Geißenklösterle als dritten Löwenmenschen zu akzeptieren.

Eine „Venus" mit Kultstatus

Nach der Entdeckung des Pferds, des Wasservogels und des Löwenmenschen am Hohle Fels fand man auch in den folgenden Grabungskampagnen Figuren bzw. immerhin Bruchstücke von Figuren. So auch im Sommer 2008, als man mit der sogenannten Venus vom Hohle Fels einen der spektakulärsten Albfunde verzeichnen konnte – die Venus genießt mittlerweile einen gewissen Kultstatus. Die Ausgräber fanden die kopflose Figur in neun Bruchstücken innerhalb einer Fläche von nur etwa 20 × 20 Zentimetern. Die linke Seite mit dem linkem Arm und der zugehörigen Schulter sind leider verloren. Mit einer Länge von 6,6 Zentimetern passt die Figur leicht in eine Handinnenfläche.

Die Venus vom Hohle Fels trägt auf dem ganzen Körper Linien und Markierungen, die verschiedene Deutungen ermöglichen. Die Figur steht am Anfang einer Tradition in der Altsteinzeit, in der Frauen ein Hauptmotiv in der Kunst sind. Dass die Figurine weder Kopf noch Gesicht besitzt, lässt vermuten, dass es hier nicht um ein Individuum ging, sondern um ein Symbol für Fruchtbarkeit und Fortpflanzung. Wie Schmuck konnte die Figur an einer Schnur getragen werden.

Statt eines Kopfes sitzt auf den Schultern ein Ring, an dem man die Figur aufhängen konnte. Zwar sind einige der Figuren vom Vogelherd durchlocht und könnten somit als Schmuck getragen worden sein, aber an keinem der bislang bekannten Stücke gab es einen hervorstehenden Ring zum Aufhängen, vergleichbar dem der Frauenfigur. Wahrscheinlich wurde dieser Gegenstand regelmäßig getragen oder irgendwo angehängt, damit man ihn betrachten und vielleicht anfassen konnte.

Die Dame ist aber noch in weiterer Hinsicht eine Besonderheit, denn sie bescherte der Fachwelt wie der Öffentlichkeit eine kleine Revolution in der Kunstgeschichte und veränderte unser Bild vom europäischen Jungpaläolithikum. Bisher hatte man angenommen, Frauenfiguren wie die berühmte „Venus von Willendorf", die genau hundert Jahre zuvor gefunden worden war, seien charakteristisch für das Gravettien, das oft grob zwischen etwa 30 000 und 25 000 Jahren vor heute datiert wird (aus West-, Mittel- und Osteuropa sind

Fast auf den Tag genau 100 Jahre vor der Frauenfigurine vom Hohle Fels wurde die Venus von Willendorf bei Wien entdeckt. Sie stammt aus dem Gravettien und datiert ca. 15 000 Jahre jünger als die Venus vom Hohle Fels.

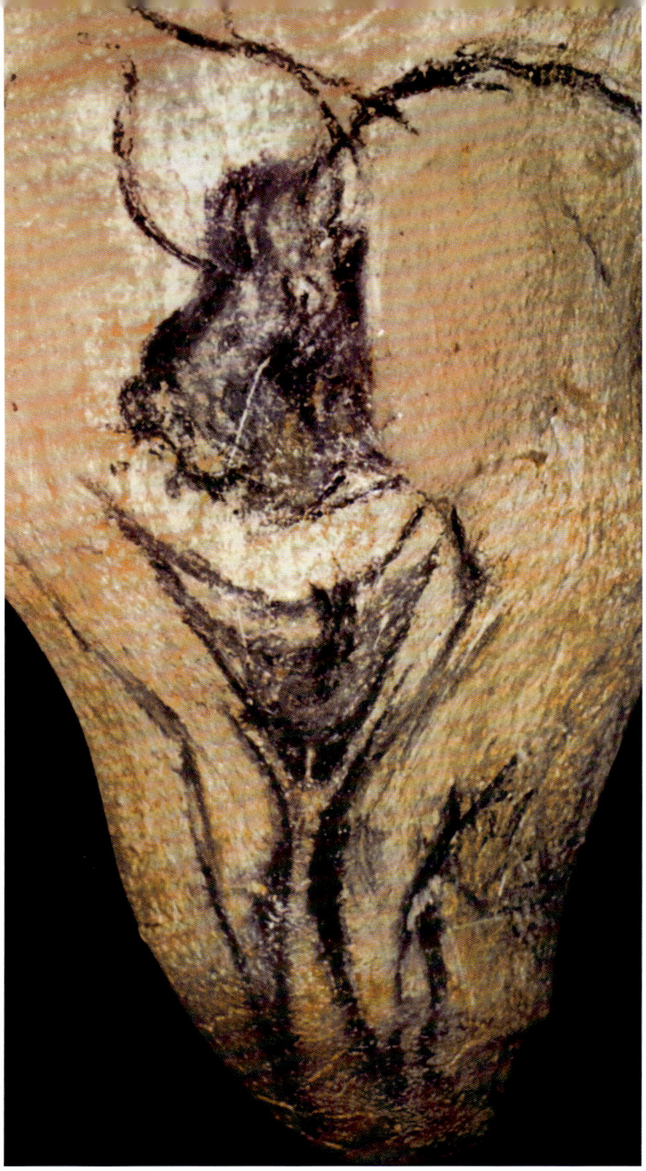

In der Grotte Chauvet findet sich diese spannende Darstellung, die Bauch, Unterleib und Beine einer Frau zusammen mit dem Kopf eines Bisons zeigt. Die Darstellung vermittelt einen Eindruck von der erstaunlichen Motivvielfalt der Eiszeitkunst.

mehrere solche Exemplare bekannt), also mehrere tausend Jahre später als die Venus vom Hohle Fels. Wie bei dieser sind auch bei den Gravettien-Figuren Hände und Finger sorgfältig und die Geschlechtsmerkmale deutlich herausgearbeitet, aus Stein oder Elfenbein geschnitzt oder aus Ton geformt. Inwieweit die Weltanschauungen der Kulturgruppen des Jungpaläolithikums hinter diesen verschiedenen Arten von Frauenfiguren etwas gemeinsam haben oder sich unterscheiden, können wir vor dem Hintergrund, dass so viele tausend Jahre zwischen ihnen liegen, nicht sagen. In der Fachwelt gilt es aber als gesichert, dass schon von Beginn der figürlichen altsteinzeitlichen Kunst an Frauen mit deutlich betonten Geschlechts- und Fortpflanzungsmerkmalen ein wichtiges Element im Bildkanon darstellten.

Die vielleicht zweitbekannteste Frauendarstellung aus dem Aurignacien stammt aus der Grotte Chauvet im Ardèche-Tal: eine monochrom schwarze, etwas schematische Malerei, bestehend aus Oberkörper, Schamdreieck und Beinen. Allerdings sitzt auf diesem Frauenkörper der Kopf eines Bisons. Ein weiteres bekanntes Beispiel ist eine 7,2 Zentimeter lange, aus graugrünem Amphibolitschiefer geschnitzte Skulptur aus Stratzing in der österreichischen Wachau, die als tanzende Frau gedeutet wurde. Beide Darstellungen sind etwa 35 000 Jahre alt und damit mehrere tausend Jahre jünger als die Venus vom Hohle Fels.

Traditionell werden die Frauenfiguren aus dem Gravettien als Symbole für Fruchtbarkeit und Üppigkeit angesehen. In der langen und komplexen Forschungsgeschichte gibt es aber zahlreiche miteinander konkurrierende Deutungen.

Den genauen Fundkontext der Frauenfigur vom Hohle Fels sollte man sich noch einmal vergegenwärtigen: Sie wurde in Stücken über eine kleine Fläche verteilt unten in den Aurignacien-Schichten der Fundstelle gefunden. Wie in den meisten wichtigen Höhlenfundstellen der Schwäbischen Alb ist auch beim Hohle Fels anzunehmen, dass Funde bewegt bzw. umgelagert wurden – etwa dadurch, dass Höhlenbären sich Schlafnester gruben, dass Menschen hier aktiv waren, oder einfach nur dadurch, dass sich Sedimente mitsamt den Artefakten hangabwärts bewegten. Jedenfalls ist ein gewisses Maß an Vermischungen zu erwarten. So überrascht es nicht, dass Radiokohlenstoffdaten von nah beieinanderliegenden Knochen nicht immer in dieselbe Altersspanne fallen. Dennoch: Die meisten datierten

Die aus Stein geschnittene Menschendarstellung aus Stratzing wurde von ihrer Ausgräberin als tanzende Frau interpretiert, obwohl die sonst üblichen weiblichen Geschlechtsmerkmale nicht eindeutig zum Ausdruck kommen. Die Figur stammt gleichfalls aus dem Aurignacien.

Knochen aus der Umgebung der Frauenfigur stammen aus einer Zeit um 40 000 Jahre vor heute. Diese Altersangabe fällt in die Spanne der Daten für die unteren Aurignacien-Schichten am Geißenklösterle.

Auch die Annahme, dass der moderne Mensch schon bald nach seiner Ankunft im Achtal den Hohle Fels für sich entdeckt hat, der ja von außen gut sichtbar und leicht zugänglich war, stützt eine Datierung der Figur um 40 000 Jahre vor heute. Gemäß ihrer Lage im Archäologischen Horizont Vb (untere Aurignacien-Schicht) könnte es sich bei der Frauendarstellung um die älteste von allen in den schwäbischen Höhlen gefundenen Figuren und damit vielleicht das älteste weltweit bekannte figürliche Kunstwerk handeln!

Die Kunstgeschichte neu schreiben?

Zweifellos hat die Venus vom Hohle Fels unsere Sicht auf die altsteinzeitliche Kunst verändert. Zuvor hatte man gedacht, die Menschen hätten vor allem Großsäuger der sie umgebenden Eiszeitlandschaft dargestellt, wie Mammute, Löwen, Pferde, Bären und Bisons. Riek, Hahn und Generationen weiterer Forscher, die die Aurignacien-Kunst gedeutet hatten, hatten als Themen Jagd, Magie und Schamanismus, Achtung und Furcht vor der Kraft und Aggression der Tiere angenommen oder in ihnen Identifikationsobjekte einzelner Gesellschaften oder Klans gesehen. An diesen und vielen anderen Vorstellungen hielt man über Jahrzehnte fest, aber mit Fortschreiten unserer Arbeiten sowie mehr und mehr Funden wird zunehmend klar, dass es für die Darstellungen eine enorme Variationsbreite gibt – von Igel und Fisch am Vogelherd bis hin zu Wasservogel, Löwenmenschen und Frauenfigur am Hohle Fels – und dass diese vielen Varianten nicht mit einer einzigen Deutung plausibel erklärt werden können.

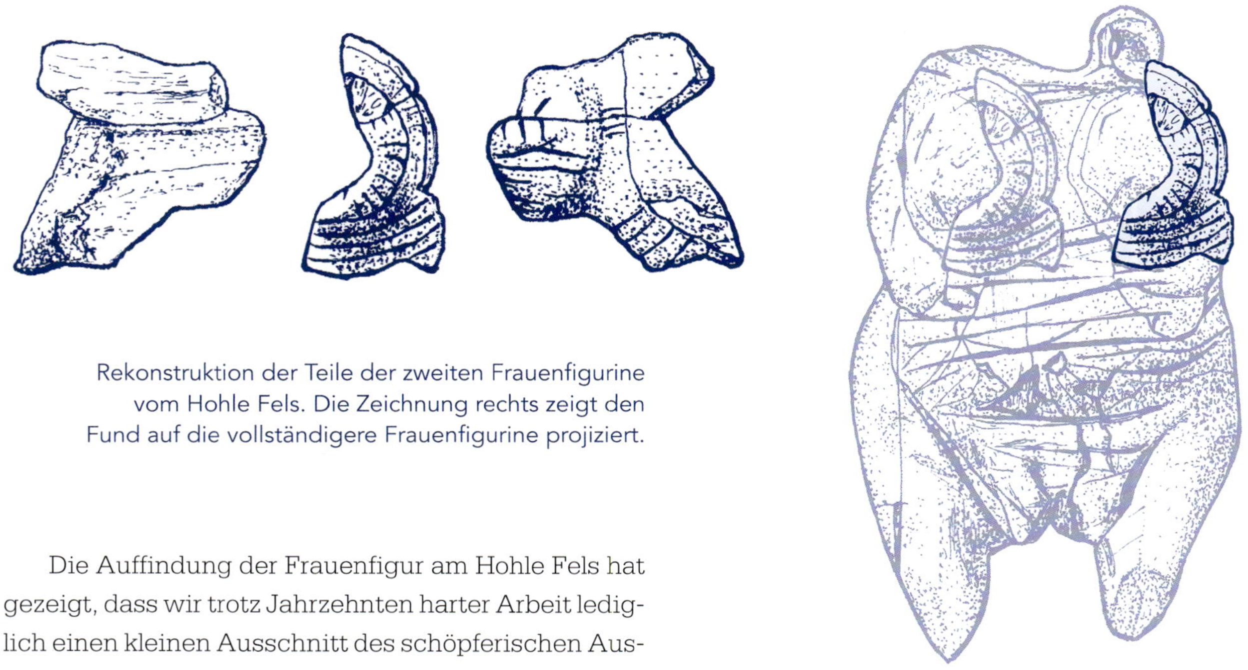

Rekonstruktion der Teile der zweiten Frauenfigurine vom Hohle Fels. Die Zeichnung rechts zeigt den Fund auf die vollständigere Frauenfigurine projiziert.

Die Auffindung der Frauenfigur am Hohle Fels hat gezeigt, dass wir trotz Jahrzehnten harter Arbeit lediglich einen kleinen Ausschnitt des schöpferischen Ausdrucks der Aurignacien-zeitlichen Bewohner des Ach- und des Lonetals kennen. In der figürlichen Kunst gab es bis dahin schon eine große Vielfalt, jetzt wusste man, dass es auch Frauendarstellungen gab, und wir haben allen Grund zu der Annahme, dass diese Frauendarstellungen direkt oder indirekt menschliche Fruchtbarkeit und in allgemeineren Begriffen vielleicht Überfluss symbolisieren sollten.

Eine weitere Überraschung hielt die Grabungskampagne 2014 bereit: zwei verwitterte, zusammenpassende Stücke bearbeiteten Elfenbeins, nahezu sicher von einer zweiten Frauenfigur – ein Teil einer großen weiblichen Brust und ein Teil des Bauches. Auch diese Stücke stammen aus dem untersten Bereich der Schichtfolge (AH Va). Wenn wir davon ausgehen, dass die Proportionen dieser Darstellung denen der „Venus vom Hohle Fels" vergleichbar sind, dann müssen wir annehmen, dass sie etwa eineinhalb Mal größer war als jene. Wie bei der zuerst gefundenen Frauenfigur sind auch hier Reihen von Linien tief eingeschnitten, die in mancherlei Hinsicht konzeptionell den linienförmigen Markierungen auf einigen Tierfiguren ähneln.

Trotz der bruchstückhaften Erhaltung entfaltet der Fund eine gewisse Schönheit. Dieser Eindruck verstärkt sich dadurch, dass die Figur ein paar Annahmen zu belegen scheint: Erstens, dass Frauenfiguren im schwäbischen Aurignacien in größerer Anzahl existiert haben müssen als bisher gedacht. Und zweitens, dass die Art der Darstellung geschlechtstypischer Merkmale gewissen Grundregeln folgte. Man könnte in gleicher Weise darüber spekulieren, ob der Hohle Fels als einzige Fundstelle, die bisher Frauenfiguren geliefert hat, hinsichtlich dieser Kategorie Aurignacien-zeitlicher Darstellungen einen besonderen Status innehatte. Insbesondere erscheint es ungewöhnlich, dass ausgerechnet beim Vogelherd, wo Dutzende von Kunstwerken gefunden wurden, keine Frauenfiguren belegt sind. Der Vogelherd ist der einzige vollständig ausgegrabene Fundplatz – wir können also einigermaßen sicher sein, dass wir mehr oder weniger den Gesamtbestand an symbolischen Artefakten gefunden haben, auch wenn viele der Stücke so fragmentarisch erhalten sind, dass man sie nicht einer bestimmten Form oder einem bestimmten Lebewesen zuordnen kann.

Diese Dynamik bzw. die scheinbare Zufälligkeit der Entdeckungen spiegelt sich auch darin wider, dass von den vier Schlüsselfundstellen tatsächlich nur der Vogelherd keinen Löwenmenschen geliefert hat. Wenn auch die anderen Fundstellen in einigen Jahrzehnten hinreichend dokumentiert sind, werden solche Aspekte fundplatzspezifischer „Signaturen" vielleicht in einem klareren Licht erscheinen.

Die zweite Frauenfigurine aus dem Hohle Fels besteht aus zwei bearbeiteten Elfenbeinfragmenten. Erkennbar sind ein Teil von einer Brust, dem Oberkörper und den Fingerspitzen wahrscheinlich der linken Hand einer Frau. Die Fragmente stammen von einer Frauendarstellung, die deutlich größer war als die bekannte Venus vom Hohle Fels.

Steinzeitklänge

Im selben Jahr, in dem die erste Frauenfigur gefunden wurde – 2008 –, kamen im Hohle Fels auch das vollständigste Exemplar einer Aurignacien-zeitlichen Knochenflöte, gefertigt aus einem Flügelknochen eines Gänsegeiers, sowie zwei kleine Fragmente von Elfenbeinflöten zutage.

Die 12 Bruchstücke der berühmten Knochenflöte, „Hohle Fels Flöte 1", fanden sich im unteren Bereich der Aurignacien-Schichten, im Archäologischen Horizont Vb, nur 70 Zentimeter von der Stelle entfernt, an der wenige Wochen zuvor die Frauenfigur entdeckt worden war – die Grabungsmannschaft suchte hier gerade gezielt nach der fehlenden linken Seite, linkem Arm und linker Schulter der Figur. Zusammengesetzt ist die Flöte 21,8 Zentimeter lang. Sie ist damit die längste der in den schwäbischen Höhlen entdeckten Flöten. Ihr eines Ende ist durch einen abgerundeten asymmetrischen Schnitt von etwa einem Zentimeter Tiefe gabelförmig zugerichtet. Das andere Ende ist in der Mitte eines Grifflоches gebrochen. Insgesamt sind fünf sorgfältig eingearbeitete Grifflöcher erhalten. Wie bei der Flöte vom Geißenklösterle wurden sie auch hier mit einem scharfen Steinartefakt herausgeschnitten bzw. -geschabt und nicht gebohrt. Das hatte seinen Grund: So ließen sich schärfere Kanten herstellen und die Luftsäule, die der Flötenspieler ohne Mundstück in das Instrument blies, ließ sich so besser verkürzen, was musikalisch viele Möglichkeiten eröffnete.

Allgemein kann man sagen, dass im Wesentlichen der Durchmesser einer Flöte festlegt, ob die erzielte Tonlage eine niedrige oder aber eine hohe ist: Je größer der Durchmesser, desto tiefer die Töne. Mit einer Flöte aus einer Schwanenspeiche ließ sich also ein höherer Ton erzeugen als mit einer Flöte aus einer Gänsegeierspeiche. Während Flöten aus Vogelknochen in ihrer Größe und damit auch in der Tonlage festgelegt sind, nämlich durch die Maße des jeweiligen Knochens selbst, kann eine Flöte aus Elfenbein je nach Bedarf zugerichtet werden: Derjenige, der die Flöte fertigt, kann darüber entscheiden, welche Töne er spielen möchte, und die Größe danach festlegen.

Wie auf den gut erhaltenen Fragmenten von Flöten aus Schwanenknochen sind auf der im Hohle Fels gefundenen Gänsegeierflöte feine Markierungen in der Oberfläche mit den Grifflöchern zu sehen. Wahrscheinlich brachte sie der Hersteller der Flöte in die Oberfläche ein, um die idealen Stellen für die Grifflöcher zu markieren. Sie könnten aber auch dem Flötenspieler als eine Art Notation gedient haben.

Die im Hohle Fels gefundenen kleinen Bruchstücke von Flöten aus Mammutelfenbein verraten uns wenig über die Größen und jeweiligen Feinheiten der einzelnen Flöten, wie die Anzahl ihrer Grifflöcher. An der konkaven Form der Fragmente und den längs gerichteten Bearbeitungsspuren vom Ausschneiden des Hohlraums erkennen wir, dass es sich mit Sicherheit um Bestandteile von Flöten handelt. Auch diese Funde stammen aus dem unteren Aurignacien-Bereich. Die Menschen des frühen Aurignacien kannten also verschiedene Flötenausführungen.

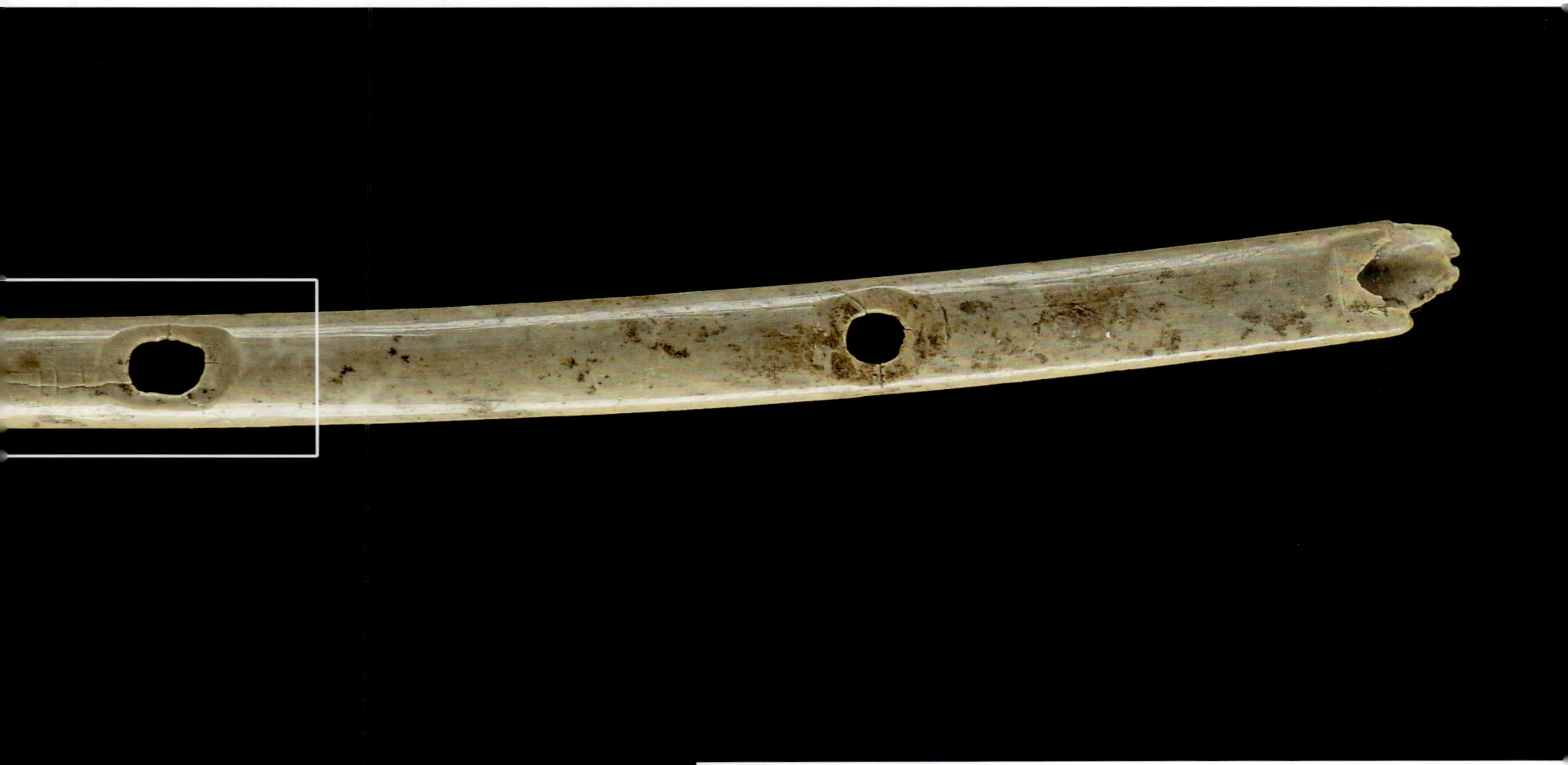

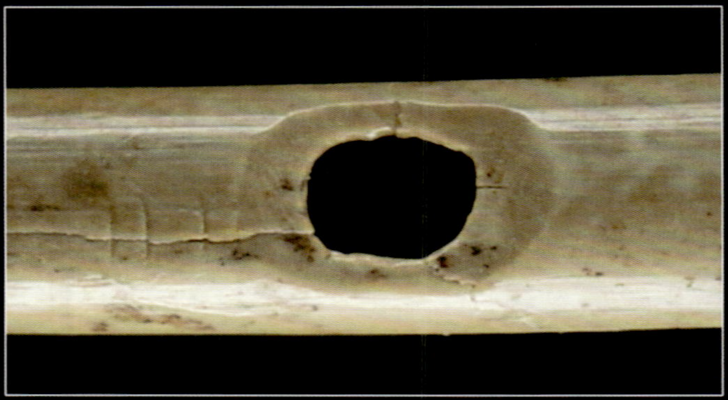

Die Hohle Fels Flöte 1, geschnitzt aus dem Flügelknochen eines Gänsegeiers, ist die besterhaltene Flöte aus dem Aurignacien. Länge: 21,8 Zentimeter. Erkennbar sind vier vollständige und ein abgebrochenes Griffloch. Im Bild links sieht man das gabelförmige Blasloch. Die Nahaufnahme zeigt einige feine Markierungen, die vielleicht zur Herstellung der Flöte gedient haben. Die Grifflöcher wurden fein herausgeschnitten und nicht durchgebohrt.

EXTRA | Experimentelle Archäologie

Wie wurden die gefundenen Objekte hergestellt? Wie benutzt? Wurden je nach Zeitabschnitt in der Ur- und Frühgeschichte unterschiedliche Arbeitstechniken angewendet? Ein eigener Zweig der Archäologie beschäftigt sich mit genau diesen Fragen: die sogenannte experimentelle Archäologie. Man baut archäologisch belegte Bauwerke oder Artefakte nach oder rekonstruiert sie, zumeist mit Werkzeugen, die ebenfalls an archäologischen Fundstellen nachgewiesen wurden. Manche dieser Experimente helfen, die archäologisch nachgewiesenen Funde und Befunde zu interpretieren. Durch die Rekonstruktion archäologisch nachgewiesener Befunde können manchmal auch die Entstehung einer vorgeschichtlichen Fundstelle und die Bedingungen ihrer Erhaltung geklärt werden.

Bereits in der NS-Zeit bediente man sich der Methoden der experimentellen Archäologie – allerdings oft nicht primär mit dem Ziel, wissenschaftliche Fragen beantworten zu können, sondern um die NS-Ideologie mit Befunden zu untermauern. Der norwegische Forscher Thor Heyerdahl dürfte unter den Experimental-Archäologen der Nachkriegszeit einer der bekanntesten gewesen sein. 1947 befuhr er mit einem Floß aus Balsa-Holz – der „Kon-Tiki" – von Callao in Peru aus den Pazifik. Er wollte nachweisen, dass die polynesischen Inseln von Südamerika aus besiedelt worden sein könnten. Mit den Schilfbooten Ra I und Ra II versuchte er 1969 und 1970, von Afrika aus über den Atlantik nach Südamerika zu gelangen – womit er zeigen wollte, dass Völker aus dem Norden Afrikas durchaus imstande gewesen sein könnten, mit Booten in Mittel- oder Südamerika zu landen.

Auch bei Lejre nahe Roskilde auf der Insel Seeland westlich von Kopenhagen in Dänemark finden wir ein hoch interessantes Beispiel für experimentelle Archäologie: Mehrere Dörfer bzw. Siedlungen aus verschiedenen Epochen der Vorgeschichte wurden hier rekonstruiert – darunter ein steinzeitlicher Lagerplatz, ein neolithischer Dolmen (ein aus großen Steinblöcken errichtetes Bauwerk, das oft als Grabstätte genutzt wurde), ein Dorf der Eisenzeit, eine Wikinger-Siedlung und ein Bauernhof des 19. Jahrhunderts.

In Forchtenberg im Hohenlohe-Kreis untersuchen Archäologen unter anderem von der Denkmalpflege in Baden-Württemberg in einem interdisziplinär angelegten Projekt die Bedingungen und Prozesse beim vorgeschichtlichen Feldbau: Landnutzung und Getreidebau, wie paläoökologische Untersuchungen sie für die Feuchtbodensiedlungen des Alpenvorlands als wahrscheinlich erwiesen haben.

Steinzeit-Archäologen greifen gern auf die Methoden der experimentellen Archäologie zurück. Seit Jahrzehnten versuchen sie, die Techniken bei der Herstellung von Steinwerkzeugen zu rekonstruieren: einerseits die Technologie, wie etwa die Levallois-Methode, andererseits die Fertigung der Werkzeuge selbst, wie der Faustkeile oder Speerspitzen. Was man bei den Versuchen herausfindet, erklärt zum Teil die bei bestimmten Steinwerkzeugen festgestellten Merkmale und die Prozesse bei ihrer Fertigung.

Mit den experimentell hergestellten Steinwerkzeugen wird wiederum experimentiert: Man testet Funktionsweisen und Nutzungsmöglichkeiten – oder das steinzeitliche Vorgehen bei der Herstellung wieder anderer Objekte. So hat der Experimental-Archäologe Wulf Hein versucht, mit steinzeitlichen Gerätschaften wie Kratzern und Sticheln aus Feuerstein einzelne Figuren aus den Aurignacien-Schichten der Schwäbischen Höhlen nachzubilden, darunter den Löwenmenschen, aber auch die Venus vom Hohle Fels, die kleine Mammutfigur und das Pferdchen aus dem Vogelherd. Für den Nachbau der im Geißenklösterle gefundenen Flöte hat er Schwanenknochen mit Feuersteinklingen bearbeitet. Die Versuche zeigen etwa, wie viele Stunden man für die Herstellung der Statuetten brauchte: Die Figuren können also nicht eben beiläufig geschnitzt worden sein!

Der Experimentalarchäologe Rudolf Walter spielt auf dem Nachbau einer Aurignacien-zeitlichen Flöte. Während man eine Flöte aus Vogelknochen in der kurzen Zeit von ca. 1–2 Stunden herstellen konnte, benötigte man für eine Flöte aus Elfenbein um die 100 Stunden.

Eingang zum Sirgenstein. Der Sirgenstein wurde 1906 ausgegraben und ist einer der bedeutendsten Fundplätze in Deutschland für die Hinterlassenschaften von Neandertaler und modernem Menschen. Neben zahlreichen Werkzeugen dokumentierte der Ausgräber Robert Rudolf Schmidt die Existenz von mehreren Feuerstellen am Eingang.

Wissen vs. Spekulation

Die drei Flöten aus dem Hohle Fels erweitern unseren Bestand an Musikinstrumenten aus dem Geißenklösterle und dem Vogelherd und damit die Bandbreite an Blasinstrumenten des schwäbischen Aurignacien. Da die Ausgrabungen an drei Fundstellen Flöten geliefert haben, haben wir allen Grund zu der Annahme, dass Musik eine wichtige Rolle im Leben der Aurignacien-zeitlichen Menschen spielte. So wie Kunst weltweit in allen Kulturen vorhanden ist, haben alle bekannten heutigen Kulturen Musik als eine Form schöpferischen Ausdrucks sowie eine Form symbolischer Kommunikation, die Gesellschaftsstrukturen und soziale Wechselbeziehungen verstärkt. Vergleichbares kulturelles Verhalten war wahrscheinlich vor etwa 40 000 Jahren in den oberen Abschnitten des Donautals geläufig. Es ist wohl kein Zufall, dass wir Flöten in Höhlen mit fabelhafter Akustik finden, wie im Hohle Fels. Schon die Geräusche tropfenden Wassers werden durch die gesamte Höhle getragen und sind über große Entfernungen deutlich wahrzunehmen. Wurde im Hohle Fels eine Flöte gespielt, war dies zweifellos in der gesamten Höhle deutlich zu hören – man kann sich leicht vorstellen, dass Musik ein wichtiger Teil des gesellschaftlichen Lebens war. Stellt man sich dazu noch ein effektvolles Spiel von Licht und Schatten bei Feuerstellen vor, was in großen Höhlen wie dem Hohle Fels sicher eine einzigartige Atmosphäre erzeugte, dann kann man sich gut denken, wie sich die Menschen hier gegenseitig Geschichten erzählten, wie sie sangen, tanzten und Schattenspiele veranstalteten. Man sollte die schwäbischen Höhlen noch umfassender fundplatzspezifisch und kontextbezogen untersuchen, als Plätze, an denen bei Darbietungen und vielleicht bei Ritualen vielfältige Mittel eingesetzt wurden. Natürlich müssen wir stets zwischen dem, was Archäologen wissen und beweisen können, und auf Vermutungen aufbauenden Spekulationen unterscheiden.

Zugleich dürfen wir – das kann man sich nicht oft genug vergegenwärtigen – nicht übersehen, dass die Funde, auf deren Grundlage wir heute die steinzeitliche Gesellschaft beurteilen und Verhaltensweisen ableiten, nur ein kleiner Teil dessen sind, was die damaligen Menschen tatsächlich besaßen. Unsere Sicht der Vergangenheit wird nahezu ausschließlich durch die Artefakte aus Stein, Knochen, Geweih und Elfenbein bestimmt. Botanisches Material erhält sich nur unter ganz bestimmten Bedingungen, wie sie in den schwäbischen Höhlen leider nicht gegeben sind. Und so fehlen uns Funde aus Holz, Pflanzenfasern, Textilien, Fell, Federn oder anderen vergänglichen Materialien, mit denen die Menschen des Aurignacien wahrscheinlich auch viel arbeiteten. Wir laufen somit Gefahr, die tatsächlichen Fähigkeiten unserer altsteinzeitlichen Vorfahren eher zu unterschätzen.

Der Sirgenstein

Die Sirgensteinhöhle liegt etwa 1,5 Kilometer nordöstlich von Schelklingen – und damit auf halber Strecke zwischen Hohle Fels und Geißenklösterle – am linken Rand des Achtals, ungefähr 35 Meter über der Talsohle. Ihr Eingang im Felsen eines steilen Kalksteinhangs ist über 5 Meter breit und öffnet sich nach Südwesten. Dahinter liegt eine Art Tunnel, der nach rund 12 Metern in eine 30 Meter lange und bis zu 34 Meter hohe Kuppelhalle mündet. Charakteristisch sind die beiden Löcher in ihrem Dach. Die meisten Spuren der altsteinzeitlichen Besiedlungen fanden sich auf dem Vorplatz und in dem sich anschließenden Eingangsbereich der Höhle. Sie reichten bis etwa 15 Meter in die Höhle hinein.

Um die Höhle im Sirgenstein ranken sich viele Legenden. Der Dominikanermönch Felix Fahrt schrieb 1488, in der Höhle lebten ein Riese und Elfen. Die Wissenschaft wandte sich ihr erst Anfang des 20. Jahrhunderts zu: Der Prähistoriker, Tübinger Professor und Begründer des dortigen Urgeschichtsinstituts Robert Rudolf Schmidt, der auch am Hohle Fels im Achtal und im Bockstein und Hohlenstein im Lonetal tätig war, beschäftigte sich 1906 mit dem Sirgenstein. In nur wenigen Wochen im Sommer dieses Jahres grub er auf eine Fläche von rund 140 Quadratmetern über 5 Meter in die Tiefe.

Pionierarbeit

Für die Ausgrabung eines Großteils einer Höhle erscheint uns heute eine Zeitspanne von nur wenigen Wochen sehr kurz. Heutige Steinzeitarchäologen würden sich sicherlich mehrere Jahrzehnte mit einer derartigen Menge von Sedimenten beschäftigen, denn ihre Arbeit ist von gänzlich anderen Fragestellungen motiviert als die der Archäologen des frühen 20. Jahrhunderts. Ging es damals darum, Funde aus der Zeit des Eiszeitmenschen zu bergen und sie in eine antiquarische Ordnung zu bringen, zielt man heute darauf ab, in Gänze zu verstehen, wer am Fundort lebte, wann er was hier tat, wo genau und warum. Es fällt leicht, Ausgrabungen vom Beginn des 20. Jahrhunderts aus der Sicht heutiger Archäologen zu kritisieren. Zu undifferenziert, oberflächlich und summarisch erscheinen uns die damaligen Forschungen. Wir dürfen aber nie aus den Augen verlieren, dass Archäologen in 50 oder 100 Jahren über unsere Methoden ebenso negativ urteilen werden, wie wir es heute über die Arbeiten im 19. und beginnenden 20. Jahrhundert tun. Die Wissenschaft schreitet voran – nicht nur die Archäologie –, und technische Neuerungen bringen nicht nur oft Erleichterung und Präzision, sondern führen auch dazu, dass sich die Wissenschaftler neuen Fragestellungen zuwenden.

Der Beginn des 20. Jahrhunderts war im internationalen Vergleich durch Forschungen in den Höhlen und Felsdächern z. B. in der Dordogne in Südwestfrankreich dominiert. Der hier vorhandene Fundreichtum und die detailliert zu erkennenden Schichtenfolgen ermöglichten damals ganz neue Fragestellungen. Es wurde das erste Mal ein typologisches und chronologisches Gerüst der Altsteinzeit erarbeitet. Dabei wurden die Inhalte der verschiedenen altsteinzeitlichen Kulturen – heute würden wir sagen Technokomplexe – beschrieben und definiert.

Als erster deutscher Forscher übertrug Schmidt die Abfolge der steinzeitlichen Komplexe, wie sie aus Frankreich bekannt war, auf Ausgrabungen in Deutschland. Er glaubte, in der Schichtenfolge im Sirgenstein und den Funden dieser Schichten die von den französischen Forschern festgelegte und benannte Abfolge wiederzuerkennen. Er war also zugleich der erste deutsche Steinzeitarchäologe, der seine Ausgrabung nach modernen stratigrafischen Gesichtspunkten durchführte. Das heißt, er unterschied und dokumentierte verschiedene Fundschichten und ordnete die Funde

Der Tübinger Urgeschichtler Robert Rudolf Schmidt (1882–1950), Ausgräber des Sirgenstein und Gründer des Tübinger Instituts für Urgeschichte.

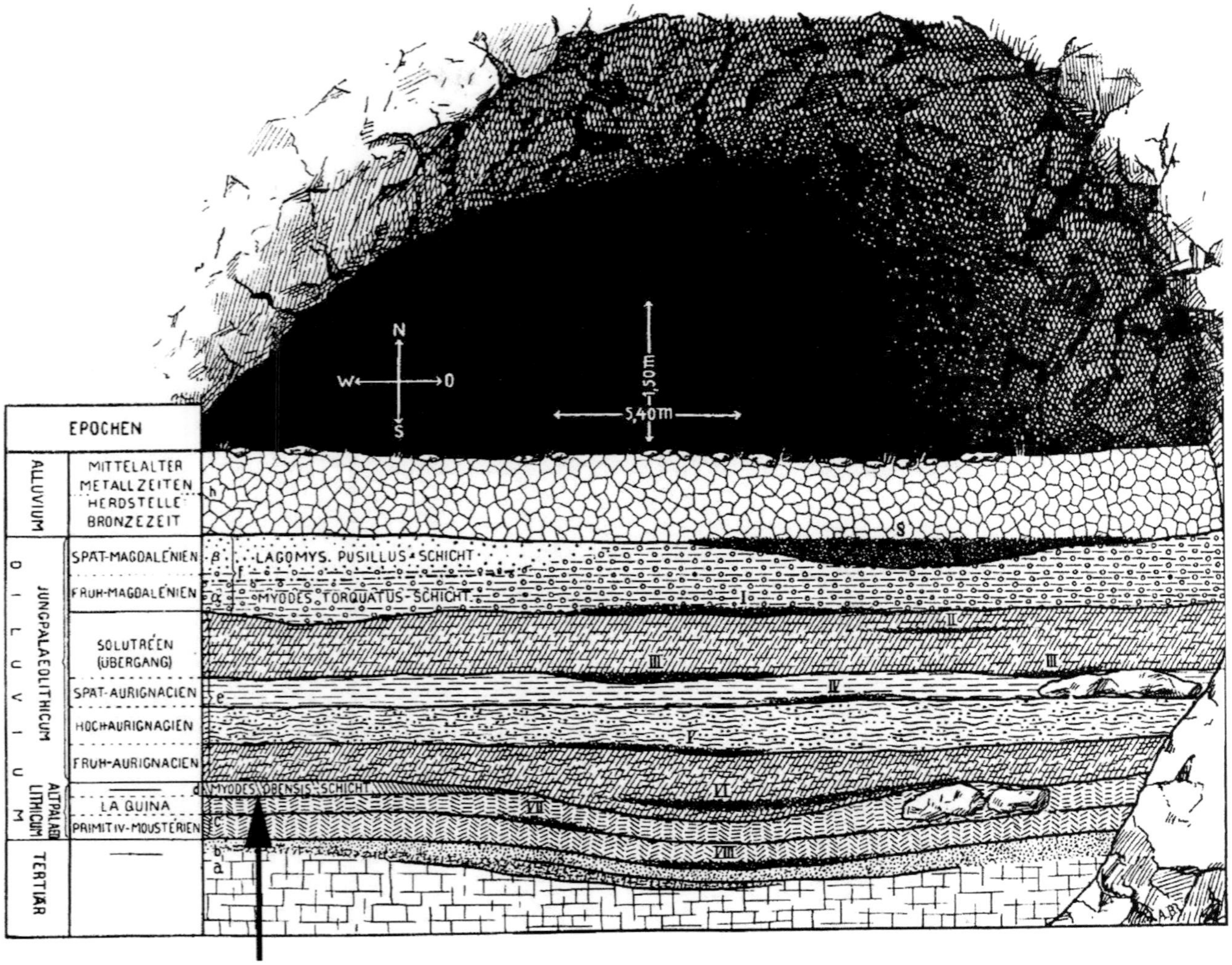

Die stratigrafische Abfolge am Eingang des Sirgenstein aus Schmidts Habilitationsschrift von 1912. Er dokumentierte anhand von Kleinsäugerknochen eine kalte klimatische Phase zwischen der Zeit der letzten Neandertaler und der der ersten modernen Menschen, markiert durch den schwarzen Pfeil im Bild.

daraus den verschiedenen steinzeitlichen Epochen zu. In der Publikation seiner Grabungen im Sirgenstein tauchten somit das erste Mal Begriffe wie Moustérien, Aurignacien, Solutréen und Magdalénien für eine deutsche Fundstelle auf. Besonders unter forschungsgeschichtlichen Gesichtspunkten ist der Sirgenstein also ein sehr wichtiger Fundort. Heute zählt man zwar die Schicht des sogenannten Solutréen zu der des Gravettien, dies ändert aber nichts an der Tatsache, dass Schmidt auf diesem Gebiet wissenschaftliche Pionierarbeit geleistet hat.

Schmidt wies in den Schichten im Sirgenstein das Mittelpaläolithikum der Neandertaler nach, wie auch mehrere Horizonte aus dem Jungpaläolithikum (Aurignacien, Gravettien, Magdalénien). Bis heute ist es nur an relativ wenigen Fundstellen gelungen, eine vergleichbar vollständige stratigrafische Abfolge nachzuweisen. Daher nutzten Schmidt und ihm folgende Forschergenerationen die Stratigrafie am Sirgenstein als Fixpunkt für die Erstellung einer Regionalstratigrafie.

Steinartefakte und ein Knochenartefakt (links) aus der Zeit der Neandertaler. Die Funde stammen aus Schmidts Grabung 1906 vom Sirgenstein.

Die Funde und Befunde

Aus allen genannten Perioden hat der Sirgenstein Funde geliefert. Nahe beim Eingang zur Höhle fanden sich darüber hinaus in mehreren Schichten übereinander Befunde, die auf Feuerstellen schließen lassen. Es gibt keine Funde und Befunde aus der Zeit zwischen den mittelpaläolithischen Siedlungsresten der Neandertaler und den jungpaläolithischen der ersten modernen Menschen. Der Sirgenstein war also in diesem Zeitraum wohl nicht von Menschen besiedelt. Stattdessen gibt es in der Schicht zwischen den beiden genannten Ablagerungen zahlreiche Knochen von arktischen Kleintieren wie Lemmingen. In ihrer Hauptmonografie zum Sirgenstein nahmen Schmidt und seine Kollegen 1912 an, das Klima sei in diesem Zeitraum zwischen den letzten Neandertalern und den ersten modernen Menschen sehr kalt und das Achtal daher nicht von Menschen bewohnt gewesen. Diese Behauptung schien zunächst unwahrscheinlich, aber bei den jüngeren Ausgrabungen am Geißenklösterle und am Hohle Fels sollte die Befundlage diese These von einer Entvölkerung zwischen Mittelpaläolithium und Jungpaläolithikum bestätigen.

In den Aurignacien-Schichten des Sirgenstein wurden weder Kunstobjekte noch Musikinstrumente gefunden, dafür aber eine kleine aus Mammutelfenbein geschnitzte, doppelt durchlochte Perle. Sie war der erste solche Fund in den schwäbischen Höhlen. Bei späteren Ausgrabungen an anderen Fundstellen der Region sollten Dutzende, manchmal Hunderte solcher Elfenbeinschmuckstücke zutage kommen. Wahrscheinlich gab es auch in der Sirgensteinhöhle einst mehrere. Ebenso wenig können wir ausschließen, dass ursprünglich auch die eine oder andere kleine Figur aus Elfenbein vorhanden war, die bei der recht ungenauen und sehr rasch durchgeführten Ausgrabung schlicht übersehen wurde.

Auch wenn Kunstwerke und Musikinstrumente fehlen, ist die Bandbreite an Funden sehr groß: In allen mittel- und jungpaläolithischen Schichten fanden sich Steinartefakte, in den Aurignacien-Schichten zahlreiche aus Tierknochen gefertigte Werkzeuge. Sie ermöglichen uns einen Einblick in die Technologie dieser Periode. In den jungpaläolithischen Schichten fanden sich einzelne Menschenzähne, aber ihre genaue Verortung in der Schichtenfolge ist unklar.

Die Brillenhöhle ist ein weiterer bedeutender Fundplatz im Achtal und vor allem für die dort gemachten Funde aus dem Gravettien und Magdalénien bekannt.

Ein Knochenwerkzeug und ein klassischer doppelt durchlochter Anhänger vom Sirgenstein (diese Form ist nur aus dem schwäbischen Aurignacien bekannt), wie er in den Fundplätzen von Ach- und Lonetal sehr häufig vorkommt. Dies lässt vermuten, dass die Menschen des Ach- und Lonetals in enger Verbindung standen.

Die schwäbischen Höhlen wurden – das lässt sich auch in der Sirgensteinhöhle festmachen – im Gegensatz zu denen in vielen anderen Regionen im westlichen Eurasien nicht für Bestattungen oder andere Begräbnisaktivitäten genutzt. Daher fand man hier keine entsprechenden Skelette von Neandertalern oder modernen Menschen. Abgesehen von den bedeutenden Skelettfunden aus der benachbarten Brillenhöhle, bei denen es sich um die Reste kannibalistischer Praktiken im Magdalénien zu handeln scheint, handelt es sich bei den anderen Menschenknochen und -zähnen um Einzelfunde, die wenig dazu beitragen, die Frage des Umgangs mit dem Tod und den Toten in der damaligen Gesellschaft zu erhellen. Auch sonst fehlt es in der Region an wesentlichen Befunden zu Begräbnispraktiken. Nach Jahrzehnten der Forschung scheint es wahrscheinlich, dass die Menschen ihre Toten außerhalb von Höhlen niederlegten, vermutlich unter freiem Himmel und in einer Weise, die keine Spuren hinterließ, die man heute noch archäologisch untersuchen und deuten könnte.

Blick ins Achtal vom Fundplatz Geißenklösterle aus.

Das Geißenklösterle

Das Geißenklösterle liegt in der Nähe von Weiler, einem Stadtteil von Blaubeuren, an einem Osthang, etwa 60 Meter über dem Grund des Achtals. Die Felsgruppe, in der sich die Höhle befindet, zieht sich in einem Halbrund, das nach Norden hin offen ist – es ist selbst Rest einer noch größeren Höhlenhalle, deren Dach eingestürzt ist. Der Eingang des Geißenklösterle öffnet sich nach Westen

Reiner Blumentritt, ein Mitarbeiter von Gustav Riek, war 1958 an dessen Grabungen in der Brillenhöhle auf der gegenüber liegenden Talseite nahe Blaubeuren beteiligt. Als er in der Umgebung der Brillenhöhle nach weiteren Höhlenfundplätzen suchte, entdeckte er das Geißenklösterle. Blumentritt erkannte sogleich, dass die rund fünf Meter tiefe und acht Meter breite Höhle archäologisch interessant sein könnte – und so führte Riek noch im selben Jahr eine kleine Sondierungsgrabung durch. Wir wissen, dass dabei Artefakte zutage kamen, dokumentiert wurde die Unternehmung aber nicht.

Weitere Arbeiten unterblieben bis 1973, als man nach gemeldeten Raubgrabungen aktiv werden musste. Eberhard Wagner vom damaligen Landesdenkmalamt erweiterte Rieks Grabungsschnitt. Weil er auch eine Fundschicht des Aurignacien entdeckte, zog er schon bald den Tübinger Prähistoriker Joachim Hahn hinzu, der wenige Jahre zuvor seine Doktorarbeit über das Aurignacien in Europa abgeschlossen hatte. In den folgenden beiden Jahren leiteten Joachim Hahn und Eberhard Wagner gemeinsam die Ausgrabungen. Anschließend fungierte Hahn allein als verantwortlicher Grabungsleiter. Bis 1984 und zwischen den Jahren 1986 und 1991 fanden weitere Ausgrabungen im Geißenklösterle unter seiner Leitung statt. Sie erbrachten Fundschichten des Mesolithikums, des Magdalénien, des Gravettien, des Aurignacien und des Mittelpaläolithikums. Hahn konzentrierte sich hauptsächlich auf die Gravettien- und Aurignacien-Horizonte.

Blick auf die ehemalige Grabungsfläche am Geißenklösterle. Die Geländearbeit von Conard 2000–2002 erreichte den anstehenden Fels, Hahns Ausgrabungen in den 1970er- und 90er-Jahren führten zur Entdeckung von vier eiszeitlichen Kunstwerken aus Mammutelfenbein und den ersten Flötenfunden aus dem Aurignacien. Die Schnüre sind die Reste von Hahns Messnetzen.

Ausgrabung 1978 im Geißenklösterle durch das Institut für Urgeschichte der Universität Tübingen unter Leitung von Joachim Hahn.

Im Jahr 2000 wurde der Bereich geologisch neu untersucht. Direkt im Anschluss, 2001/02, grub Nicholas Conard in den untersten Aurignacien-Schichten und erreichte unter mehreren Fundhorizonten aus der Zeit der Neandertaler den anstehenden Felsboden. Insgesamt wurde nur ein kleiner Teil der Höhle archäologisch erfasst. In einem mit Sediment verfüllten, nach Norden führenden Höhlengang sind weitere Funde zu erwarten.

Neandertaler und Neuankömmlinge

Neben dem Hohle Fels, dem Hohlenstein-Stadel und dem Vogelherd ist das Geißenklösterle der vierte Fundplatz auf der Schwäbischen Alb, an dem in Schichten des Aurignacien figürliche Kunst zutage kam. Es ist zudem der Fundplatz, an dem man erstmals Aurignacien-zeitliche Musikinstrumente nachweisen konnte.

Über diese bedeutenden Funde aus zahlreichen Hauptperioden der Altsteinzeit hinaus spielt das Geißenklösterle eine entscheidende Rolle in der aktuellen internationalen Forschung zum zeitlichen Ablauf der Ausbreitung des modernen Menschen in Europa und bei Fragen im Zusammenhang mit dem Aussterben der Neandertaler. Von zentraler Bedeutung sind hier vier figürliche Darstellungen aus den oberen Aurignacien-Schichten des Archäologischen Horizonts II, der ungefähr zwischen 40 000 und 37 000 Jahre alt ist. Der berühmte darunterliegende Aurignacien-Horizont III ist etwa zwischen 42 500 und 40 000 Jahren alt. Diese Altersangaben ließen sich durch eine Kombination aus Radiokohlenstoffdatierungen sowie Thermolumineszenz- und Uranreihendatierungen in mehreren Laboratorien in Deutschland, England, Frankreich, der Schweiz und den Niederlanden bestätigen. Die ausführlichsten Informationen zur Chronologie des Aurignacien lieferten mehrere Dutzend Radiokohlenstoffmessungen – die meisten davon wurden an Kollagen aus gut erhaltenen Knochen aus der Fundstelle ermittelt.

Überraschenderweise gibt es keine überzeugenden Hinweise, dass Neandertaler und moderne Menschen einander im Gebiet der Oberen Donau begegneten. Im Aurignacien erweiterten moderne Menschen ihren Siedlungsbereich, und die ortsansässigen Neandertaler mussten ihnen mehr und mehr das Feld räumen. Befunde aus dem Geißenklösterle wie auch von anderen gut untersuchten Plätzen wie dem Hohle Fels und dem Sirgenstein legen nahe, dass die modernen Menschen zu einer Zeit in den Nebentälern der Donau ankamen, als hier nur noch wenige Neandertaler lebten und insofern eine extrem niedrige Bevölkerungsdichte herrschte. Fast überall liegt zwischen der Schicht mit den letzten Siedlungsspuren der Neandertaler und der mit den ersten Spuren der Besiedlung durch Aurignacien-Menschen eine geologische Schicht ohne archäologische Funde. Nirgendwo in Europa fanden sich Knochen von Neandertalern in Verbindung mit Aurignacien-Funden, und wenn menschliche Skelettreste in Fundzusammenhängen des Aurignacien vorkommen, so lassen sie sich sämtlich modernen Menschen zuordnen. Leider wurden in Südwestdeutschland nur wenige Menschenknochen aus dem Aurignacien und auch kaum zahlreicher aus den anderen Abschnitten des Jungpaläolithikums gefunden. Denn wie wir bereits gesehen haben, haben hier weder Neandertaler noch moderne Menschen ihre Toten in den Höhlen bestattet, anders als in vielen Regionen Europas und Westasiens.

Die in den Schichten dokumentierte Besiedlungsunterbrechung zwischen dem Mittelpaläolithikum der Neandertaler und dem frühen Jungpaläolithikum der ersten modernen Menschen wurde in der Forschung viel diskutiert. Es fehlt bislang an einer völlig überzeugenden Erklärung. Die einfachste Hypothese geht davon aus, dass moderne Menschen während einer

Geologische Abfolge am Geißenklösterle.

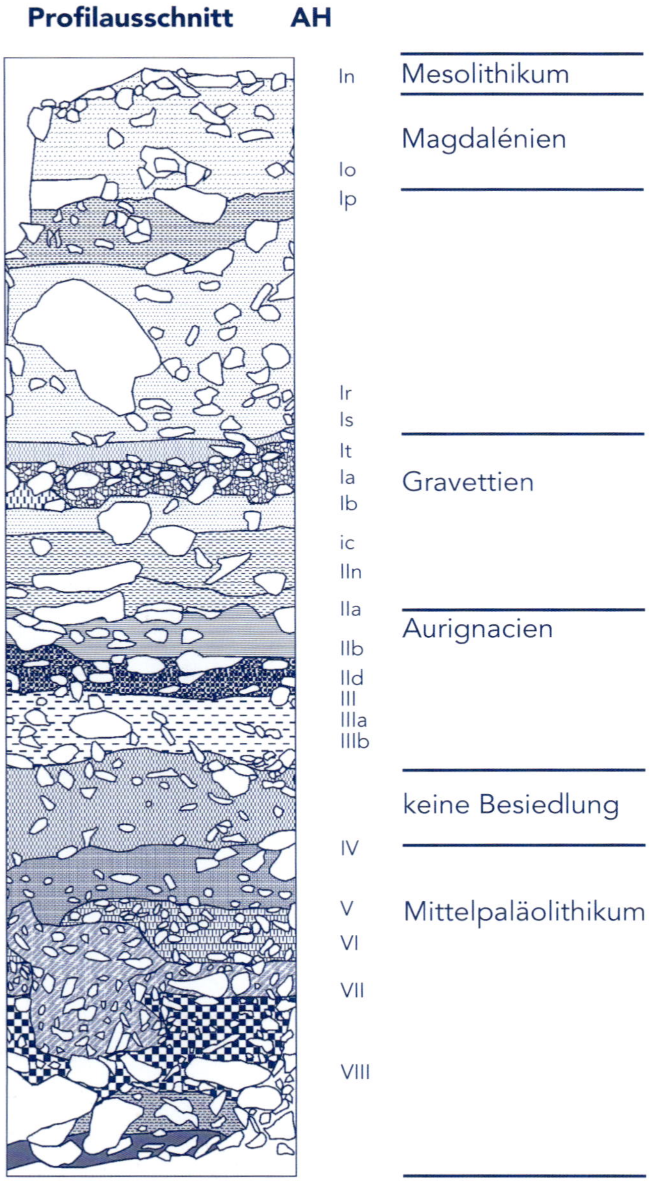

Das Achtal im Schnee,
unterhalb vom Geißenklösterle.

unwirtlichen Klimaphase oder unmittelbar auf eine solche folgend plötzlich in die Region einwanderten, noch bevor die geschrumpften Neandertaler-Populationen sich erholen konnten. Die uns vorliegenden Paläoumweltdaten von den Schlüsselfundstellen deuten aber eher darauf hin, dass die klimatischen Bedingungen damals relativ mild waren. Die Vorstellung, dass die Neandertaler ihre Gebiete an der Oberen Donau vor der Ankunft moderner Menschen verlassen hätten, scheint allerdings ebenso wenig glaubwürdig.

Klar ist, dass ihre etwas anderen Ernährungsgewohnheiten letztlich mit für den „Erfolg" der modernen Menschen verantwortlich waren. Verschiedene Befunde von der Schwäbischen Alb, vor allem aus dem Ach- und dem Lonetal, deuten darauf hin, dass sich die Neandertaler vor allem von Großwild und mittelgroßem Wild wie Pferd und Rentier ernährten. Dies gilt grundsätzlich auch für die modernen Menschen, aber sie fingen und aßen auch regelmäßig Fisch, darunter Forelle und Donaulachs, Geflügel, wie zum Beispiel Schneehuhn, und Kleinsäuger, wie etwa Hasen. Die Jagd auf Kleinwild und das Fischen scheinen den modernen Menschen einen demografischen Vorteil gegenüber den Neandertalern verschafft zu haben, die offensichtlich nicht willens waren, ihre Ernährungsgrundlage umzustellen, als die Neuankömmlinge ihnen einen Großteil ihrer traditionellen Beute nahmen. Aber war mangelnde Flexibilität der einzige Grund, dass die Neandertaler dem unerwarteten menschlichen Konkurrenten letztlich weichen mussten?

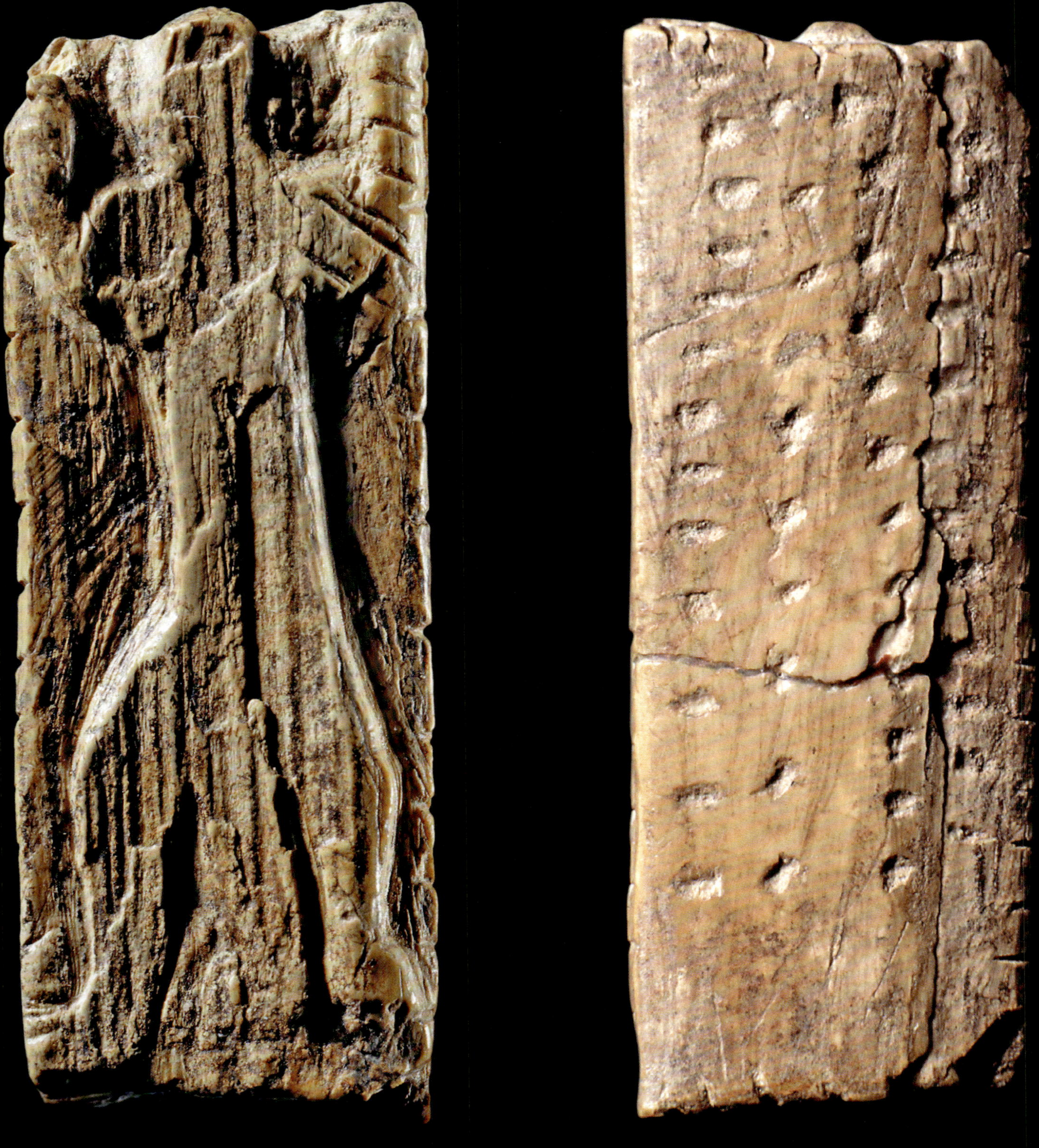

Der sogenannte Adorant vom Geißenklösterle stellt ein Mischwesen dar: mit gespreizten Beinen, Schwanz und erhobenen Armen. Die Rückseite des Adoranten ist gekennzeichnet durch systematisch angelegte Kerben und Reihen von Punkten, deren Deutung offen ist.

Kleinkunst im Geißenklösterle

Besonders wichtig sind die Kleinkunstwerke aus der oberen der beiden Aurignacien-Schichten, Archäologischer Horizont II: drei aus Mammutelfenbein geschnitzte Tierfiguren sowie ein anthropomorphes Halbrelief, vielleicht ein Mischwesen, ebenfalls aus Mammutelfenbein. Auch aus Mammutelfenbein geschnitzte Anhänger und durchlochte Tierzähne wurden in dieser Schicht gefunden sowie Musikinstrumente in Form von drei Flöten aus Mammutelfenbein und Vogelknochen.

In der unteren Aurignacien-Schicht, Archäologischer Horizont III, fand sich noch deutlich mehr bearbeitetes Elfenbein als in der oberen Aurignacien-Schicht, darunter viele tausend Bearbeitungsabfälle. Für die Beantwortung der Frage, ob moderne Menschen, die auf die Schwäbische Alb kamen, Kunst und Musik hier vor Ort entwickelten, oder ob sie bereits bei ihrer Ankunft über diese kulturellen Neuerungen verfügten, ist es zentral, in welcher der beiden Aurignacien-Schichten am Geißenklösterle figürliche Darstellungen und Musikinstrumente gefunden wurden: Die Fundsituation am Geißenklösterle spräche für Ersteres. Mit der Auffindung von figürlichen Kunstwerken und Musikinstrumenten in den basalen Aurignacien-Schichten des Hohle Fels veränderte sich die Sachlage und es kann nun als wahrscheinlicher gelten, dass Kunst und Musik von Anfang an, das heißt seit etwa 42 000 Jahren, fester Bestandteil der materiellen Kultur des Aurignacien auf der Schwäbischen Alb gewesen sind.

Das bekannteste Beispiel figürlicher Kunst aus dem Geißenklösterle ist ein aus Mammutelfenbein geschnitztes kleines Plättchen, das auf der Oberseite die Reliefdarstellung eines Tier-Mensch-Mischwesens, wahrscheinlich eines Löwenmenschen, trägt. Das Artefakt ist 3,8 Zentimeter lang, 1,4 Zentimeter breit und 0,45 Zentimeter dick. Joachim Hahn, dessen Grabungsmannschaft das Kunstwerk entdeckte, bezeichnete die Figur aufgrund ihrer Haltung mit erhobenen Armen – die Gestalt scheint etwas zu verehren – als „Adorant“. Man verwendet diese Bezeichnung noch heute, auch wenn nur wenige Wissenschaftler tatsächlich die Wiedergabe eines Anbetenden sehen. Die Kerben in den Rändern des Stückes scheinen wohlplatziert, sodass sich ein symbolischer Gehalt annehmen lässt. Noch auffälliger sind die vier senkrechten Reihen aus mal zehn, mal 13 Punkten in der Rückseite des Reliefs. Dass sie irgendeine Art von Information speichern, scheint beinahe sicher. Der Prähistoriker Hansjürgen Müller-Beck deutete die Markierungen als Mondkalender. Auch andere Forscher sehen in diesen Zeichen einen Bezug zu den Sternenbildern am Nachthimmel und somit einen astronomischen Kontext.

Das Relief ist zwar klein und noch dazu unvollständig erhalten, und doch erkennt man in der Vorderseite zahlreiche Details. Dargestellt ist ein Tier-Mensch-Mischwesen in aufrechter Haltung, mit einem länglichen Oberkörper und relativ kurzen Beinen und Armen, ähnlich wie beim Löwenmenschen aus dem Hohlenstein-Stadel. Die Arme sind über den Kopf nach oben erhoben, und zwischen den gespreizten Beinen ist deutlich ein Schwanz erkennbar. Dem Kopf fehlen Details, in erster Linie aber aufgrund der schlechten Erhaltung, der Hals ist dick und kräftig, wie bei einem Löwen oder einem vergleichbaren Tier. Auch Arme bzw. Vorderpfoten und Schultern sowie Beine und Hüften sehen aus wie bei einer Großkatze.

In einem Arm findet sich eine Reihe tiefer Einschnitte, wie auf den Armen des Löwenmenschen aus dem Hohlenstein-Stadel; bei diesem wirkt die Körperhaltung aber eher statisch und die Arme hängen nach unten. Nach dem berühmten Exemplar aus dem Stadel und dem weiteren Löwenmenschen aus dem Hohle Fels haben wir mit dem „Adoranten" vom Geißenklösterle wahrscheinlich ein drittes Tier-Mensch-Mischwesen. Es gibt also Grund zu der Vermutung, dass es im Glaubenssystem, der Weltanschauung bzw. der Mythologie der Menschen des schwäbischen Aurignacien die Vorstellung von einem fließenden Übergang oder der Verwandlung eines Menschen in ein Tier oder umgekehrt gab.

Unter den drei von Hahns Grabungsmannschaft gefundenen Figuren aus Mammutelfenbein waren: ein Mammut, ein aufrecht stehender Bär und ein kleiner Bison oder eventuell Moschusochse. Der Bison ist mit einer Länge von nur 2,6 Zentimetern eine der kleinsten Elfenbeinschnitzereien von der Schwäbischen Alb. Im heutigen Erhaltungszustand – wie viele Elfenbeinfiguren ist die Figur entlang der Schichtgrenze des Elfenbeins gebrochen – wirkt das Tier gedrungen, seinen Körper ziert eine Anzahl senkrechter Linien, und ihm fehlt der ausgeprägte Buckel, der für Bisondarstellungen aus der Eiszeit typisch ist.

Ob es sich bei dem Bären tatsächlich um einen solchen handelt, ist nicht mit Sicherheit zu sagen, da die

Mammut aus Elfenbein vom Geißenklösterle aus der oberen Aurignacien-Schicht. Länge: 6,7 Zentimeter.

Mehrere Teile dieses aufrecht stehenden Bären wurden bei Hahns Grabungen am Geißenklösterle entdeckt. Der Fund beeinflusste seine „Kraft-und-Aggression"-Hypothese.

Figur unvollständig ist. Der erhaltene Teil ist etwa fünf Zentimeter lang. Die meisten sehen in der Darstellung einen aufrecht stehenden Bären, der seinen Kopf hoch reckt, als würde er eine aggressive Körperhaltung demonstrieren oder in der Luft schnüffeln oder wittern. Augen, Maul und Nase sind deutlich zu erkennen, und der Bauch sowie die Seiten der Beine tragen strichförmige Markierungen. Entsprechend der Anatomie eines Bären ist das Gesäß massiger als die Vordergliedmaßen und die Schultern.

Das Mammut schließlich ist 6,7 Zentimeter lang. Seine Körperhaltung wirkt statisch und vermittelt den Eindruck von Ruhe und Gelassenheit. Der Schulterbuckel ist nicht so ausgeprägt wie sonst oft bei den Mammuten, und der Gesamterscheinung fehlt, nach den erhaltenen Partien zu urteilen, die Prächtigkeit der vollständigeren Mammute aus dem Vogelherd. Wie das 2006 dort gefundene Mammut hat auch das Mammut aus dem Geißenklösterle einen kurzen spitzen Schwanz. Rücken, Bauch und Beine tragen relativ kurze, tiefe Linien, auch hier in einem gegenüber den Mammuten vom Vogelherd stark abweichenden Muster. Wie wir es bei den katzenartigen Figuren gesehen haben, zeigt sich auch hier, dass es offenbar keine spezifischen Normen oder Regeln gab, wie genau bzw. wo auf den Figuren Markierungen anzubringen waren bzw. welche Tierart mit welchen Arten von Markierungen zu versehen waren. Die Künstler scheinen bei der Anbringung von Zeichen auf den Schnitzereien recht subjektiv entschieden zu haben.

Das kleinste Kunstwerk aus seinen Grabungen am Geißenklösterle sah Hahn als Bison an. Der Fund wurde auch als Moschusochse interpretiert. Länge: 2,6 Zentimeter.

Die Geißenklösterle Flöte 1 (Länge: 12,6 Zentimenter) lieferte 1995 den ersten eindeutigen Hinweis auf eine Musiktradition schon im Aurignacien vor rund 40 000 Jahren. Seither wurden mehrere ähnlich gebaute Musikinstrumente aus den Albhöhlen identifiziert. Auf Nachbauten dieser Flöten kann man tatsächlich gut spielen.

Das Mammut vom Geißenklösterle spielte eine große Rolle in Hahns Hypothese von „Kraft und Aggression", also der Annahme, die Hersteller der Figuren hätten bevorzugt mächtige, schnelle, gefährliche und aggressive Tiere dargestellt (wie wir gesehen haben, ist diese Hypothese vor dem Hintergrund späterer Entdeckungen, die nicht in dieses Muster passen, heute nicht mehr zu halten).

Dieser bemalte Stein vom Geißenklösterle ist der einzige überzeugende Hinweis auf Aurignacien-zeitliche Malerei aus den Höhlen der Schwäbischen Alb. Er trägt Reste von schwarzen, roten und gelben Pigmenten. Der Fund ist ein mobiler Gegenstand, steht also in keinem Zusammenhang mit Höhlenmalerei.

Höhlenmalerei in Schwaben?

Das Geißenklösterle ist die einzige schwäbische Höhle mit Hinweisen auf Malerei aus dem Aurignacien. Allerdings handelt es sich dabei nicht um Wandkunst, wie in der Grotte Chauvet an der Ardèche in Frankeich oder wie sie aus späteren Zeiten in vielen Teilen der Welt bekannt ist, sondern um ein kleines Stück abgerundeten Kalksteins (8,7 × 6,3 × 4,4 Zentimeter) mit schwarzen, roten und gelben Pigmenten, ein tragbares Objekt sozusagen. Die gelbe und die rote Farbe stammen von zerriebenem Ocker aus der Gegend, und das schwarze Pigment scheint aus verkohltem Pflanzenmaterial zu bestehen. Verglichen mit den zahlreichen Malereien des Eiszeitalters in Europa und in anderen Regionen sowie aus unterschiedlichen kulturellen Kontexten rund um die Welt wirkt das Stück unspektakulär, in seiner Bedeutung für die Wissenschaft ist es das aber nicht: Der Fund belegt nämlich, dass im südwestdeutschen Aurignacien gelegentlich Pigmente hergestellt und verwendet wurden.

Bei den Grabungen am Hohle Fels wurden zahlreiche bemalte Steine aus späteren Phasen, insbesondere aus dem Magdalénien, geborgen; die Farbreste sind außerordentlich gut erhalten, zumal wenn man bedenkt, dass die Objekte ungefähr 15 000 Jahre im Boden gelegen haben; auch diese Farbreste zeugen davon, dass die Menschen mit Pigmenten gearbeitet haben. Mit einer Ausnahme weisen diese Steine Reihen kleiner roter Punkte sowie Kombinationen von Punktreihen auf. Vergleichbare Malereien mit Reihen roter Punkte kennen wir aus der Spätphase der letzten Eiszeit aus Bayern, von der Schwäbischen Alb, aus der Schweiz sowie aus Westfrankreich. Über die Bedeutung dieser Punktreihen wird lebhaft diskutiert.

Dass es in den schwäbischen Höhlen einst nicht doch auch Wandmalereien gegeben hat, können wir nicht mit absoluter Sicherheit ausschließen. Das Klima in den Höhlen bot nicht die entsprechenden Bedingungen für eine Erhaltung, und die Höhlen sind zudem über die Jahrtausende hinweg an vielen Stellen eingebrochen. Nichtsdestoweniger werden die unzähligen Kalkschuttstücke von den Höhlenwänden und -decken im Rahmen von Grabungsarbeiten stets auf Malereien hin untersucht, bevor sie entsorgt werden. Da man trotz dieser Sorgfalt kaum Farbspuren gefunden hat, herrscht weitgehend Einigkeit, dass die Wände der schwäbischen Höhlen nur selten bemalt waren.

Flötenbau im Aurignacien

Bei Ausgrabungen im Geißenklösterle kamen drei Flöten zutage, zwei davon aus Vogelknochen, eine aus Mammutelfenbein geschnitzt. Da solche Instrumente auf verschiedene Weise gespielt werden konnten, bevorzugen manche Wissenschaftler allgemeinere Begriffe wie Pfeifen oder Blasinstrumente. Üblicherweise wurden sie aber wohl gespielt wie Flöten, das heißt, durch Hineinblasen und Verkürzen der Luftsäule erzeugte man eine große Bandbreite an Tönen. Daher haben wir uns entschieden, diese Instrumente einfach als Flöten zu bezeichnen – die jeweiligen Exemplare benennen wir nach ihrem Fundplatz und mit einer Ziffer, die die Reihenfolge ihrer Entdeckung und Publikation spiegelt.

Fragmente einer weiteren Knochenflöte aus dem Geißenklösterle.

In Experimenten haben Friedrich Seeberger und andere Experimentalarchäologen gezeigt, dass eine solche Flöte mithilfe geschlagener Steinartefakte in etwa einer Stunde hergestellt werden kann. Beim Spielen erzielte Seeberger gewöhnlich das beste Ergebnis, wenn er dasjenige Ende schräg anblies, das am weitesten vom ersten Griffloch entfernt liegt. Die Größe der Schwanenknochenflöten wird im Wesentlichen durch die Größe der Speiche selbst vorgegeben. Da sie somit immer klein waren, konnten mit ihnen nur hohe Töne erzeugt werden (wie gesagt: je kleiner die Flöte, desto höher der erzeugte Ton, wie auch eine heutige Pikkoloflöte eine höhere Tonlage hat als eine Standardflöte). Schwanenknochenflöten sind nicht leicht zu spielen, aber einige haben es geschafft, auf Rekonstruktionen solcher Instrumente tatsächlich zu musizieren.

Die Archäotechnikerin Maria Malina orientierte sich an den Arbeiten von Münzel und Hahn zu den Knochenflöten aus dem Geißenklösterle, als es ihr gelang, aus 31 kleinen Elfenbeinbruchstücken eine Flöte zusammenzusetzen. Dass es sich bei den Fragmenten um Teile einer Flöte handelte, erkannte Malina an Abschrägungen auf diesen Stücken: Es waren abgeschrägte Grifflöcher, ganz ähnlich denjenigen der Vogelknochenflöten. Der wesentliche Unterschied zwischen Knochen- und Elfenbeinflöten liegt darin, dass Elfenbein massiv ist, während Vogelknochen von Natur aus hohl sind. Durch den Aufbau des Elfenbeins in konzentrischen Ringen sind der Bearbeitung Grenzen gesetzt, im Prinzip ähnlich wie bei Holz. Will man eine Flöte aus einem Knochen herstellen, dann kann man die Knochenenden abtrennen und die Grifflöcher herausschaben. Bei Elfenbein aber ist ganz anders vorzugehen, die Herstellung ist viel aufwendiger.

Die ersten beiden Flöten erkannte die Urgeschichtlerin Susanne Münzel, als sie die Tierknochen aus dem Geißenklösterle untersuchte. Sie waren aus Speichenknochen von Schwänen hergestellt worden. Die vollständigere der beiden Flöten erhielt die Nummer 1; es ist das beste Beispiel für eine aus einer Schwanenspeiche hergestellte Flöte. In ihrem heutigen Erhaltungszustand – am einen Ende fehlt ein Stück – ist sie etwa 12,7 Zentimeter lang. Die drei erhaltenen Grifflöcher sind scharfkantig; sie wurden herausgeschabt statt gebohrt. Die feinen Einschnitte auf der Oberfläche des Knochens liegen genau bei den Grifflöchern; demnach dienten sie wohl tatsächlich dem Zweck der Markierung der jeweiligen Stellen für die Grifflöcher.

Eine spektakuläre Entdeckung am Geißenklösterle war diese Flöte (Länge: 18,7 Zentimeter), die aus Mammutelfenbein geschnitzt wurde. Man geht davon aus, dass das Elfenbein gespalten, ausgehöhlt, wieder zusammengesetzt und dann mit Birkenpech oder Wachs abgedichtet wurde. Zahlreiche Kerben finden sich an der Nahtstelle der beiden Teile.

Als Erstes muss man mit Steinwerkzeugen aus dem Elfenbein die erforderliche längliche Stabrohform herausarbeiten. Frisches Elfenbein oder feucht gelagertes älteres Material ist leichter zu bearbeiten als trockenes Elfenbein, das hat man bei Experimenten festgestellt (bei solchen Experimenten hat man auch festgestellt, dass sich gefrorenes Elfenbein gut in kleinere Stücke zerschlagen lässt, wie sie sich für die Herstellung verschiedener Artefaktformen eignen). Angesichts des schalenförmigen Aufbaus von Elfenbein ist es nicht möglich, einfach ein tiefes Loch in das Material zu bohren, um es auszuhöhlen. Stattdessen teilte man das Elfenbein entlang der Kontaktfläche zwischen Dentin und Zahnzement. In Experimenten erwies sich der Einsatz von Elfenbeinkeilen als geeignet.

Als Nächstes mussten die beiden Hälften der Flöte sorgfältig ausgehöhlt werden, und entsprechend weisen zahlreiche Fragmente von Elfenbeinflöten aus dem Geißenklösterle, dem Hohle Fels und dem Vogelherd auf der konkaven Innenseite die charakteristischen, in Längsrichtung verlaufenden Spuren vom Schneiden und Schaben mit Steinwerkzeugen auf. Anhand solcher Arbeitsspuren – wir kennen sie nur von den Bruchstücken der Elfenbeinflöten – und anhand der konkaven Form lassen sich bei Grabungen Flötenbruchstücke identifizieren. Alle sonstigen Elfenbeinartefakte haben konvexe Oberflächen. Anschließend muss man auf der Oberseite die Grifflöcher herausschaben. Die Zusammenfügung beider Instrumenthälften war wahrscheinlich mit der schwierigste und zugleich heikelste Arbeitsschritt, denn die Verbindung musste absolut luftdicht sein.

Musik war schon vor etwa 42000 Jahren Bestandteil der materiellen Kultur des Aurignacien auf der Schwäbischen Alb. Man kann sich gut vorstellen, dass die modernen Menschen zur Musik auch tanzten. In den Höhlen dürfte die Akustik sehr gut gewesen sein und den Klang der Flöten verstärkt haben.

Die Stücke der Elfenbeinflöte aus dem Geißenklösterle, aber auch diejenigen aus anderen Fundstellen zeigen ein weiteres unverkennbares Charakteristikum: Reihen fein eingeschnittener Kerben entlang der beiden Instrumenthälften, quer zur Längsachse und in regelmäßigen Abständen von einigen Millimetern. Sie waren wichtige Anhaltspunkte beim Wiederzusammensetzen der Bruchstücke aus dem Geißenklösterle, müssen aber auch bei der Herstellung des Instruments eine zentrale Rolle gespielt haben. Friedrich Seebergers Experimente haben gezeigt, dass diese Kerben als Hilfslinien gedient haben könnten, für das passgerechte Zusammenbinden beider Hälften mit Pflanzenfasern oder Sehnen. Zugleich wurde die Haftungsfläche für den Klebstoff, der die Verbindungsstelle zwischen den beiden Hälften abdichten sollte – Birkenpech, Bienenwachs o. Ä. –, durch sie größer. Auf den Flötenbruchstücken aus dem Geißenklösterle sind winzige Reste bzw. Fleckchen einer dunklen Substanz erhalten, die mit dem Abdichten der Flöte in Zusammenhang stehen könnten. Die Mengen dieser Substanz waren jedoch zu gering, als dass man sie chemisch hätte analysieren können.

Experimente mit Steinzeitmaterialien zeigten, dass die Herstellung einer Elfenbeinflöte ungefähr hundert Stunden in Anspruch nahm, also etwa hundertmal so viel Zeit wie die Herstellung einer Flöte aus Vogelknochen. Allerdings bietet Elfenbein den Vorteil, dass die Größe des Instruments nicht von vornherein limitiert ist und insofern verschiedene Tonlagen erreicht werden können. Tatsächlich ist die Elfenbeinflöte aus dem Geißenklösterle länger und hat einen größeren Durchmesser als die Schwanenknochenflöten. Mit ihr konnten also tiefere Töne gespielt werden als mit jenen.

Ein Nachteil von Elfenbeinflöten zeigt sich aber beim Spielen. Knochenflöten sind sehr haltbar, wie die meisten modernen Flöten, solange man die kondensierte Flüssigkeit ab und zu ausschüttelt. Elfenbein hingegen arbeitet und wird mit fortschreitender Spieldauer immer feuchter. Schon wenn Seeberger nur für eine halbe Stunde spielte, wurde die Abdichtungsmasse allmählich weich und die Flöte musste zum Trocknen abgelegt werden, bevor sie wieder spielbar war.

Die Vorteile von Elfenbeinflöten überwogen aber eindeutig ihre Nachteile. Daher ist anzunehmen, dass ihre Herstellung und ihr Gebrauch Teil des Aurignacien-zeitlichen Alltags waren. Auch die Tatsache, dass sie auf allen Aurignacien-Fundstellen Südwestdeutschlands, die mit modernen Standards bei der Fundbergung und bei der Analyse kleiner Fragmente organischer Materialien untersucht worden sind, nachgewiesen wurden, spricht für diese Annahme. Wir können sogar eine weitere These wagen: Wenn die Menschen im Aurignacien in der Lage waren, solche außergewöhnlichen und arbeitsintensiven Instrumente aus Mammutelfenbein herzustellen, dann konnten sie aus diesem einzigartigen und schönen Material wahrscheinlich beinahe alles schnitzen, was sie wollten. Die gefundenen Elfenbeinflöten zeugen also zusammen mit den zahlreichen anderen filigranen und aufwendig geschnitzten Artefakten aus der Region davon, welche Virtuosität die Menschen bei der Elfenbeinverarbeitung an den Tag legten, die vor etwa 40 000 Jahren auf der Schwäbischen Alb lebten.

FRÜHESTE

Die Bedeutung der Funde aus den Albhöhlen

Kunst und Musik

Vorangehende Doppelseite: Einige des schönsten Funde aus den Eiszeithöhlen der Schwäbischen Alb.

Figürliche Kunst habe sich über Zehntausende von Jahren allmählich entwickelt, bis sie letztlich jene Größe und Perfektion erreichte, wie sie sich in den Meisterwerken der Klassischen Antike manifestierte – so glaubte man lange. Aber die zahlreichen in den Höhlen der Schwäbischen Alb gefundenen Darstellungen, das Vogelherdpferd, die Mammute, Löwen und anderen Tiere, sind 40 000 Jahre alt und gehören damit in jene Zeit, in der sich der moderne Mensch überhaupt erst in Europa ausbreitete und den dort ansässigen Neandertaler „ersetzte"! Sie widerlegen also die Annahme einer schrittweisen Entwicklung der figürlichen Kunst. Stattdessen könnten wir sie als Zeugnisse eines regelrechten Quantensprungs ansehen, der mit der Ausbreitung und der Erfolgsgeschichte unserer Art *Homo sapiens* in der Zeit nach ihrer Entstehung in Afrika einherging.

Generationen von Wissenschaftlern haben die Eiszeitkunst erforscht. Schon als er das Vogelherdpferd entdeckte, wusste Gustav Riek, dass der Fund aus dem Aurignacien stammte, dem ersten Hauptabschnitt des Jungpaläolithikums. Sein genaues Alter aber sollte noch für Jahrzehnte Gegenstand von Diskussionen und Spekulationen bleiben. Ein wesentlicher Diskussionspunkt war die erwähnte alte Überzeugung einer langen Genese der figürlichen Kunst: Das Vogelherdpferd sei zu perfekt, um am Anfang dieser Entwicklung zu stehen. Berühmte Wissenschaftler wie André Leroi-Gourhan vom Collège de France und Gerhard Bosinski von der Universität Köln vertraten diese Sichtweise. Für Leroi-Gourhan setzte die figürliche Kunst in Südwestfrankreich mit einfachen Gravuren von Vulven und Tieren an Fundplätzen wie La Ferrassie, Abri Cellier und Abri Castanet ein. Bosinski verwies auf Funde wie das bekannte Pferd aus Sungir, etwa 200 Kilometer östlich von Moskau, als Vorläufer des Vogelherdpferds. Sie gründeten ihre relative Datierung der Funde also auf stilistischen Vergleichen und nicht auf verlässlichen naturwissenschaftlichen Datierungsmethoden.

Wie alt sind die Funde?

Erst in den 1990er-Jahren kam Klarheit in diese Auseinandersetzung: Umfangreiche Serien von Radiokohlenstoffdatierungen belegten nun das sehr hohe Alter der Aurignacien-Schichten in den Fundplätzen in Südwestdeutschland – und damit auch das hohe Alter der in ihnen gefundenen Objekte. Diese Alterseinstufungen bewegten sich nahezu ausnahmslos in der Spanne zwischen 36 000 und 30 000 Jahren vor heute. In den späten 1990er-Jahren deuteten mit der Thermolumineszenz-Methode gewonnene Daten für den Beginn des Aurignacien in der Region eine Zeit von knapp über 40 000 Jahren vor heute an. Unter Verwendung neuer Methoden zur Alterskalibration, die auf der Annahme

Einfache Gravuren von Vulven erkennt man auf diesem Fund aus der Höhle von La Ferrassie in der Dordogne (Südwestfrankreich).

EXTRA | Methoden der Datierung von Funden

Wenn man einen archäologischen Fundplatz untersucht, können Funde, deren Alter sich bestimmen lässt, wichtige Anhaltspunkte liefern. Aber wie datiert man einen Fund? Man kann verschiedene Schichten eines Fundplatzes relativ zueinander datieren: Fundschicht B ist älter als Fundschicht A, aber jünger als Schicht C. Die tiefere Fundschicht ist die ältere, vorausgesetzt die Ablagerungen sind „ungestört". Allerdings bekommt man auf diese Weise keine genauen Angaben.

Eine weitere Möglichkeit ist die sogenannte radiometrische Altersbestimmung. Die verschiedenen Methoden, die in diesem Zusammenhang zur Verfügung stehen, beruhen alle auf dem Zerfallsprozess radioaktiver Elemente.

Für die Datierung jungpaläolithischer Fundkomplexe eignet sich am besten die ^{14}C- bzw. Radiokohlenstoff-Methode. Sie wurde Ende der 1940er-Jahre von dem US-amerikanischen Chemiker und Physiker Willard Frank Libby (1908–80) entwickelt, der für diese Leistung 1960 mit dem Nobelpreis für Chemie ausgezeichnet wurde. Es gibt drei unterschiedliche Isotope des Kohlenstoffs. Eines davon (^{14}C) ist radioaktiv. Es entsteht durch die Einwirkung kosmischer Strahlung auf die Atmosphäre. Radiokohlenstoff zerfällt zu Stickstoff. Nach 5730 +/– 40 Jahren, der sogenannten Halbwertszeit von Radiokohlenstoff, ist nur noch die Hälfte des ursprünglichen radioaktiven Kohlenstoffs vorhanden. Radioaktiven Kohlenstoff gibt es neben dem nicht-radioaktiven Kohlenstoff (^{12}C) in jedem lebenden Organismus. Wenn ein Tier oder eine Pflanze stirbt, beginnt der Zerfall des radioaktiven Kohlenstoffs. Da sein ursprünglicher Anteil bekannt und immer gleich ist, kann aus dem Verhältnis von radioaktivem zu nicht-radioaktivem Kohlenstoff in einer Probe zusammen mit der Halbwertszeit der Zeitpunkt des Absterbens des Organismus bestimmt werden.

Ein ^{14}C-Datum setzt sich aus einem Zentralwert und einer Standardabweichung zusammen und wird normalerweise „vor heute" angegeben. So lautet zum Beispiel ein Datum 32400 +/– 160 Jahre. Dies bedeutet, dass mit einer statistischen Wahrscheinlichkeit von etwa 68 Prozent das Alter der Probe in dem durch die Standardabweichung bezeichneten Zeitbereich liegt, also zwischen 32560 und 32240 Jahren vor heute. Eine jahresgenaue Zeitangabe ist mit der ^{14}C-Methode somit nicht möglich.

Der zeitliche Bereich, in dem organische Objekte mit der Radiokohlenstoff-Methode datiert werden können, ist begrenzt: Nach einer Dauer von über etwa 50000 Jahren ist fast der gesamte radioaktive Kohlenstoff zerfallen. Wir können also mit dieser Methode nur Proben datieren, die jünger sind als 50000 Jahre.

Ein Problem bei der Anwendung der ^{14}C-Methode ist, dass der Anteil radioaktiven Kohlenstoffs in der Atmosphäre in den letzten Jahrtausenden nicht konstant war, sondern schwankte. Deshalb fallen die Altersangaben generell zu jung aus. Man muss also versuchen, die ^{14}C-Daten mit anderen Methoden zu eichen, ein Vorgang, den man als „Kalibration" bezeichnet. Dazu können Werte herangezogen werden, die man durch andere Datierungsmethoden gewonnen hat, zum Beispiel mit der Altersbestimmung durch Jahrringe an Bäumen (Dendrochronologie). Auch feine Ablagerungen in Seen (Warven) werden für die Datierung genutzt. Durch eine solche Eichung gewinnt man den tatsächlichen Zeitbereich, in den ein archäologisches Objekt gehört.

Zur Altersbestimmung altsteinzeitlicher Funde wendet man neben der ^{14}C-Methode weitere Verfahren an, darunter die Uran-Thorium-Methode, die Elektronen-Spin-Resonanz-Methode (ESR) und die Thermolumineszenz-Methode (TL).

beruhen, dass der Gehalt von Radiokohlenstoff in der Atmosphäre nicht zu allen Zeiten gleich war, nahm man erneut Radiokohlenstoffmessungen vor und gewann nun ebenfalls Ergebnisse im Bereich von 40 000 Jahren vor heute für den Beginn des Aurignacien. Diese Resultate waren Gegenstand hitziger Diskussionen, bis mehrere unabhängige Untersuchungen die Ergebnisse bestätigten. Am bemerkenswertesten war dabei eine Datenserie des Radiokohlenstofflabors in Oxford, gewonnen anhand von Material aus dem Geißenklösterle; sie zeigte, dass die älteste Aurignacien-Schicht an diesem Fundplatz zwischen 43 000 und 42 000 Jahre alt ist.

Für die frühen Funde, etwa die aus den Grabungen von Gustav Riek am Vogelherd, fehlen uns wegen fehlender entsprechender Dokumentationsmethoden detaillierte Informationen über den stratigrafischen Kontext. Deshalb können wir für das Pferd und die Funde aus der unteren Aurignacien-Schicht das Alter nur ungefähr bestimmen. Riek gab an, er habe das Vogelherdpferd im Archäologischen Horizont V, eben der untersten Aurignacien-Schicht, gefunden; 40 000 Jahre scheinen also für eine Altersschätzung angemessen. Die Tierknochen aus der gleichen Fundschicht am Vogelherd erbrachten ähnliche kalibrierte Radiokohlenstoffdaten.

Die „Donaukorridor-Hypothese"

Man vermutet, dass moderne Menschen rasch über das Donautal nach Mitteleuropa einwanderten und sehr früh im Verlauf ihrer Ausbreitung über Europa existenzfähige sowie archäologisch sichtbare Populationen bildeten. Diese sogenannte Donaukorridor-Hypothese gründet auf der Tatsache, dass die Hinterlassenschaften moderner Menschen aus dem übrigen Europa jünger datieren. Oder anders formuliert: Die Aurignacien-Funde aus Schwaben sind nachweislich älter als das Aurignacien in nahezu allen anderen Teilen Europas. Genau genommen stellen die Kunstwerke aus den Höhlen der Schwäbischen Alb sogar das älteste bekannte Ensemble dieser Art weltweit dar. Nicholas Conard, David Lewis-Williams und andere Wissenschaftler haben die Hypothese aufgestellt, das Entstehen figürlicher Kunst im oberen Donautal stehe mit einer hier herrschenden Konkurrenzsituation zwischen modernen Menschen und Neandertalern im Zusammenhang.

Rund 65 000 Jahre alte Fragmente von Straußeneierschalen aus dem 180 Kilometer nördlich von Kapstadt gelegenen Felsdach Diepkloof. Die 2–3 Zentimeter großen Bruchstücke sind übersäht mit Linien, Bändern und Schraffuren, die von der Fähigkeit des Steinzeitmenschen zeugen, mit Symbolen zu kommunizieren.

Die Ursprünge der Kunst

Wann, warum und wo die Kunst entstanden ist, wird wahrscheinlich noch über viele Jahre diskutiert werden. Die Funde aus den Höhlen der Schwäbischen Alb liefern dazu aber nennenswerte Anhaltspunkte. Es gibt auf der Welt weitere Fundplätze mit vergleichbar guten Erhaltungsbedingungen für organisches Material und damit für Artefakte aus Knochen, Geweih und Elfenbein, und mit einer ähnlich langen Geschichte intensiver Forschung, aber dennoch wurden nirgends vergleichbare Funde gemacht.

Auch Hunderte von Neandertaler-Fundplätzen wurden sorgfältig ausgegraben, aber in keiner einzigen Fundschicht gibt es überzeugende Hinweise auf figürliche Kunst. Objekte mit Markierungen, wie sie gelegentlich gefunden wurden, werden in der Regel als Nebenprodukte anderer Tätigkeiten gesehen bzw. allenfalls als wenig entwickelte Beispiele abstrakter Darstellungen. Damit soll nicht gesagt sein, Neandertaler seien primitive, „unzulängliche" Menschen gewesen. Sie waren im Gegenteil höchst geschickte Jäger und Sammler, sie überlebten in ganz unterschiedlichen Landschaften und trotzten den wechselnden Umweltbedingungen in der Eiszeit über einen Zeitraum von gut 200 000 Jahren. Hätten sich nicht moderne Menschen entwickelt und hätten sich diese nicht aus Afrika heraus ausgebreitet, wäre Europa sehr wahrscheinlich heute noch von Neandertalern bewohnt. Anders als die Gesellschaften des Aurignacien, die ersten Gruppen moderner Menschen, die in Südwestdeutschland ankamen, lebten Neandertaler in kleinen Gruppenverbänden, in denen auf eine höchst effektive Weise miteinander kommuniziert wurde, ohne dass es in der materiellen Kultur, im Kommunikationssystem, künstlerische oder symbolische Komponenten gegeben hätte. Über Zehntausende von Jahren kamen sie also gut ohne figürliche Kunst aus. Dasselbe gilt für Asien: Für die vormodernen Menschen fehlen hier Hinweise auf figürliche Kunst. Erst mit der Ankunft moderner Menschen kurz nach 50 000 Jahre vor heute gerieten die Neandertalergruppen im westlichen Eurasien unter nennenswerten Druck.

Auch in Afrika, diesem riesigen und vielfältigen Kontinent, gibt es keinen Fundplatz aus dem Middle Stone Age (MSA), wie jene Periode genannt wird, in der sich der moderne Mensch entwickelte, mit Hinweisen auf figürliche Kunst, die älter wäre als 30 000 Jahre. Aus Fundstellen des MSA wie Diepkloof oder Blombos stammen zahlreiche Funde von Ocker und Straußeneischalen mit geometrischen Mustern – fast sicher tragen diese Muster Informationen und wir können die Objekte

Schale einer Meeresschnecke mit Ockerresten aus der Blombos-Höhle in Südafrika.

Tierdarstellung auf Steinplatten aus der Apollo-11-Höhle im südwestlichen Namibia.

als symbolische oder künstlerische Artefakte ansehen. Sie sind in der Regel zwischen 80 000 und 60 000 Jahre alt und damit viel älter als die figürliche Kunst in Schwaben. Figürliche Darstellungen sind aber erst für das Ende des MSA vor etwa 30 000 Jahren belegt, in Form kleiner Malereien auf Steinplatten aus der Apollo-11-Höhle im südwestlichen Namibia. Dies ist umso bemerkenswerter, wenn wir bedenken, dass Menschen mit unserer anatomischen Form schon vor mindestens 200 000 Jahren in Afrika entstanden sind. Wie die Neandertaler im westlichen Eurasien brauchten offenbar auch diese frühen modernen Menschen keine figürlichen Darstellungen, um ihr tägliches Leben zu bestreiten.

Schwäbische Besonderheiten

Wir haben bereits gesehen, dass die schwäbischen Höhlen zwar wichtige Informationen zu zahlreichen Formen der Technologie, Subsistenz und materiellen Kultur geliefert haben, aber nur sehr wenige Skelettreste von mittelpaläolithischen Neandertalern und jungpaläolithischen modernen Menschen. Der einzelne Oberschenkelknochen aus dem Mittelpaläolithikum des Hohlenstein-Stadels ist der einzige Knochen eines Neandertalers aus der Region, und von frühen modernen Menschen sind hier lediglich vereinzelte Fragmente von Knochen und Zähnen bekannt. Anderswo in Europa und im Nahen Osten wurden demgegenüber sehr viele Gräber und Fossilien von Neandertalern und modernen Menschen gefunden. Anders als die Leute dort kennen wir die Bewohner der Fundstellen auf der Schwäbischen Alb also ausschließlich durch die von ihnen zurückgelassenen Artefakte.

Noch interessanter ist die Tatsache, dass kein einziger Fund und Befund in den Schwäbischen Höhlen darauf hinweist, dass Neandertaler und moderne Menschen einander begegnet oder zueinander in einer Wechselbeziehung gestanden hätten. Es gibt vielmehr einen radikalen Wechsel zwischen den von Neandertalern hergestellten mittelpaläolithischen Artefakten und den auf moderne Menschen zurückgehenden Funden des Aurignacien. In Schwaben beginnt das Aurignacien früh sowie in voll entwickelter Form nach einer offensichtlichen Periode der Entvölkerung bzw. nach einer Besiedlungslücke. Auch diese Situation ist einzigartig: In vielen anderen Teilen Europas scheinen mannigfaltige sogenannte Übergangsindustrien eine Periode der Änderung von den Kulturen des Mittelpaläolithikums zum Jungpaläolithikum, also einen Wechsel von archaischen Neandertalern zu modernen Menschen, zu markieren.

Wie es zu dieser Besonderheit kam, ist schwer zu erklären, und dennoch scheint es, dass moderne Menschen vor etwa 42 000 Jahren im Oberen Donautal ankamen und das mit sich führten, was wir als die charakteristische materielle Kultur des schwäbischen Aurignacien ansehen. Von Anfang an stellten die Menschen des Aurignacien aus Mammutelfenbein geschnitzte figürliche Kunst, Musikinstrumente und Schmuckobjekte sowie zahlreiche weitere Neuerungen her, die in der langen Geschichte der Neandertaler im westlichen Eurasien unbekannt waren.

40 000 Jahre alter Fund aus dem Hohle Fels: Mit diesem Werkzeug aus Mammutelfenbein ließen sich aus Pflanzenfasern Schnüre oder Seile herstellen. Länge: 20,4 Zentimeter, mit 4 Löchern in einem Durchmesser von 7–9 Millimetern.

Stark durch Innovation und Anpassungsfähigkeit

Die Neandertaler sind als gesellschaftlich und technologisch eher konservativ anzusehen, während die Menschen des Aurignacien die symbolische Komplexität rasch steigerten, wie es im archäologischen Befund sichtbar wird. Gleichzeitig zeigen der Reichtum der Fundschichten und zahlreiche weitere Indizien, dass die Populationen im Aurignacien in den Tälern der Schwäbischen Alb wesentlich größer waren als während des langen Zeitraums, in dem Neandertaler in der Region lebten. Man erkennt das in sehr unmittelbarer Weise während einer Ausgrabung: Wenn man in mittelpaläolithischen Schichten gräbt, die auf Neandertaler zurückgehen, ist man froh, überhaupt ein einzelnes Artefakt zu finden, während man in den Aurignacienzeitlichen Schichten auf so viele unterschiedliche Funde stößt, dass man als Ausgräber kaum weiß, welche Stücke man zuerst dokumentieren soll. Dies gilt für alle Fundkategorien, darunter verbrannte Knochen und Holzkohle, die Reste geschlachteter Tiere, Steinwerkzeuge sowie Werkzeuge aus Knochen, Geweih und Elfenbein, ganz zu schweigen von den zahlreichen neuen Formen symbolischer Artefakte. Die meisten Schätzungen der Bevölkerungsdichte von Neandertalern und modernen Menschen gehen davon aus, dass mindestens zehnmal so viele moderne Menschen auf der Schwäbischen Alb lebten wie zuvor Neandertaler.

Die neuartigen symbolischen Artefakte – figürliche Kunst, Musikinstrumente und neue Schmuckformen – waren wahrscheinlich Ausdruck der Ausbreitung einer symbolischen Kultur, die es mehr Menschen gestattete, miteinander zu kommunizieren, und die dazu beitrug, den sozialen Zusammenhalt in Gruppen aufrechtzu-

Fantastische Vielfalt: Wandmalereien der Grotte Chauvet-Pont d'Arc in der Ardèche.

erhalten, die weitaus größer waren als die kleinen gesellschaftlichen Einheiten der Neandertaler. In den gefundenen Löwenmenschen offenbart sich gar eine gewisse Religion. Die größere Bevölkerungsdichte und damit einhergehend veränderte gesellschaftliche Rahmenbedingungen brachten also grundlegende Neuerungen innerhalb der symbolischen Welt, die den modernen Menschen Verhaltensvorteile gegenüber den einheimischen Neandertalern verschafften, die diese Anpassungen niemals benötigt oder es vielleicht vorgezogen hatten, ohne sie zu leben.

Das bedeutet nicht, dass der Mensch allein durch Symbole existierte. Im Gegenteil: Die Verbreitung symbolischer Artefakte ging mit zahllosen technologischen Neuerungen einher, deren Verwendung sich an Funden und Artefakten des schwäbischen Aurignacien ablesen lässt. Diese Innovationen, die neuen symbolischen Artefakte und eine Erweiterung des Nahrungssortiments moderner Menschen (die tierischen Überreste aus den schwäbischen Höhlen zeugen davon, dass die modernen Menschen mehr und mehr Fisch, Geflügel und kleine Säugetiere, darunter Hasen, aßen) und in Konsequenz eine Steigerung der Geburts- und Überlebensrate der modernen Menschen führten letztlich zum Aussterben der Neandertaler.

Bildlich gesprochen können wir die gewaltige Ausbreitung von symbolischem Ausdruck, Informationsspeicherung und neuen Formen der Kommunikation einschließlich figürlicher Kunst und Musik als den Klebstoff betrachten, der diese größeren gesellschaftlichen Einheiten zusammenzuschweißen half und den sozialen Zusammenhalt förderte, der auch unser heutiges Leben kennzeichnet. Die Höhlen der Schwäbischen Alb stellen das erste und am besten belegte Beispiel für diese Prozesse dar, die menschliches Dasein in grundlegender Weise bestimmen. Anders gesagt: Wenn wir

in die Vergangenheit reisen könnten, um Neandertaler zu besuchen, die vor 50 000 Jahren auf der Schwäbischen Alb und in deren Umkreis lebten, würden wir Menschen begegnen, die uns sehr fremd sind und die eine ganz andere Art und Weise hatten, ihr Leben und ihr gesellschaftliches Miteinander zu gestalten. Im Gegensatz dazu wären uns die Menschen des Aurignacien eher vertraut. Zweifellos würden wir eine neue Sprache lernen müssen und auch, wie man Steine schlägt, Tiere jagt, Felle bearbeitet, Feuer macht und zahllose weitere Dinge, aber wenn wir uns diese Fähigkeiten erst einmal angeeignet hätten, würden wir erkennen, dass wir in vielerlei Hinsicht genauso sind wie die Menschen des Aurignacien.

Figürliche Kunst und neue Formen der Kommunikation sowie gesellschaftliches Engagement verbreiteten sich mit den modernen Menschen über den gesamten Erdball. Diese neuen Formen der Kommunikation sowie der Speicherung und Weitergabe von Informationen waren so erfolgreich, dass figürliche Kunst in zahllosen Ausprägungen im archäologischen Befund der Alten Welt angetroffen wird, von den Wandmalereien der Grotte Chauvet-Pont d'Arc in der Ardèche, den bemalten Kalksteinen der Grotta di Fumane in Norditalien über die Kunstwerke von den Fundplätzen aus der Dordogne, Nordspanien, der österreichischen Wachau bis hin zu entfernten Gegenden wie Sulawesi und Australien – um nur einige wenige zu nennen. Figürliche Kunst breitete sich aus, und unser Leben heute ist ohne Kunst und figürliche Darstellungen undenkbar. In diesen Zusammenhang gehören auch Formen der Kunst wie Gesang, Erzählen, Tanz, Musik und andere, die archäologisch nur sehr selten sichtbar sind.

Was bedeuten die Kunstwerke aus dem Ach- und dem Lonetal?

Welche Bedeutung haben die Figuren aus den Höhlen der Schwäbischen Alb und welche Funktion könnten sie in der Gesellschaft des Aurignacien gehabt haben? Viele haben sich mit dieser Frage befasst, und buchstäblich Dutzende von Antworten finden sich in der wissenschaftlichen Literatur. Die Rede ist von l'art pour l'art, von Jagdmagie, taktilen Erfahrungen, von Spielzeugen, Schamanismus und vielen anderen Funktionen.

Gustav Riek betrachtete die Kunstwerke als Bindeglied zwischen den Aurignacien-zeitlichen Bewohnern und ihrer Umwelt. Die Tierskulpturen lieferten Informationen über die Rahmenbedingungen, mit denen die Eiszeitjäger vom Vogelherd konfrontiert waren; die zahlreichen Markierungen auf den Figuren deutete er als Zeugnis einer Jagdmagie. Andere Wissenschaftler werteten die verschiedenartigen Tiere als totemistische

Auf dem bemalten Kalkstein aus der Grotta di Fumane in der italienischen Provinz Verona lässt sich ein Mischwesen ausmachen: ein Mensch mit einem Tierkopf.

Darstellungen oder als Anzeiger einer Klanzugehörigkeit. Joachim Hahn, Entdecker des Löwenmenschen aus dem Hohlenstein-Stadel sowie der Aurignacien-zeitlichen Kunstwerke aus dem Geißenklösterle, entwickelte die Hypothese von „Kraft und Aggression": Die Künstler hätten ihrer Bewunderung und Ehrfurcht gegenüber kräftigen, schnellen und gefährlichen Tieren wie Löwen, Mammuten, Pferden, Bisons und Bären Ausdruck verliehen. Wie aber passen Fisch, Igel, Wasservogel und die zwei Frauenfiguren, die man gefunden hat, zu dieser Interpretation?

Shumon Hussain aus Leiden und Harald Floss aus Tübingen glauben, in den vielen Mammuten und Löwen manifestiere sich deren „soziale Bedeutung" für die Aurignacien-zeitlichen Jäger auf der Schwäbischen Alb. Sie betonen die zahlreichen besonderen Verhaltensmerkmale dieser eindrucksvollen Tiere und vermuten in der Vorstellungswelt des Aurignacien einen fließenden Übergang zwischen Tieren und Menschen. Auch Martin Porr von der Universität von Westaustralien hebt die Bedeutung der Mammute und Löwen im künstlerischen Repertoire des schwäbischen Aurignacien hervor. Er interpretiert diese Figuren als Ausdruck einer idealisierten Sicht auf die Welt und als materielle Wiedergabe des kulturellen Gedächtnisses Aurignacien-zeitlicher Jäger und Sammler.

Die vielleicht anerkannteste Interpretation ist die Schamanismus-Hypothese, die von Wissenschaftlern wie David Lewis-Williams von der Witwatersrand-Universität in Südafrika verfochten wird. Lewis-Williams wertet die Kunstwerke und insbesondere die Löwenmenschen als Ausdruck eines Glaubenssystems, das durch die Umwandlung zwischen Menschen und Tieren, besonders zwischen Menschen und Löwen, gekennzeichnet ist. Ein Schamane oder eine Schamanin würde seinen/ihren Körper im Rahmen eines veränderten Bewusstseinszustands physisch aufgeben und sich in einen Löwenmenschen verwandeln, um unsere materielle Welt zu verlassen und, begleitet von Hilfsgeistern wie Wasservögeln oder anderen Tieren, in die Geisterwelt zu reisen. Solche Formen des Glaubens sind in mannigfaltigen Ausprägungen in verschiedenen heutigen Kulturen belegt, und Lewis-Williams betrachtet Schamanismus als frühesten im archäologischen Befund nachgewiesenen Ausdruck von Glaubensvorstellungen und Religion. In einer Welt mit so vielen Geheimnissen und Unwägbarkeiten benötigten alle Gesellschaften ein Mittel, um die Welt zu betrachten und die grundlegenden Fragen von Leben und Tod, Liebe und Hass, Edelmut und Grausamkeit der uns umgebenden Welt zu beantworten. Eine Hauptschwäche der Schamanismus-Hypothese besteht darin, dass sie weder belegt noch widerlegt werden kann, denn jedweder Fund kann so gedeutet werden, dass er ins Konzept passt. Die Befürworter wiederum sagen, der Kernpunkt sei die Glaubhaftigkeit des Modells und nicht seine Widerlegbarkeit.

Eine Hypothese, die in den letzten Jahren Plausibilität erlangte, ist das Fruchtbarkeitsmodell. Obwohl alle Jäger und Sammler auf Üppigkeit in der Welt um sie herum hoffen, hat man diesem Konzept bis zu der Auffindung zweier Frauenfiguren in der untersten Aurignacien-Schicht im Hohle Fels in den Jahren 2008 und 2014 verhältnismäßig wenig Beachtung geschenkt. Zweifellos ist die Behauptung, die besser erhaltene

Der Archäologe und Museumspädagoge Rudolf Walter spielt auf der Nachbildung einer Schwanenknochen-Flöte aus dem Aurignacien, wie sie im Geißenklösterle gefunden wurde.

Frauenfigur, die „Venus vom Hohle Fels“, drücke eine Form von Fruchtbarkeit aus, nur schwer abzustreiten. Sie scheint unmittelbar mit der menschlichen Fortpflanzung wie auch mit Üppigkeit in einem allgemeineren Sinn verbunden zu sein. Angesichts der kleinen Gruppen der Jäger und Sammler, die durch das Donautal und darüber hinaus voranschritten, war es entscheidend, dass die Frauen und ihr Nachwuchs die Geburt überlebten. Der Tod einer Frau im fortpflanzungsfähigen Alter traf eine Menschengruppe des Aurignacien schwer. Von daher war das Wissen um Fortpflanzung und das, was wir als Paläo-Geburtshilfe betrachten könnten, wohl von entscheidender Bedeutung. Auch in einem allgemeineren Sinn hatte das Thema Fruchtbarkeit grundlegende Bedeutung für Menschengruppen, die vor 40 000 Jahren am Rand der bewohnbaren Welt, nahe dem Nordrand der alpinen Gletscher gelebt haben. Man kann sich kaum das Glücksgefühl vorstellen, das der Frühling mit seinem wärmenden Sonnenschein, dem Schmelzen des Eises, dem grünen Gras, den blühenden Pflanzen und der Geburt von Tieren bei den Menschen auslöste, die gerade unsäglich lange Winter in den dunklen Höhlen der Schwäbischen Alb ausgestanden hatten.

Der wesentliche Punkt ist, dass alle Kunst, ob religiös oder weltlich – soweit solche Kategorien überhaupt sinnvoll sind –, niemals nur eine einzige Bedeutung hat. Was ist der Sinn einer Darstellung der Jungfrau Maria, eines Pferdes von Degas oder eines Selbstporträts von Dürer oder Rembrandt? In gleicher Weise wäre es unsinnig zu glauben, paläolithische Kunst habe nur eine einzige Bedeutung gehabt, und es überrascht nicht, dass keine einzelne Hypothese die schwäbischen Figuren im vollen Umfang einleuchtend erklären kann. Jeder, der Kunst betrachtet, tut dies in hohem Maß subjektiv. Damit soll nicht gesagt werden, dass die Suche nach der Bedeutung beispielsweise des Vogelherdpferds vergeblich, sinnlos oder völlig willkürlich ist. Im Gegenteil eröffnet diese Suche immer neue und wunderbare Einblicke in das Leben der Menschen, die die schwäbischen Fundstellen im Aurignacien bewohnten, und jeder Betrachter mag für sich selbst nach einer eigenen Deutung suchen.

Die Musikinstrumente aus den schwäbischen Höhlen

Dieselben archäologischen Schichten am Vogelherd, Geißenklösterle und Hohle Fels, aus denen zahlreiche Kunstwerke stammen, lieferten, wie wir gesehen haben, auch ungefähr ein Dutzend Beispiele für Musikinstrumente. Bei allen handelt es sich um Bruchstücke von Blasinstrumenten, darunter verschiedene Flötenarten, die man aus den hohlen Flügelknochen von Schwänen und Geiern fertigte, sowie Flöten verschiedener Größen, die aus massivem Mammutelfenbein geschnitzt wurden. Letztere untermauern die Feststellung, dass die Handwerker und Künstler aus dem schwäbischen Aurignacien außerordentlich versierte Elfenbeinschnitzer waren. Diese Musikinstrumente sind die ältesten, die bisher weltweit bekannt sind. Die Menschen des Aurignacien waren also nicht nur die ersten, die figürliche Darstellungen fertigten, sondern auch die ersten, die eine Musiktradition besaßen.

Natürlich ist es möglich und sogar wahrscheinlich, dass Menschen schon früher sangen und musizierten, tanzten oder sich in anderen Zusammenhängen mit musikalischen Äußerungen befassten, aber die Musikinstrumente aus den schwäbischen Höhlen sind die ersten Befunde für eine solche Tradition.

Was die Frage anbelangt, warum die Höhlen auf der Schwäbischen Alb auch in dieser Hinsicht einzigartig sind, sind erneut die günstigen Erhaltungsbedingungen nicht außer Acht zu lassen. Sie sind eine entscheidende Voraussetzung dafür, dass wir heute Knochen- und Elfenbeinflöten finden. Die an Grabungen Beteiligten waren nach den frühen Entdeckungen der 1990er-Jahre zudem für entsprechende Funde sensibilisiert, und sie fingen an, systematischer nach solchen Funden zu suchen. In der Archäologie verhält es sich häufig so: Ist erst eine neue Fundkategorie identifiziert, dann wird sie immer häufiger erkannt, weil die Forscher nun wissen, worauf sie ihr Augenmerk richten müssen. Demnach können wir in Zukunft durchaus mit dem Fund weiterer Flöten rechnen.

Vom Vogelherd kennen wir einige extrem kleine Vogelknochenartefakte, die wie Flöten aussehen, aber es ist nicht ganz sicher, ob es sich tatsächlich um Musikinstrumente handelt oder nicht. Künftige Forschungen müssen zeigen, ob wir mit den winzigen Artefakten in Ergänzung des Sortiments an Schwanen- und Geierknochenflöten sowie des Spektrums an Mammutelfenbeinflöten eine dritte Instrumentenklasse haben. Wie auch immer, die Bandbreite an Musikinstrumenten ist groß, und wir nehmen an, dass diese Flötentypen gelegentlich zeitgleich gespielt wurden, vielleicht begleitet durch Rhythmusinstrumente, Klatschen und Gesang. Vor dem Hintergrund der wunderbaren Akustik in den Höhlen kann man sich gut vorstellen, dass Musik ein zentrales Element im Leben der Menschen im Aurignacien war.

UNESCO-WELTERBE

Höhlen und Eiszeitkunst de

chwäbischen Alb

Vorangehende Doppelseite:
Blick von Südwesten auf das
Achtal mit dem Hohle Fels.

Weltweit einzigartig sind die aus Mammutelfenbein geschnitzten kleinen Figuren von Tieren, Menschen und Mischwesen aus den Aurignacien-Fundschichten von vier der sechs Höhlen im Lone- und im Achtal. Auch die Schmuckobjekte aus Mammutelfenbein oder Stein, die sich in allen sechs Höhlen fanden, sind bemerkenswert sowie die Flöten aus Mammutelfenbein und Vogelknochen aus drei Höhlen. Die Schwäbischen Höhlen mit früher Eiszeitkunst und ihre Umgebung waren Teil des Habitats des frühen *Homo sapiens*. Es ist freilich anzunehmen, dass der frühe *Homo sapiens* nicht nur in den Höhlen lebte, sondern auch in der umgebenden Landschaft. Die Höhlen dienten als Siedlungen, Ateliers und Musikhallen. Sie dürfen deshalb nicht nur als Lagerplätze der Objekte angesehen werden. Sie waren wie die umgebende Landschaft gleichzeitig Quelle der Inspiration, Herstellungsort und Kontext der frühen Kunst. Landschaft, Höhlen und Kunstwerke bilden daher ein Ensemble der frühen Kunst.

Figürliche Kunst, Musik und religiöse Traditionen, wie sie alle heutigen Gesellschaften kennen, sind in den Höhlen der Schwäbischen Alb zum ersten Mal belegt. Sie halfen unserer Menschenart, ihre Lebenswelt zu meistern, sich letztlich über den gesamten Erdball zu verbreiten und die archaischen Menschen, darunter die Neandertaler, abzulösen. Der frühe *Homo sapiens* hat immer neue geografische Nischen besetzt, alle heute lebenden Menschen stammen von ihm ab. Funde wie die Kunstwerke aus dem Vogelherd, der Stadel-Höhle im Hohlenstein, dem Geißenklösterle und dem Hohle Fels belegen, dass spätestens vor 40 000 Jahren Kunst existierte – ein grundlegendes Merkmal dessen, was Menschsein bedeutet. Sie zeugen von allerfrühester menschlicher Schöpferkraft und Ausdrucksfähigkeit.

Vogelherdhöhle, Lonetal

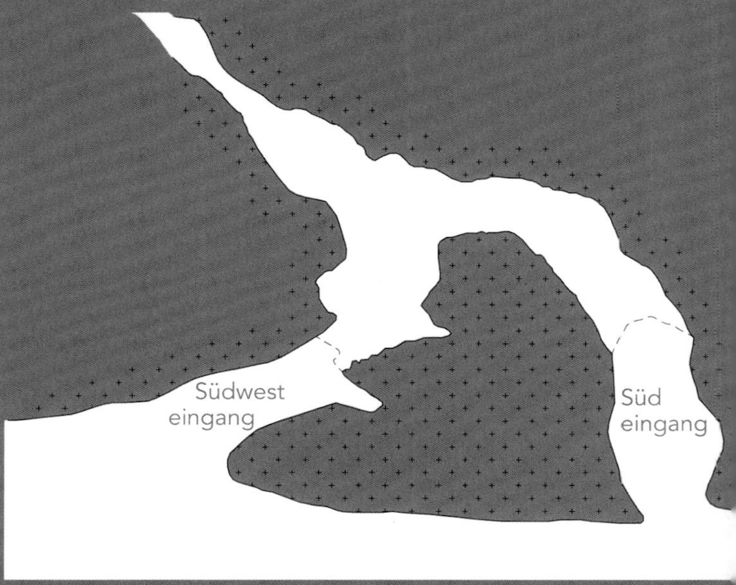

Hohle Fels, Achtal

Grundrisse der sechs Albhöhlen auf der UNESCO-Welterbeliste

Stadel-Höhle im Hohlenstein, Lonetal 10 m

Bocksteinhöhle, Lonetal 10 m

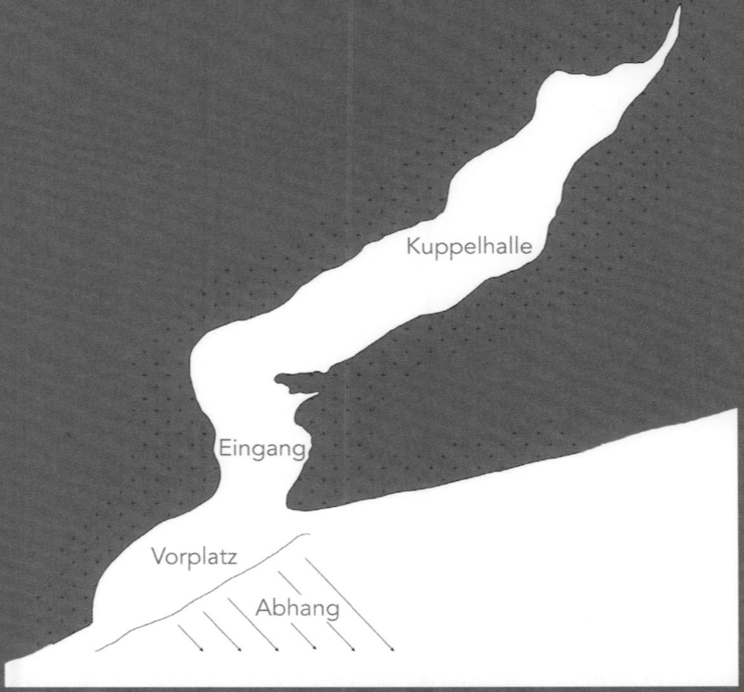

Sirgensteinhöhle, Achtal 10 m

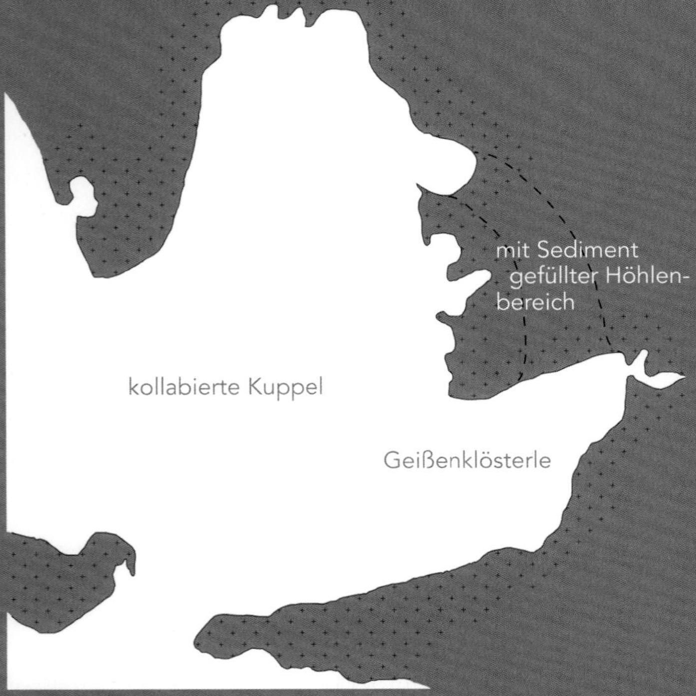

Geißenklösterle, Achtal 10 m

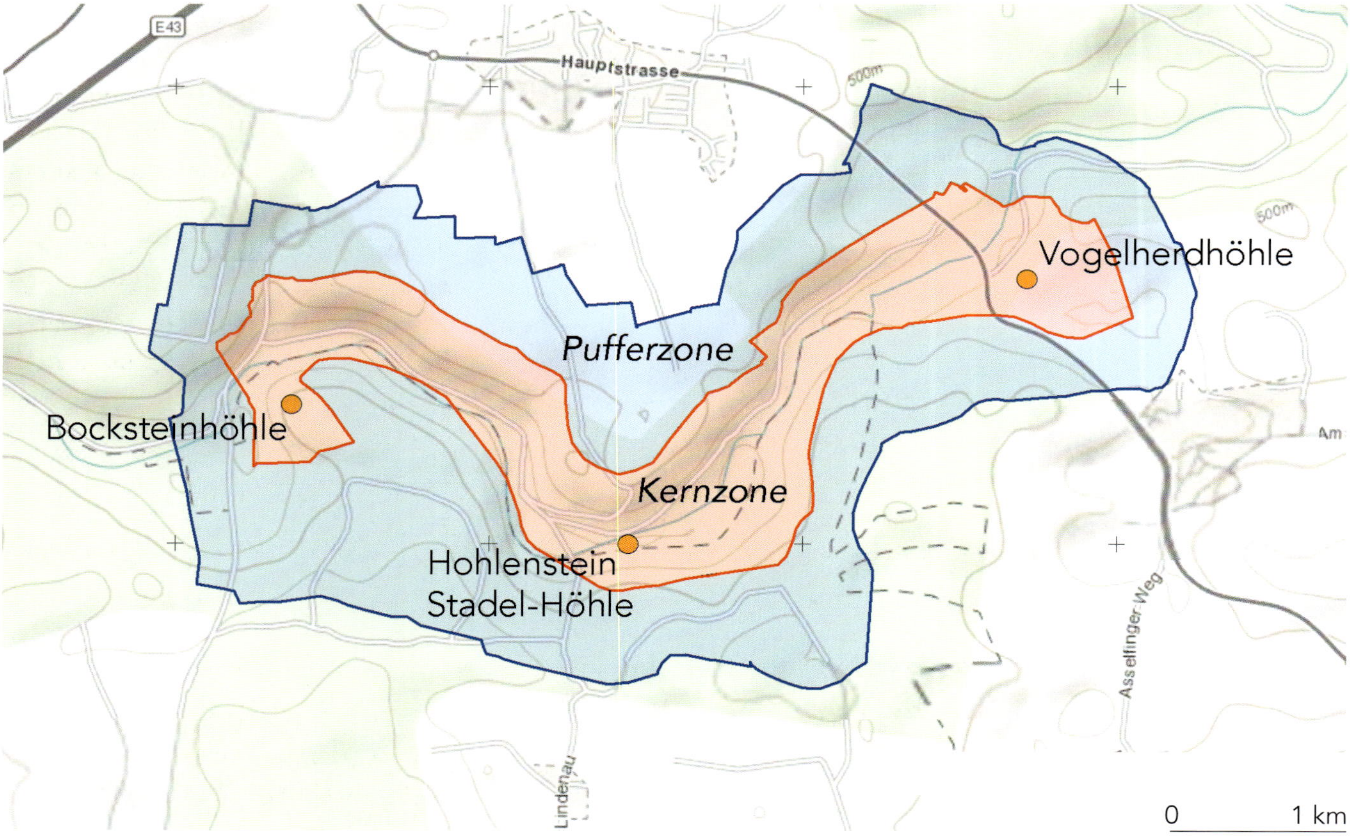

UNESCO-Schutzzone im Lonetal im Alb-Donau-Kreis und dem Landkreis Heidenheim mit der Kernzone in Rot und der umgebenden Pufferzone in Blau.

Die Welterbekritierien

Die Welterbeliste wird seit Anfang der Siebzigerjahre des 20. Jahrhunderts geführt. Mit fortschreitender Erweiterung der Liste erkannten die Funktionäre der UNESCO, dass unter den Weltkulturerbestätten Kirchen, Städte, Klöster, Paläste und Schlösser, also architektonische Objekte, stark überrepräsentiert waren. Deshalb sollte ein verstärktes Augenmerk auf archäologische Stätten gerichtet werden. In Deutschland wurde jedes Bundesland aufgefordert, neue Stätten vorzuschlagen. Ein Gutachtergremium prüfte nahezu drei Dutzend Kandidaten und setzte die Höhlen im Achtal (Hohle Fels, Geißenklösterle und Sirgenstein) und im Lonetal (Hohlenstein, Vogelherd und Bockstein) auf Platz 1 der deutschen Vorschlagsliste. Anfang 2016 wurde dann das Nominierungsdossier für die schwäbischen Höhlen bei der UNESCO eingereicht und im Sommer 2017 erhielten sie den Status des Weltkulturerbes! Die Schwäbischen Höhlen sind somit die erste Welterbestätte in Deutschland aus der Altsteinzeit. Sie erfüllen aus historischen, ästhetischen sowie anthropologischen Gesichtspunkten die Voraussetzungen des außergewöhnlichen universellen Wertes, des *outstanding universal value*, den eine Stätte laut Artikel 1 des „Übereinkommen zum Schutz des Kultur- und Naturerbes der Welt" besitzen muss, um sie in die Welterbeliste einzuschreiben.

Damit ein Aufnahmeantrag überhaupt Erfolg haben kann, muss mindestens eines von zehn Kriterien erfüllt sein, die das Welterbekomitee definiert hat. Tatsächlich trifft auf die Höhlen im Ach- und Lonetal zusammen mit den Fundobjekten und der sie umgebenden Landschaft eines dieser zehn definierten Kriterien zu:

(iii): *Ein Gut sollte ein einzigartiges oder zumindest außergewöhnliches Zeugnis von einer kulturellen Tradition oder einer bestehenden oder untergegangenen Kultur darstellen:*

In den archäologischen Schichten der schwäbischen Höhlen sind die kulturellen Hinterlassenschaften des Aurignacien in ihrer Gesamtheit erhalten. Die einzigartigen figürlichen Kunstobjekte und Musikinstrumente gewähren Einblick in die frühen Entstehungsprozesse von Kunst, Musik und Religion. Landschaft, Höhlen und Fundobjekte repräsentieren ein einzigartiges und außergewöhnliches Beispiel einer frühen kulturellen Tradition und einer untergegangenen Kultur.

Des Weiteren fordert die UNESCO den Nachweis der Integrität und der Authentizität. Für die schwäbischen Höhlen lassen sich beide Nachweise erbringen: Sie repräsentieren Komponenten derselben historisch-kulturellen Gruppe (des Aurignacien) und desselben geografischen Gebiets (der Schwäbischen Alb). Sie sind von zentraler Bedeutung für wissenschaftliche Erkenntnisse über die altsteinzeitlichen Siedlungssysteme sowie über die Entstehung von figürlicher Kunst, Musik und religiösen Vorstellungen der frühen moder-

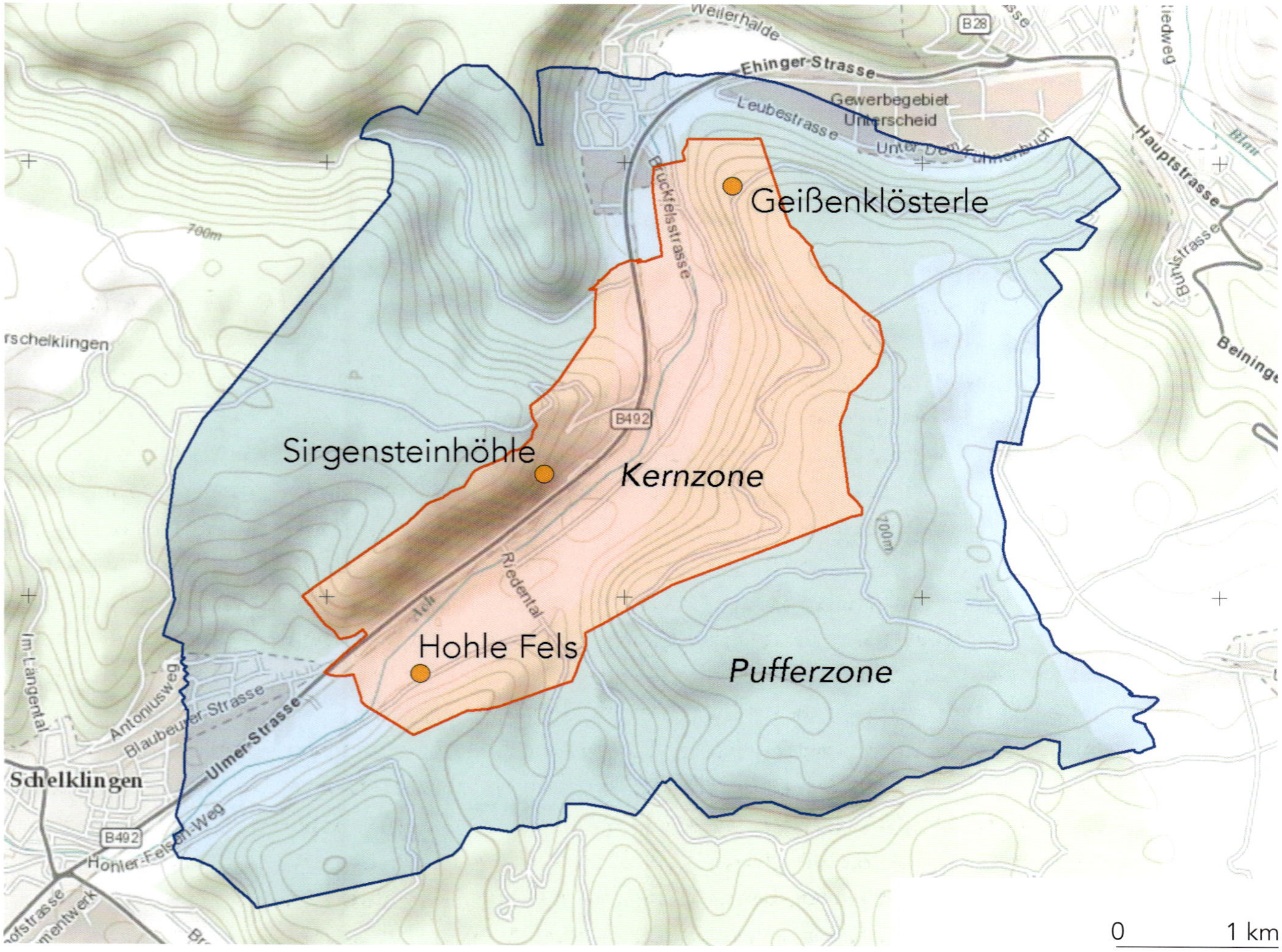

UNESCO-Schutzzone im Achtal bei Blaubeuren und Schelklingen im Alb-Donau-Kreis, mit der Kernzone in Rot und der umgebenden Pufferzone in Blau.

nen Menschen. Das Areal umfasst sämtliche Komponenten der Fundregion, von den Fundobjekten über die archäologischen Fundschichten und Siedlungsstrukturen bis hin zu der sie unmittelbar umgebenden Landschaft. Darüber hinaus gibt es in diesem Gebiet wenig bekannte und nicht erschlossene Fundstellen. Die Integrität der Stätte wird durch bestehende Schutzbestimmungen und Schutzmaßnahmen gewährleistet.

Durch die Akkumulation von geologischen Schichten in den Höhlenfundstellen blieben die prähistorischen Hinterlassenschaften bis zu ihrer ersten paläontologischen bzw. archäologischen Ausgrabung geschützt und erhalten. Nicht zuletzt deshalb bewahren die beiden Talabschnitte ihre Authentizität. Die historische Echtheit der Höhlen, der Fundobjekte und der Landschaften wird darüber hinaus durch die wissenschaftlichen Ergebnisse der archäologischen Ausgrabungen belegt. Voraussetzung ist die vorhandene und fortlaufende Dokumentation der Befunde.

Der Antrag auf Aufnahme der „Höhlen und Eiszeitkunst der Schwäbischen Alb" in die Welterbeliste der UNESCO wurde zwischen 2012 und 2016 von Mitarbeitern des Landesamtes für Denkmalpflege im Regierungspräsidium Stuttgart in Zusammenarbeit mit dem Ministerium für Wirtschaft, Arbeit und Wohnungsbau Baden-Württemberg erstellt. Am 9. Juli 2017 erfolgte die Aufnahme.

Letztendlich würdigt die Anerkennung dieser Fundstellen als Welterbestätte der UNESCO auch die Arbeit der Generationen von Archäologen der Universität Tübingen und des baden-württembergischen Landesamts für Denkmalpflege, die in den Höhlen der Schwäbischen Alb gegraben und systematisch die Ursprünge von Kunst, Musik und kultureller Modernität, wie sie heute verstanden werden, nachgezeichnet haben.

Die Welterbeliste der UNESCO

Die UNESCO-Welterbeliste basiert auf dem „Übereinkommen zum Schutz des Kultur- und Naturerbes der Welt", das am 16. November 1972 in Paris verabschiedet wurde. Im Sinne dieses Übereinkommens gelten laut Artikel 1 als „Kulturerbe":

Denkmäler: *Werke der Architektur, Großplastik und Monumentalmalerei, Objekte oder Überreste archäologischer Art, Inschriften, Höhlen und Verbindungen solcher Erscheinungsformen, die aus geschichtlichen, künstlerischen oder wissenschaftlichen Gründen von außergewöhnlichem universellem Wert sind;*

Ensembles: *Gruppen einzelner oder miteinander verbundener Gebäude, die wegen ihrer Architektur, ihrer Geschlossenheit oder ihrer Stellung in der Landschaft aus geschichtlichen, künstlerischen oder wissenschaftlichen Gründen von außergewöhnlichem universellem Wert sind;*

Stätten: *Werke von Menschenhand oder gemeinsame Werke von Natur und Mensch sowie Gebiete einschließlich archäologischer Stätten, die aus geschichtlichen, ästhetischen, ethnologischen oder anthropologischen Gründen von außergewöhnlichem universellem Wert sind.*

Ausschlaggebend ist, ob die Stätte von außergewöhnlichem universellem Wert ist. Dies muss bei entsprechenden Anträgen detailliert dokumentiert werden. In Artikel 2 werden dann Stätten definiert, die als Naturerbe im Gegensatz zum Kulturerbe gelten. Bis heute haben 193 Staaten weltweit das Abkommen ratifiziert, darunter auch die Bundesrepublik Deutschland. In Artikel 4 dieses Abkommens wurde festgelegt:

Jeder Vertragsstaat erkennt an, dass es in erster Linie seine eigene Aufgabe ist, Erfassung, Schutz und Erhaltung in Bestand und Wertigkeit des in seinem Hoheitsgebiet befindlichen, in den Artikeln 1 und 2 bezeichneten Kultur- und Naturerbes sowie seine Weitergabe an künftige Generationen sicherzustellen. Er wird hierfür alles in seinen Kräften Stehende tun, unter vollem Einsatz seiner eigenen Hilfsmittel und gegebenenfalls unter Nutzung jeder ihm erreichbaren internationalen Unterstützung und Zusammenarbeit, insbesondere auf finanziellem, künstlerischem, wissenschaftlichem und technischem Gebiet.

Dieser Artikel ist von besonderer Bedeutung, denn er verpflichtet die unterzeichnenden Staaten, selbstständig für den Schutz ihres Welterbes zu sorgen, also sämtliche rechtlichen Voraussetzungen zu schaffen, um die Welterbestätte vor Beschädigung oder gar Zerstörung zu schützen.

1073 Stätten in 167 Ländern befinden sich derzeit auf der Welterbeliste. Davon sind 832 Kulturdenkmale und 206 Naturstätten. Weitere 35 Stätten gehören sowohl dem Kultur- als auch dem Naturerbe an. Zu den bekanntesten Weltkulturerbestätten gehören zum Beispiel die Totenstadt von Memphis mit den Pyramiden von Gizeh in Ägypten, die Große Mauer in China, die Höhlenmalereien im Tal der Vézère in Frankreich, Schloss und Park von Versailles in Frankreich, die Akropolis in Athen in Griechenland, Machu Picchu in Peru, Stonehenge in Großbritannien sowie der Taj Mahal in Agra in Indien. Zum Weltnaturerbe gehören zum Beispiel der Nationalpark Serengeti in Tansania und der Yellowstone Nationalpark in den USA.

In Deutschland gibt es derzeit 42 Welterbestätten. 39 davon gehören zum Weltkulturerbe, drei zum Weltnaturerbe. Als erste Weltkulturerbestätte Deutschlands wurde 1978 der Aachener Dom eingeschrieben. Weitere deutsche Stätten sind z. B. die Schlösser und Parks von Potsdam und Berlin, die Museumsinsel in Berlin, der Kölner Dom und die Völklinger Hütte. Deutsche Weltnaturerbestätten sind die Grube Messel, das Wattenmeer sowie mit den Buchenurwäldern der Karpaten die alten Buchenwälder in Deutschland.

Zu den Weltkulturerbestätten in Baden-Württemberg zählen die Klosteranlage von Maulbronn, die Klosterinsel Reichenau im Bodensee, der Obergermanisch-Rätische Limes, die Prähistorischen Pfahlbauten um die Alpen und das architektonische Werk von Le Corbusier in Stuttgart – und nun auch: Höhlen und Eiszeitkunst der Schwäbischen Alb.

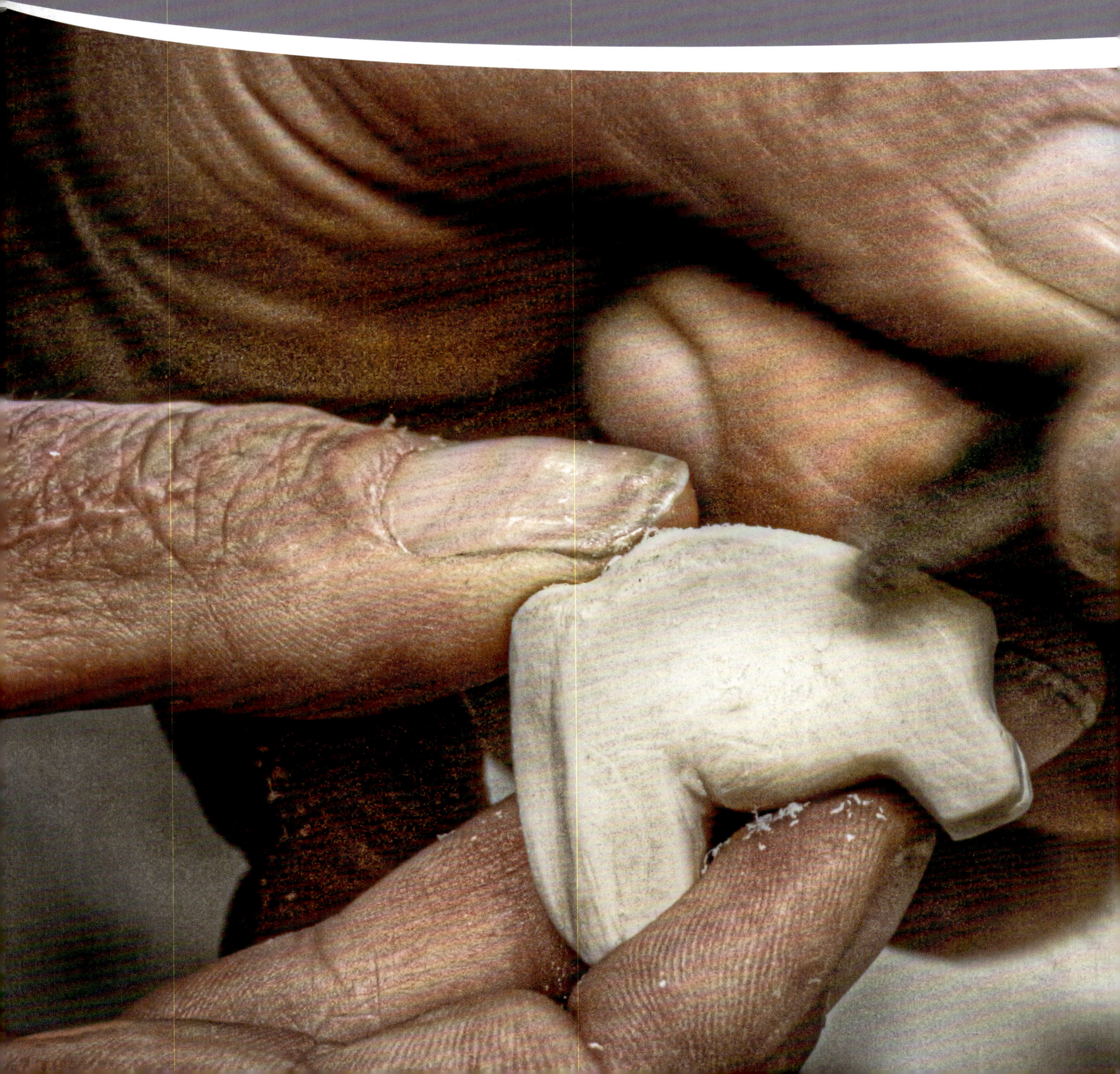

ANHANG

Vorangehende Doppelseite: Der Experimentalarchäologe Wolf Hein hat das kleine Mammut aus den Nachgrabungen vom Vogelherd aus Fossilelfenbein mit Steinwerkzeugen in unzähligen Stunden nachgeschnitzt.

Weiterführende Literatur

Barth, M. M.: Familienbande? Die gravettienzeitlichen Knochen und Geweihgeräte des Achtals (Schwäbische Alb). Tübinger Arbeiten zur Urgeschichte 4. Rahden 2007.

Beck, D.: Das Mittelpaläolithikum des Hohlenstein-Stadel und Bärenhöhle im Lonetal. Universitätsforschungen zur prähistorischen Archäologie 56. Bonn 1999.

Blumentritt, R./Hahn, J.: Der Hohle Fels. Schelklinger Archäologischer Führer 1. Schelklingen 1991.

Bolus, M.: Der Übergang vom Mittel- zum Jungpaläolithikum in Europa. Eine Bestandsaufnahme unter besonderer Berücksichtigung Mitteleuropas. In: Germania 82 (2004) S. 1–54.

– History of Research and the Aurignacian of the Sites in the Swabian Jura. In: N. Sanz (Hrsg.): Human Origin Sites and the World Heritage Convention in Eurasia, Bd. 2. UNESCO World Heritage Papers 41 (2015) S. 32–49.

Bolus, M./Schmitz, R. W.: Der Neandertaler. Ostfildern 2006.

Bosinski, G.: Die Kunst der Eiszeit in Deutschland und in der Schweiz. Bonn 1982.

Conard, N. (Hrsg.): Woher kommt der Mensch? Tübingen 2004.

Conard, N. J.: Paleolithic ivory sculptures from southwestern Germany and the origins of figurative art. In: Nature 426 (2003) S. 830–832.

– A female figurine from the basal Aurignacian of Hohle Fels Cave in southwestern Germany. In: Nature 459 (2009) S. 248–252.

Conard, N. J./Kölbl, S.: Die Venus vom Hohle Fels. Mit einem Beitrag von Sibylle Wolf. Museumsheft 9. Blaubeuren 2010.

Conard, N. J./Bolus, M.: Radiocarbon dating the appearance of modern humans and the timing of cultural innovations in Europe: new results and new challenges. In: Journal of Human Evolution 44 (2003) S. 331–371.

Conard, N. J./Floss, H./Barth M./Serangeli, J. (Hrsg.): Eiszeit – Kunst und Kultur. Begleitband zur Großen Landesausstellung in Stuttgart. Ostfildern 2009.

Conard, N. J./Kitagawa, K./Krönneck, P./Böhme, M./Münzel, S. C.: The Importance of Fish, Fowl and Small Mammals in the Paleolithic Diet of the Swabian Jura, Southwestern Germany. In: Clark, J. L./Speth, J. D. (Hrsg.): Zooarchaeology and Modern Human Origins: Human Hunting Behavior during the Later Pleistocene. Vertebrate Paleobiology and Paleoanthropology, DOI: 10.1007. Dordrecht 2013. S. 173–190.

Conard, N. J./Bolus, M./Münzel, S. C.: Middle Paleolithic land use, spatial organization and settlement intensity in the Swabian Jura, southwestern Germany. In: Quaternary International 247 (2012) S. 236–245.

Conard, N. J./Bolus, M./Dutkiewicz, E./Wolf, S.: Eiszeitarchäologie auf der Schwäbischen Alb. Die Fundstellen im Ach- und Lonetal und in ihrer Umgebung. Tübingen 2015.

Conard, N. J./Bolus, M./Goldberg P./Münzel, S. C.: The last Neanderthals and first modern humans in the Swabian Jura. In: Conard, N. J. (Hrsg.), When Neanderthals and Modern Humans Met. Tübingen 2006. S. 305–341.

Conard, N. J./Malina, M./Münzel, S. C.: New flutes document the earliest musical tradition in southwestern Germany. In: Nature 460 (2009) S. 737–740.

Conard, N. J./Zeidi, M./Janas, A.: Abschließender Bericht über die Nachgrabung am Vogelherd und die Sondage in der Wolftalhöhle. In: Archäologische Ausgrabungen in Baden-Württemberg 2015 (2016) S. 66–72.

Conard, N. J./Bolus, M./Dutkiewicz, E./Wolf, S.: Eiszeitarchäologie auf der Schwäbischen Alb. Die Fundstellen im Ach- und Lonetal und in ihrer Umgebung. Tübingen 2015.

Floss, H./Rouquerol, N. (Hrsg.): Les chemins de l'art Aurignacien en Europe. Das Aurignacien und die Anfänge der Kunst in Europa. Éditions Musée-forum Aurignac, cahier 4. Aurignac 2007.

Hahn, J.: Die Stellung der männlichen Statuette aus dem Hohlenstein-Stadel in der jungpaläolithischen Kunst. In: Germania 48 (1970) S. 1–12.

– Der Sirgenstein, eine urgeschichtliche Höhlenstation im Achtal (Gmde. Blaubeuren-Weiler, Alb-Donau-Kreis). Kulturdenkmale in Baden-Württemberg, Kleine Führer, Blatt 24. Stuttgart 1976.

– Aurignacien. Das ältere Jungpaläolithikum in Mittel- und Osteuropa. Fundamenta, Reihe A (9). Köln/Wien 1977.

– Kraft und Aggression. Die Botschaft der Eiszeitkunst im Aurignacien Süddeutschlands? Archaeologica Venatoria 7. Tübingen 1986.

– Die Geißenklösterle-Höhle im Achtal bei Blaubeuren I. Fundhorizontbildung und Besiedlung im Mittelpaläolithikum und im Aurignacien. Forschungen und Berichte zur Vor- und Frühgeschichte in Baden-Württemberg, 26. Stuttgart 1988.

Hahn, J./Münzel, S.: Knochenflöten aus dem Aurignacien des Geißenklöstele bei Blaubeuren, Alb-Donau-Kreis. In: Fundberichte aus Baden-Württemberg 20 (1995) S. 1–12.

Hahn, J./Müller-Beck, H./Taute, W.: Eiszeithöhlen im Lonetal. Führer zu archäologischen Denkmälern in Baden-Württemberg 3. Stuttgart 1985.

Henshilwood, C. S./d'Errico, F./Yates, R./Jacobs, Z./Tribolo, C./Duller, G. A. T./Mercier, N./Sealy, J. C./Valladas, H./Watts, I./Wintle, A. G.: Emergence of Modern Human Behavior: Middle Stone Age Engravings from South Africa. In: Science 295 (2002) S. 1278–80.

Higham, T./Basell, L./Jacobi, R./Wood, R./Bronk Ramsey, C./Conard, N. J.: Testing models for the beginnings of the Aurignacian and the advent of figurative art and music: The radiocarbon chronology of Geißenklösterle. In: Journal of Human Evolution 62 (2012) S. 664–676.

Hiller, G./Kölbl. S.: Welt Kult-ur Sprung. World origin of culture. Ulm 2016.

Hussain, S. T./Floss, H.: Sharing the world with mammoths, cave lions and other beings: linking animal-human interactions and the Aurignacian „belief world". In: Quartär 62 (2015) S. 85–120.

Kind, C.-J.: Protecting the Stratigraphic Sequences of Caves on the Swabian Jura. In: N. Sanz (Hrsg.): Human Origin Sites and the World Heritage Convention in Eurasia, Bd. 2. UNESCO World Heritage Papers 41 (2015) S. 135–148.

Kind, C.-J./Ebinger-Rist, N./Wolf, S./Beutelspacher, T./Wehrberger, K.: The Smile of the Lion Man. Recent excavations in Stadel Cave (Baden-Württemberg, south-western Germany) and the restoration of the famous Upper Palaeolithic figurine. In: Quartär 61 (2014) S. 129–145.

Leroi-Gourhan, A.: Prähistorische Kunst. Die Anfänge der Kunst in Europa. Freiburg [5]1982.

Lewis-Williams, D. J.: The Mind in the Cave: Consciousness and the Origins of Art. London 1982.

Miller, C. E.: A Tale of Two Swabian Caves. Geoarchaeological Investigations at Hohle Fels and Geißenklösterle. Tübingen 2015.

Moreau, L.: Geißenklösterle. Das Gravettien der Schwäbischen Alb im europäischen Kontext. Tübingen 2009.

Müller-Beck, H. (Hrsg.): Urgeschichte in Baden-Württemberg. Stuttgart 1983.

Müller-Beck, H.: Die Steinzeit. Der Weg der Menschen in die Geschichte. München 1998.

Müller-Beck, H./Conard, N. J./Schürle, W. (Hrsg.): Anfänge der Kunst. Eiszeitkunst im süddeutsch-schweizerischen Jura. Stuttgart 2001.

Orschiedt, J.: Manipulationen an menschlichen Skelettresten. Taphonomische Prozesse, Sekundärbestattungen oder Anthropophagie. Urgeschichtliche Materialhefte 13. Tübingen 1999.

Orschiedt, J.: Menschliche Skelettreste aus Höhlen der Schwäbischen Alb. Bestattungssitten, Menschenopfer oder Kannibalismus? In: Laichinger Höhlenfreund 34/1 (1999) S. 3–20.

Porr, M.: Palaeolithic Art as Cultural Memory: A Case Study of the Aurignacian Art of Southwest Germany. In: Cambridge Archaeological Journal 20 (1) (2013) S. 87–108.

Potengowski, A. F./Münzel, S. C.: Die musikalische „Vermessung" paläolithischer Blasinstrumente der Schwäbischen Alb anhand von Rekonstruktionen. Anblastechniken, Tonmaterial und Klangwelt. In: Mitteilungen der Gesellschaft für Urgeschichte 24 (2015) S. 173–191.

Richter, D./Waiblinger, J./Rink, W. J./Wagner, G. A.: Thermoluminescence, electron spin resonance and 14C-dating of the late Middle and early Upper Palaeolithic site of Geißenklösterle Cave in southern Germany. In: Journal of Archaeological Science 27 (2000) S. 71–89.

Riek, G.: Paläolithische Station mit Tierplastiken und menschlichen Skelettresten bei Stetten ob Lontal. In: Germania 16 (1932) S. 1–8.

– Die Eiszeitjägerstation am Vogelherd im Lonetal, Band 1: Die Kulturen. Tübingen 1934.

– Das Paläolithikum der Brillenhöhle bei Blaubeuren (Schwäbische Alb). Forschungen und Berichte zur Vor- und Frühgeschichte Baden-Württembergs 4. Stuttgart 1973.

Sala, N./Conard, N. J.: Taphonomic analysis of the hominin remains from Swabian Jura and their implications for the mortuary practices during the Upper Paleolithic. In: Quaternary Science Reviews 150 (2016) S. 278–300.

Scheer, A.: Ein Nachweis absoluter Gleichzeitigkeit von paläolithischen Stationen? In: Archäologisches Korrespondenzblatt 16 (1986) S. 383–391.

Schmid, E./Hahn, J./Wolf, U.: Die altsteinzeitliche Elfenbeinstatuette aus der Höhle Stadel im Hohlenstein bei Asselfingen, Alb-Donau-Kreis. In: Fundberichte aus Baden-Württemberg 14 (1989) S. 33–118.

Schmidt, R. R.: Die diluviale Vorzeit in Deutschland. Stuttgart 1912.

Taller, A.: Das Magdalénien des Hohle Fels. Chronologische Stellung, lithische Technologie und Funktion der Rückenmesser. Tübingen 2014.

Texier, P.-J./Porraz, G./Parkington, J./Rigaud, J.-P./Poggenpoel, C./Miller, C./Tribolo, C./Cartwright, C./Coudenneau, A./Klein, R./Steele, T./Verna, C.: A Howiesons Poort tradition of engraving ostrich eggshell containers dated to 60,000 years ago at Diepkloof Rock Shelter, South

Africa. In: Proceedings of the National Academy of Sciences of the United States of America 107 (2010) S. 6180–85.

Vogelsang, R.: Middle-Stone-Age-Fundstellen in Südwest-Namibia. Africa Praehistorica 11. Köln 1998.

Wagner, E.: Untersuchung an der Vogelherdhöhle im Lonetal bei Niederstotzingen, Kreis Heidenheim. In: Archäologische Ausgrabungen 1978 (1979) S. 7–10.

Wagner, G. A./Rieder, H./Zöller, L./Mick, E.: Homo heidelbergensis. Schlüsselfund der Menschheitsgeschichte. Stuttgart 2007.

Wehrberger, K. (Hrsg.): Die Rückkehr des Löwenmenschen. Geschichte, Mythos, Magie. Begleitpublikation zur Ausstellung im Ulmer Museum 15.11.2013–09.06.2014. Ostfildern 2013.

Weniger, G.-C.: Wildbeuter und ihre Umwelt. Archaeologica Venatoria 5. Tübingen 1982.

Wetzel, R.: Der Hohlestein im Lonetal. In: Mitteilungen des Vereins für Naturwissenschaft und Mathematik in Ulm 26 (1961) S. 21–75.

Wetzel, R./Bosinski, G.: Die Bocksteinschmiede im Lonetal (Markung Rammingen, Kreis Ulm). Veröffentlichungen des Staatlichen Amtes für Denkmalpflege Stuttgart, Reihe A: Vor- und Frühgeschichte 15 (I+II). Stuttgart 1969.

Wolf, S.: Schmuckstücke. Die Elfenbeinbearbeitung im Schwäbischen Aurignacien. Tübingen 2015.

Wolf, S./Kind, C.-J./Conard, N. J.: Schmuck aus dem Aurignacien von der Schwäbischen Alb im Vergleich mit Inventaren aus dem Lahntal und dem Rheinland. In: Archäologisches Korrespondenzblatt 43 (2013) S. 295–313.

Glossar

Altpaläolithikum

Frühester Abschnitt der Altsteinzeit in Europa, Afrika und Asien. Das Altpaläolithikum begann vor etwa 3 bis 2,5 Millionen Jahren und dauerte bis vor etwa 250 000 Jahren an.

Archäologischer Fundhorizont

Geologische Schicht, in der archäologische Objekte gefunden werden. In der Erforschung der Altsteinzeit sind dies vor allem Steingeräte und die Abfallprodukte ihrer Herstellung, Knochen und Geweihe der Jagdbeute, Gerätschaften und Waffen aus Knochen, Geweih oder Elfenbein, Schmuckgegenstände, pflanzliche Reste und manchmal auch menschliche Skelettreste. Bei ungestörter Lagerung ist der unterste Fundhorizont immer der älteste.

Artefakt

Etwas vom Menschen Gemachtes oder Geformtes (Lat. *ars* = „Handwerk" und *facere* = „machen"), in der Archäologie ein von Menschen geformtes Objekt.

Aurignacien

Archäologische Kulturstufe aus dem jüngeren Abschnitt der Altsteinzeit (Jungpaläolithikum) während der letzten Kaltzeit in Südwestasien und Europa. Es wird in den Zeitraum zwischen etwa vor 43 000 und 32 000 Jahren vor heute (kalibriert) datiert. Der Name stammt von der Fundstelle Aurignac im Departement Haute Garonne in Frankreich.

Azilien

Archäologische Kulturstufe aus dem jüngeren Abschnitt der Altsteinzeit (Jungpaläolithikum) am Ende der letzten Kaltzeit in Europa. Es wird in den Zeitraum zwischen etwa vor 14 500 und 11 700 Jahren vor heute (kalibriert) datiert. Der Name stammt von der Fundstelle Mas d'Azil im Departement Ariège in Frankreich.

14C-Methode

Datierungsmethode, die auf dem Zerfall von natürlichem radioaktiven Kohlenstoff in Lebewesen basiert. Der radioaktive Kohlenstoff ^{14}C ist in der Atmosphäre und durch den Stoffwechsel in jedem lebenden Körper vorhanden. Nach dem Absterben des Organismus beginnt der radioaktive Zerfallsprozess von ^{14}C. Nach einem Zeitraum von 5730 +/− 40 Jahren ist nur noch die Hälfte der ursprünglich Menge des radioaktiven Kohlenstoffs vorhanden. Aus der Menge des in einer Datierungsprobe noch enthaltenem ^{14}C kann ihr Alter errechnet werden. Mit dieser Methode können organische Stoffe, wie z. B. Knochen oder Holz, datiert werden.

Chronologie

In der Archäologie bezeichnet Chronologie die zeitliche Abfolge (sogenannte relative Chronologie) bzw. die genaue zeitliche Stellung einer Schicht oder eines Fundes mit Angabe einer Jahreszahl (sogenannte absolute Chronologie).

Eem-Warmzeit/Eem-Interglazial

Warmzeit vor der Würm- bzw. Weichsel-Kaltzeit, vor ca. 130 000 bis 115 000 Jahren. Benannt nach dem Flüsschen Eem in den Niederlanden.

Glazial

Geologische Epoche innerhalb des Pleistozäns (Eiszeitalter), die durch deutlich niedrigere Temperaturen und eine Ausdehnung von Gletschern gekennzeichnet ist. Ein Glazial, üblicherweise in arktische Stadiale und gemäßigte Interstadiale untergliedert, dauerte jeweils mehrere Zehntausende von Jahren an und wird auch als Kalt- oder Eiszeit bezeichnet. Die niedrigen Temperaturen während der Kaltzeiten des Pleistozäns hatten einen entscheidenden Einfluss auf die Zusammensetzung der Tierwelt. Die während der Kaltzeiten lebenden Tiere – in Mitteleuropa z. B. Eisfuchs, Rentier, Wildpferd, Bison, Mammut, wollhaariges Nashorn, Steinbock, Riesenhirsch, Höhlenbär, Höhlenhyäne und Höhlenlöwe – waren an die arktischen Verhältnisse angepasst.

Gravettien

Archäologische Kulturstufe aus dem jüngeren Abschnitt der Altsteinzeit (Jungpaläolithikum) während der letzten Kaltzeit in Europa. Es wird in den Zeitraum zwischen etwa vor 32 000 und 26 000 Jahren vor heute (kalibriert) datiert. Der Name stammt von der Fundstelle La Gravette im Departement Dordogne in Frankreich.

Holozän

Geologische Epoche, die nach dem Ende des Eiszeitalters (Pleistozän) um 11 700 Jahren vor heute (kalibriert) begann und bis heute andauert. Deshalb wird sie oft als Nacheiszeit bezeichnet. Tatsächlich scheint das Holozän aber eine Warmzeit (Interglazial) während des Eiszeitalters (Pleistozän) zu sein.

Homo erectus

Gruppe fossiler Menschen, die aufrecht gingen. Die ältesten Funde sind etwa 1,8 Millionen Jahre alt und stammen aus Ostafrika. Neben den wichtigen Funden aus Afrika gibt es zahlreiche gut erhaltene Fossilreste aus Asien.

Homo heidelbergensis

Gruppe fossiler Menschen in Europa vor etwa 800 000 bis 250 000 Jahren, benannt nach dem ersten Fund im Ort Mauer nahe Heidelberg. Die ältesten Holzspeere der Welt aus Schöningen in Niedersachsen werden dem späten *Homo heidelbergensis* zugeschrieben.

Homo sapiens

Lat.: „vernunftbegabter Mensch". Die einzige heute lebende menschliche Art, der anatomisch moderne Mensch. Nach der biologischen Systematik gehört der Mensch in die Ordnung der Primaten und zur Familie der Menschenaffen (*Hominidae*). Die ältesten Nachweise für den *Homo sapiens* stammen aus Ostafrika und sind etwa 200 000 Jahre alt. Der *Homo sapiens* ist etwa vor 43 000 Jahren in Europa eingewandert.

Hornstein

Feinkörniges kieselsäurehaltiges Gestein; es hat sich während der erdgeschichtlichen Perioden Jura und Trias in Kalksteinen gebildet. Hornsteine sind dem allgemein bekannten (Kreide-)Feuerstein sehr ähnlich.

Interglazial

Geologische Epoche innerhalb des Pleistozäns (Eiszeitalter), die durch deutlich höhere Temperaturen und einen Rückzug der Gletscher gekennzeichnet ist. Ein Interglazial wird auch als Warmzeit bezeichnet und dauerte jeweils einige Zehntausende bzw. Tausende von Jahren an. Mitteleuropa war während eines Interglazials von dichtem Wald aus zahlreichen unterschiedlichen Nadel- und Laubbäumen bedeckt. Die Tierwelt war den ökologischen Bedingungen angepasst und bestand in Mitteleuropa aus wärme- und waldliebenden Arten wie z. B. Hirschen, Flusspferden, Wasserbüffeln und Waldelefanten.

Interstadial

Abschnitt einer Kaltzeit, in dem die klimatischen Verhältnisse nicht arktisch kalt, sondern gemäßigter waren. Während Interstadialen konnte in Mitteleuropa ein lichter Wald aus Kiefern und Birken wachsen.

Jäger und Sammler

Nomadisch lebende menschliche Gesellschaften, deren Nahrungserwerb auf dem Jagen von Wildtieren und dem Sammeln von Wildpflanzen basiert. Heute leben Jäger und Sammler noch in Alaska (Inuit), in Australien (Aborigines), in der Kalahari (San) und in Dschungelgebieten Afrikas, Asiens und Südamerikas. Während der Alt- (Paläolithikum) und der Mittelsteinzeit (Mesolithikum) waren alle auf der Erde lebenden Menschen

Jäger und Sammler. Erst mit dem Beginn der Jungsteinzeit breitete sich eine sesshafte Lebensform mit Ackerbau und Viehzucht aus.

Jungpaläolithikum
Dritter, jüngerer Abschnitt der Altsteinzeit in Europa, Afrika und Asien. Es dauerte etwa von 43 000 bis 11 700 Jahren vor heute (kalibriert).

Kalibration von ^{14}C-Daten
Eichung von ^{14}C-Daten. Der Anteil radioaktiven Kohlenstoffs (^{14}C) in der Atmosphäre war während der vergangenen Jahrzehntausende nicht konstant. Deshalb müssen konventionelle ^{14}C-Daten mithilfe von unabhängigen Verfahren in geeichte Altersangaben umgewandelt werden. Dies geschieht z. B. mithilfe der Jahrring-Methode (Dendrochronologie) oder der Auszählung von feinen Schichten (Warven) in See-Ablagerungen. Derart geeichte ^{14}C-Daten werden durch den Zusatz „cal" gekennzeichnet, eine Abkürzung für die englischen Begriffe für „kalibriert" (calibrated) oder „Kalenderjahre" (calendar years).

Magdalénien
Archäologische Kulturstufe aus dem jüngeren Abschnitt der Altsteinzeit (Jungpaläolithikum) während der letzten Kaltzeit in Europa. Es wird in den Zeitraum zwischen etwa vor 20 000 und 14 500 Jahren vor heute (kalibriert) datiert. Der Name stammt von der Fundstelle La Madeleine im Departement Dordogne in Frankreich.

Mammut
Ausgestorbene Elefantenart der Gattung Mammuthus. Kennzeichen sind seine großen stark gebogenen Stoßzähne und in Europa sein langes rötlich-braunes Haar. Die bekannteste Art war das europäische Wollhaarmammut (Mammuthus primigenius). Es erreichte eine Schulterhöhe von 2,8 bis 3,7 Metern und ein Gewicht von ca. 5 bis 8 Tonnen. Während der letzten Kaltzeit wurde es als Lieferant großer Fleischmengen und damit wichtiges Nahrungsmittel von Neandertalern und Vertretern unserer eigenen Art *Homo sapiens* gejagt.

Menschliche Evolution
Prozess der biologischen Entwicklung des Menschen. Die menschliche Evolution begann mit aufrecht gehenden Menschenaffen vor etwa 7 bis 5 Millionen Jahren. Wichtige Stufen der menschlichen Evolution sind der durch Fossilien belegte *Australopithecus* (vor ca. 4 bis 2 Millionen Jahren), der *Homo habilis* (vor ca. 2,4 bis 1,8 Millionen Jahren), der *Homo erectus* bzw. *Homo ergaster* (vor ca. 1,8 bis 0,4 Millionen Jahren), der *Homo heidelbergensis* (vor ca. 800 000 bis 250 000 Jahren), der *Homo neanderthalensis* (vor ca. 250 000 bis 35 000 Jahren) und der *Homo sapiens* (in Afrika seit ca. 200 000 Jahren, in Europa seit ca. 43 000 Jahren).

Mesolithikum
Gruppe von archäologischen Kulturen in Europa zu Beginn der Nacheiszeit. Es wird in Mitteleuropa in den Zeitraum zwischen etwa vor 11 700 und 7500 Jahren vor heute datiert. Während des Mesolithikums lebten die Menschen als Jäger und Sammler.

Mittelpaläolithikum
Mittlerer Abschnitt der Altsteinzeit in Europa, Afrika und Asien. Es wird in den Zeitraum von vor etwa 250 000 Jahren bis 35 000 Jahren datiert. Träger des Mittelpaläolithikums war in Europa der Neandertaler, im Vorderen Orient auch der frühe *Homo sapiens*. Das Mittelpaläolithikum und die letzten Neandertaler überlebten in Teilen Europas, wie z. B. im Süden der Iberi-

schen Halbinsel bis vor etwa 35 000 Jahren, als in anderen Regionen Europas bereits der *Homo sapiens* eingewandert war. In Afrika war war der frühe *Homo sapiens* Träger des ähnlichen Middle Stone Age.

Neandertaler

Ausgestorbene Gruppe von fossilen Menschen (*Homo neanderthalensis*), benannt nach dem Ort des ersten Fundes, dem Neandertal nahe Düsseldorf. Auch wenn die Neandertaler keine Vorfahren des heute lebenden Menschen *Homo sapiens* sind, so sind sie doch eng mit ihm verwandt. Etwa 2 % des Erbgutes des modernen *Homo sapiens* gehen auf ihn zurück. Sie lebten in Eurasien, von Westeuropa bis in das nördliche und westliche Asien.

Neolithikum

Gruppe von archäologischen Kulturen, deren hauptsächliches Kennzeichen der Wechsel von Jägern und Sammlern hin zu Ackerbauern und Viehzüchtern ist. Der Beginn des Neolithikums ist in Europa von Region zu Region unterschiedlich. Im Vorderen Orient begann das Neolithikum etwa vor 11 500 Jahren, in Mitteleuropa dagegen erst vor etwa 7500 Jahren.

Oldowan

Archäologische Kulturstufe aus dem älteren Abschnitt der Altsteinzeit (Altpaläolithikum) zu Beginn des Eiszeitalters (Pleistozän). Es wird in den Zeitraum zwischen etwa vor 3 bis 2,5 und 1,5 Millionen datiert. Der Name stammt von der Fundstelle der Olduvai-Schlucht in Tansania.

Paläolithikum

Früheste vorgeschichtliche Periode der menschlichen Geschichte, auch Altsteinzeit genannt. Sie umspannt mehr als 99 % der menschlichen Geschichte und begann etwa vor 3 bis 2,5 Millionen Jahren in Afrika und dauerte bis zum Ende des Eiszeitalters (Pleistozän) vor 11 700 Jahren.

Pleistozän

Eiszeitalter. Geologische Epoche, die vor etwa 2,6 Millionen Jahren begann und bis zum Beginn der Nacheiszeit (Holozän) vor etwa 11 700 Jahren andauerte. Das Pleistozän kann in Kaltzeiten (Glaziale) und Warmzeiten (Interglaziale) unterteilt werden.

Quartär

Jüngste Epoche der Erdgeschichte. Begann vor etwa 2,6 Millionen Jahren und dauert bis heute an. Zum Quartär gehören das Eiszeitalter (Pleistozän) und die sogenannte Nacheiszeit (Holozän).

Solutréen

Archäologische Kulturstufe aus dem jüngeren Abschnitt der Altsteinzeit (Jungpaläolithikum) während der letzten Kaltzeit in Westeuropa. Es wird in den Zeitraum zwischen etwa vor 26 000 und 22 000 Jahren vor heute (kalibriert) datiert. Der Name stammt von der Fundstelle Solutré-Pouilly im Departement Saône-et-Loire in Frankreich.

Stadial

Abschnitt eines Glazials, in dem die klimatischen Verhältnisse in Europa arktisch kalt waren. Während Stadialen gab es in Mitteleuropa v. a. baumarme Steppen mit Gräsern und Kräutern.

Stratigrafie

Abfolge von Erdschichten in archäologischen Fundstellen oder geologischen Aufschlüssen. In einer stratigrafischen Abfolge ist bei ungestörter Ablagerung die tiefste Schicht die älteste und die oberste Schicht die jüngste.

Würm- oder Weichsel-Eiszeit

Bislang letzte Kaltzeit während des Eiszeitalters (Pleistozän) in Europa. Sie begann vor etwa 115 000 Jahren mit dem Ende der Eem-Warmzeit und endete mit dem Beginn des Holozäns vor etwa 11 700 Jahren.

Bildnachweis

li = links, re = rechts, o = oben, u = unten – S. 10: Universität Tübingen/J. Lipták; **S. 12/J13:** Peter Palm, Berlin; **S. 14/15:** Marcia Phillips; **S. 17:** Wais & Partner unter Verwendung der Blue-world-map, designed by Freepik; **S. 18/19:** Urgeschichtliches Museum Blaubeuren/Digitale Archäologie Freiburg; **S. 20:** BORDON Design, Doris Bordon, Nürnberg; **S. 22:** alle Abb. akg-images/bilwissedition; **S. 23:** Landesamt für Denkmalpflege BW/C.-J. Kind; **S. 24:** Stephan Heidenreich; **S. 25:** Benoit Clarys/CNRA Luxembourg; **S. 26 li:** akg/Jan Sovak/Stocktrek Images; **S. 26 o:** akg/Science Photo Library; S. 27: DRAC Rhône-Alpes/M. Kneubühler; **S. 28/29:** Patrick Cabrol/Centre de Préhistoire du Pech Merle/akg-images; **S. 30 und 31 li:** akg/Science Photo Library; **S. 31 und 32 li:** Neanderthal Museum Mettmann; **S. 32 re:** LVR-LandesMuseum Bonn; **S. 33:** Grafik Wais & Partner nach einer Vorlage vom Landesamt für Denkmalpflege BW/C.-J. Kind; **S. 34:** Wais & Partner unter Verwendung der Blue-world-map, designed by Freepik; **S. 34 o:** Okapia/imageBROKER/Norbert Eisele-Hein; **S. 34 u:** akg-images/Africa Media Online/Ariadne Van Zandbergen; **S. 36/37:** Penny Tweedie/Alamy Stock Foto; **S. 38/39 und 40/41:** Benoit Clarys/CNRA Luxembourg; **S. 43 o:** Universität Tübingen/M. Malina und Landesamt für Denkmalpflege BW/S. Heidenreich; **S. 44 o li:** Landesamt für Denkmalpflege BW; **S. 44 o re:** Landesmuseum Württemberg, Stuttgart/H. Zwietasch; **S. 45:** Universität Tübingen/H. Jensen; **S. 46:** V. Minkus, NLD; **S. 47:** Neanderthal Museum Mettmann; **S. 48/49:** Science Photo Library/akg-images; **S. 50/51:** Helmut Schlaiß, Langenau; **S. 52/53:** Sotheby's/akg-images; **S. 54:** Günther Bayerl, Neu-Ulm; **S. 56:** Mark Steinmetz/VISUM; **S. 59:** Landesamt für Denkmalpflege BW/O. Braasch; **S. 60:** Universität Tübingen/N. J. Conard; **S. 61:** C.-J. Kind; **S. 62/63:** Landesamt für Denkmalpflege BW und Ulmer Museum/Y. Mühleis; **S. 64/65 und 66/67:** Helmut Schlaiß, Langenau; **S. 68 und 69:** Universität Tübingen; **S. 70:** Universität Tübingen/J. Lipták; **S. 71:** Landesmuseum Württemberg, Stuttgart /P. Frankenstein/H. Zwietasch; **S. 72 und 73:** Universität Tübingen; S. **74/75 o:** Universität Tübingen/H. Jensen; **S. 75 u:** B. Röck und S. Wolf; **S. 76:** Universität Tübingen/Foto: H. Jensen; **S. 77 o und u:** Universität Tübingen/J. Lipták; **S. 78:** Universität Tübingen/H. Jensen; **S. 79 li und re:** Universität Tübingen/: J. Lipták; **S. 80:** Universität Tübingen/: H. Jensen; **S. 81 und 82:** Universität Tübingen/ J. Lipták; **S. 83:** Universität Tübingen; **S. 84 und 85:** Universität Tübingen/H. Jensen; **S. 86:** Mark Steinmetz/VISUM; **S. 87:** Universität Tübingen; **S. 89:** Universität Tübingen/V. Marquardt; **S. 90/91:** Helmut Schlaiß, Langenau; **S. 92:** Universität Tübingen; **S. 93:** Mark Steinmetz/VISUM; **S. 94 und 95:** Ulmer Museum; **S. 96:** Landesamt für Denkmalpflege BW und Ulmer Museum/Y. Mühleis; **S. 98:** Landesamt für Denkmalpflege BW/S. Heidenreich/C. Meister; **S. 99:** Landesamt für Denkmalpflege BW/M. Steffen; **S. 100:** Landesamt für Denkmalpflege BW und Ulmer Museum/Christina von Elm; **S. 101 und 102:** Landesamt für Denkmalpflege BW und Ulmer Museum/Y. Mühleis; **S. 103 o:** Landesamt für Denkmalpflege BW/T. Beutelspacher; **S. 103 u und 104:** Landesamt für Denkmalpflege BW/Y. Mühleis; **S. 106/107 und 108/109:** Günther Bayerl, Neu-Ulm; **S. 110:** Universität Tübingen/R. Seitz; **S. 111:** Landesamt für Denkmalpflege BW/S. Heidenreich/C. Meister; **S. 112/113 o:** Universität Tübingen/S. Wolf; **S. 113 o re:** Ulmer Museum; **S. 113 u:** Ulmer Museum/H. Widmann; **S. 114:** Universität Tübingen/J. Lipták; **S. 115:** Universität Tübingen/H. Jensen; **S. 117:** Günther Bayerl, Neu-Ulm; **S. 118:** Universität Tübingen; **S. 119:** Landesamt für Denkmalpflege BW/C.-J. Kind; **S. 121:** Universität Tübingen/H. Jensen; **S. 122:** Universität Tübingen/M. Malina; **S. 123:** Universität Tübingen/J. Lipták; **S. 125 und 126:** Universität Tübingen/H. Jensen; **S. 127:** akg-images/Erich Lessing; **S. 128:** Y. Le Guillou; **S. 129:** akg-images/Erich Lessing; **S. 130:** Universität Tübingen/R. Ehmann; **S. 131 und 132/133**: Universität Tübingen/J. Lipták; **S. 135:** Mark Steinmetz/VISUM; **S. 137:** Günther Bayerl, Neu-Ulm; **S. 138:** Universität Tübingen; **S. 139:** nach Robert R. Schmidt, Die Diluviale Vorzeit Deutschlands, Stuttgart 1912; **S. 140 und 141 o:** nach M. Bolus und N. J. Conard, 100 Jahre Robert Rudolf Schmidts „Die diluviale Vorzeit Deutschlands". In: Mitteilungen der Gesellschaft für Urgeschichte 21, 2012; **S. 141 u:** Marc Steinmetz/VISUM; **S. 142:** Imago/Arnulf Hettrich; **S. 143:** Günther Bayerl, Neu-Ulm; **S. 144:** Universität Tübingen; **S. 145:** nach N. J. Conard und M. Malina, Neue Ausgrabungen in den untersten Schichten des Aurignacien und des Mittelpaläolithikums im Geißenklösterle bei Blaubeuren, Alb-Donau-Kreis, Archäologische Ausgrabungen in Baden-Württemberg 2002; **S. 146/147:** Landesamt für Denkmalpflege BW/C.-J. Kind; **S. 148 (2×) und 150/151 (3×):** Landesmuseum Württemberg, Stuttgart/P. Frankenstein/H. Zwietasch; **S. 152, 153 und 154:** Universität Tübingen/H. Jensen; **S. 155:** Universität Tübingen/J. Lipták; **S. 156:** Benoit Clarys/CNRA Luxembourg; **S. 160:** akg-images/Philippe Psaila/ Science Photo Library; **S. 162:** Pierre-Jean Texier; **S. 163:** picture-alliance/dpa; **S. 164:** R. F. Rifkin, Institute for Archaeology, History, Culture and Religion, University of Bergen, Norwegen; **S. 165:** Universität Tübingen/R. Ehmann; **S. 166/167:** Science Photo Library/akg-images; **S. 168:** Italian Ministery of Culture (MIBACT)/Marco Peresani, Universität Ferrara; **S. 171:** Mark Steinmetz/VISUM; **S. 172/173:** Günther Bayerl, Neu-Ulm; **S. 174/175 und 176/177:** Landesamt für Denkmalpflege BW/C. Meister/S. Heidenreich; **S. 180/181:** Helmut Schlaiß, Langenau

Tipps für die Besichtigung

Die Höhlen

Bocksteinhöhle

Lage: im Lonetal an der Kreisstraße K3022 zwischen Bissingen und Öllingen (ca. 4 Kilometer nördlich von Öllingen), ca. 12 Meter über der Talsohle. Von Öllingen her kommend, gelangt man zu einem kleinen Schild auf der rechten Seite: „Bocksteinhöhle 200 m". Nach 100 Metern über den Feldweg beginnt der kurze, steile Anstieg durch den Wald. Auf etwa zwei Dritteln der Berghöhe liegt links der Höhleneingang. Nach rechts biegt der Zugang zur Bocksteinschmiede ab.

Zugang: ganzjährig

Geißenklösterle

Lage: südlich von Blaubeuren-Weiler, an einem Osthang, etwa 60 Meter über dem Grund des Achtals. Auf der B492 vor dem Gebäude von Ratiopharm/Teva links abbiegen, den Bahnübergang überqueren, dann nach links über die Ach. Links beginnt dort ein Fußweg. Der Aufstieg ist beschwerlich.

Zugang: Zum Schutz vor Raubgräbern ist die Höhle durch ein Gitter versperrt. Auch vom Gitter aus kann man aber die ganze Höhle einsehen.

Hohle Fels

Lage: am rechten Rand des Achtals, ungefähr einen Kilometer nordöstlich von Schelklingen in Richtung Blaubeuren (B492; Parkplatz „Hohle Fels" kurz nach dem Schelklinger Ortsschild), am Fuß eines über 30 Meter hohen, spitzen Felsens. Vom Parkplatz aus über die Bahnlinie gehen und von dort über die Achtal-Brücke.

Zugang: bei schönem Wetter sonntags 14–17 Uhr. Nov. bis April nicht zugänglich (zum Schutz der Fledermäuse). In der Höhle kann der Besucher von einer Metallbrücke nach unten blicken. Führungen können gebucht werden unter:
www.museum-schelklingen.de/oeffnungszeiten-fuehrungen

Sirgensteinhöhle

Lage: etwa 1,5 Kilometer nordöstlich von Schelklingen (auf halber Strecke zwischen Hohle Fels und Geißenklösterle) am linken Rand des Achtals, ungefähr 35 Meter über der Talsohle. Vom Parkplatz direkt an der B492 führt ein Fußweg hinter einer Hütte hoch zur Höhle.

Zugang: ganzjährig. Zugang von Südwesten über eine Öffnung im steilen Kalksteinhang

Stadel-Höhle

Lage: im Hohlenstein-Felsmassiv am südlichen Rand des Lonetals nahe Asselfingen im Alb-Donau-Kreis, etwa 5 Meter über der Talsohle. Der Hohlenstein ist vom Wanderparkplatz bei der Vogelherdhöhle oder vom Parkplatz zwischen Öllingen und Bissingen direkt im Lonetal nur zu Fuß (etwa 30 Minuten) oder per Fahrrad zu erreichen.

Zugang: ganzjährig. Zugang von Norden her, die Höhle ist im Innern nach etwa 30 Metern vergittert.

Vogelherd

Lage: an der Landesstraße L1168 zwischen Niederstotzingen-Stetten und Bissingen ob Lonetal ca. 18 Meter über dem Lauf der Lone im Landkreis Heidenheim. Die Höhle ist gut zu erreichen.

Zugang: nur durch das Besucherzentrum des Archäoparks. Der Nordeingang der Höhle ist heute nur schwer zugänglich, die beiden Haupteingänge aber sind leicht zu passieren. Sie öffnen sich nach Süden und Südwesten.

Die Museen

Archäopark Vogelherd

Am Vogelherd 1, 89168 Niederstotzingen-Stetten
Telefon 07325/952 800 0
www.archaeopark-vogelherd.de

Öffnungszeiten: Di–So und an Feiertagen 10–18 Uhr, Do während der Sommerferien in Baden-Württemberg bis 22 Uhr

Steinzeitlicher Themenpark mit Ausstellungsbereich: Hier kann man sich zwei Originalfunde ansehen, sich über das Leben in der Steinzeit informieren und selbst vieles ausprobieren. Reiches Multimedia- und Führungsangebot. Über den Vogelherdhügel gelangt man zu Fuß zur Höhle.

Landesmuseum Württemberg, Stuttgart

Altes Schloss, Schillerplatz 6, 70173 Stuttgart
Telefon 0711/89 535 111
www.landesmuseum-stuttgart.de

Öffnungszeiten: Di–So und an Feiertagen 10–17 Uhr

Originalfunde aus den schwäbischen Höhlen werden hier im Urgeschichtsraum präsentiert.

Museum Schloss Hohentübingen

MUT – Alte Kulturen, Sammlungen im Schloss
Burgsteige 11, 72070 Tübingen
Telefon 07071/297 757 9
www.unimuseum.uni-tuebingen.de

Öffnungszeiten: Mi–So 10–17 Uhr, Do bis 19 Uhr

Im Museum im Schloss sind Funde aus den Tübinger Grabungen zu bestaunen.

Museum Ulm

Marktplatz 9, 89073 Ulm
Telefon:0731/161 433 0
www.museum.ulm.de

Öffnungszeiten: Di–So 11–17 Uhr, Do während der Sommerferien in Baden-Württemberg bis 22 Uhr

Ein eigener Raum setzt den Löwenmensch in Szene.

Urgeschichtliches Museum Blaubeuren

Kirchplatz 10, 89143 Blaubeuren
Telefon 07344/966 990
www.urmu.de

Öffnungszeiten: 15. März bis 30. Nov. Di–So 10–17 Uhr; 1. Dez. bis 14. März Di–Sa 14–17 Uhr, So 10–17 Uhr

Hier hat die „Venus vom Hohle Fels" ein neues Zuhause gefunden. Reiches Programm an Workshops, Führungen und Höhlentouren.

Weitere Informationen

www.denkmalpflege-bw.de/denkmale/weltkulturerbe/eiszeitkunst

www.iceageart.de

www.foerderverein-eiszeitkunst.de

www.lonetal-verein.de

www.geopark-alb.de

www.lonetal.net

Wie dieses Buch entstand

Am Anfang steht die Idee, und die hatte Götz Fuchs von der Wissenschaftlichen Buchgesellschaft: Die Höhlen der ältesten Eiszeitkunst auf der Schwäbischen Alb sind für das Weltkulturerbe nominiert – welch ein aufregendes Thema! Aber kein Buch ohne Autoren, nur welche Autoren? Wer hätte das besser sein können als die beiden Archäologen und Grabungsleiter, die in den Höhlen besondere Funde zutage gefördert haben: Nicholas Conard von der Universität Tübingen und Claus-Joachim Kind vom Landesamt für Denkmalpflege Baden-Württemberg in Esslingen a.N. Aus der Taufe gehoben wurde das Projekt bei einem ersten gemeinsamen Treffen im Stuttgarter Verlagsbüro Wais & Partner, am Tisch die Autoren, der Verlag mit Clemens Heucke und Regine Gamm, André Wais und Prof. Claus Wolf, Leiter des Landesamts für Denkmalpflege, der das Projekt dankenswerterweise von Anfang an unterstützte. Der Zeitplan war ambitioniert, binnen Jahresfrist sollte das Buch erscheinen.

Die Gliederung entwarfen die Autoren zusammen, das Manuskript entstand teils im heimischen Tübingen, wo beide leben, teils in Südafrika, wo Nicholas Conard im Frühjahr 2017 auf Grabung war. Michael Bolus übersetzte Conards Texte kongenial aus dem Englischen, die Redaktion der Texte übernahm einfühlsam Melanie Ippach. Vom Verlagsbüro Wais & Partner entwarf Tanja Krichel das Layout und gab dem Buch sein unverwechselbares Gesicht – bei einem Text-Bild-Band nicht unwichtig, lebt er doch auch vom gelungenen Zusammenspiel von Text und Bild. Die großartigen Bilder kamen aus vielen Quellen, vor allem aber vom Landesamt für Denkmalpflege und von der Universität Tübingen, wo Recha Seitz die Bildbeschaffung tatkräftig vorangetrieben hat. Im Lektorat der Wissenschaftlichen Buchgesellschaft hielt Regine Gamm alle Fäden in der Hand, sie fuhr gern ins schöne Tübingen, wo im Schloss – bei gefühlten 35 Grad – die Bildauswahl in mehreren Etappen mit den Autoren getroffen wurde.

Mit den Autoren fängt das Buch an, ohne sie gäbe es diesen Text-Bild-Band nicht: Wir danken daher besonders Nicholas Conard und Claus-Joachim Kind.